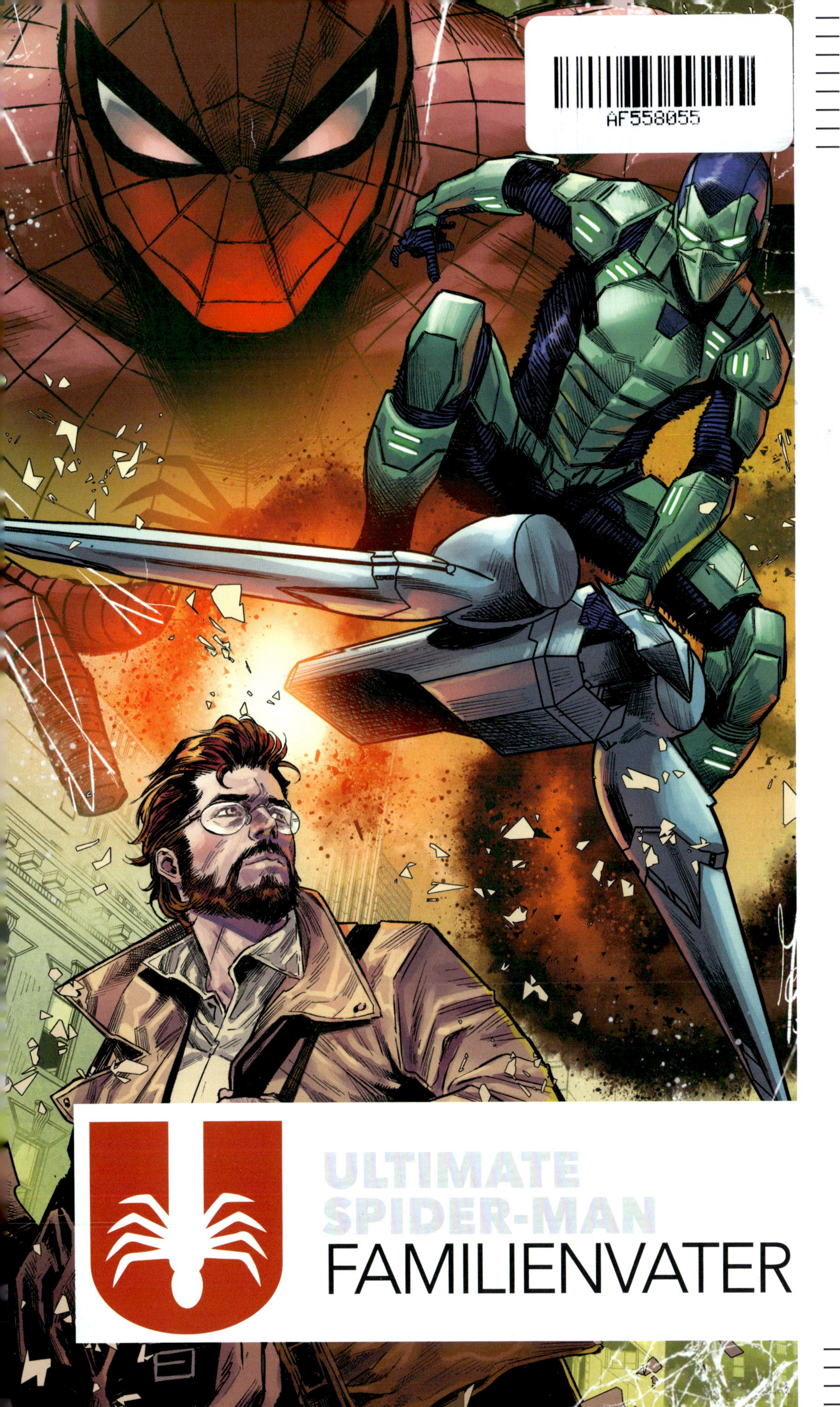
AF558055
ULTIMATE
SPIDER-MAN
FAMILIENVATER

ULTIMATE SPIDER-MAN

JONATHAN HICKMAN
STORY

MARCO CHECCHETTO (1-3, 6)
DAVID MESSINA (4-5)
ZEICHNUNGEN & TUSCHE

MATTHEW WILSON
FARBEN

ANDREA ACCARDI
LETTERING

MICHAEL STRITTMATTER
ÜBERSETZUNG

MICHELLE MARCHESE
WIL MOSS
REDAKTION USA

C. B. CEBULSKI
CHEFREDAKTEUR USA

ULTIMATE SPIDER-MAN erscheint bei **PANINI COMICS**, Schloßstraße 76, D-70176 Stuttgart. Druck: Chinchio Industria Grafica S.r.l. Pressevertrieb: Stella Distribution GmbH, D-22297 Hamburg. Direkt-Abos auf **www.paninicomics.de**. Geschäftsführer **Hermann Paul**, Publishing Director Europe **Marco M. Lupoi**, Finanzen/Logistik **Felix Bauer**, Marketing Director **Holger Wiest**, Marketing **Fabio Cunetto**, Vertrieb **Alexander Bubenheimer**, PR/Presse **Steffen Volkmer**, Publishing Manager **Lisa Pancaldi**, Redaktion **Christian Endres**, **Harald Gantzberg**, **Christian Grass**, **Anja Seiffert**, **Nicola Soressi**, **Kristina Starschinski**, **Daniela Uhlmann**, Übersetzung **Michael Strittmatter**, Proofreading **Katrin Hoppe**, Lettering **Andrea Accardi**, grafische Gestaltung **Marco Paroli** (coordinator), **Cinzia Morando**, Art Director **Alessandro Gucciardo**, Redaktion Panini Comics **Annalisa Califano**, **Beatrice Doti**, Prepress **Cristina Bedini**, **Daniela Guidetti**, **Andrea Lusoli**, Repro/Packager **Alessandro Nalli** (coordinator), **Anna Boselli**, **Mario Da Rin Zanco**, **Valentina Esposito**, **Luca Ficarelli**, **Linda Leporati**. Deutsche Edition bei Panini Verlags-GmbH unter Lizenz von Marvel Characters B.V. Cover von **Marco Checchetto**, *Ultimate Spider-Man* (2024) 1; exklusive Variant-Cover A und B von **Marco Checchetto**.

Digitale Ausgaben:
ISBN 978-3-7569-1139-4 (.pdf) / ISBN 978-3-7569-1140-0 (.epub) /
ISBN 978-3-7569-1141-7 (.mobi)

Bibliografische Information der Deutschen Nationalbibliothek
Die Deutsche Nationalbibliothek verzeichnet diese Publikation in der Deutschen Nationalbibliografie; detaillierte bibliografische Daten sind im Internet über dnb.d-nb.de abrufbar.

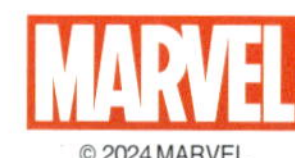

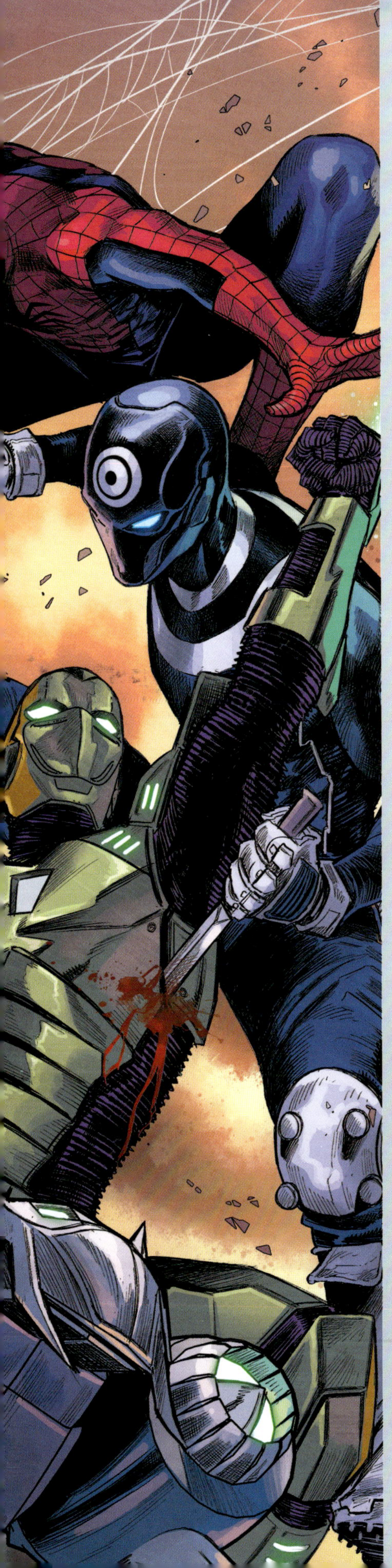

Um es gleich vorweg zu sagen, falls ihr nur mal reinblätttert: Ihr mögt **Spider-Man**? Dann *müsst* ihr diesen grandiosen Comic von Star-Autor **Jonathan Hickman** und unter anderem Top-Zeichner **Marco Checchetto** lesen! Wenn euch der Neffe von **Ben** und **May Parker** etwas bedeutet, ist das euer Comic des Jahres – mit einer wunderbaren Parallelwelt-Neuinterpretation von **Peter Parker**, **Mary Jane**, Spideys Erzfeind **Green Goblin** und anderen! Komplett eigenständig, aber auf der Schulter von Giganten stehend. 2000 präsentierte Marvel das erste **Ultimative Universum**. In den *Ultimate*-Titeln wurden die Marvel-Ikonen und ihre Legenden von der fiktiven Erde-616 durch Parallelwelt-Storys über Erde-1610 neu interpretiert – auch ihre Anfänge. Autor **Mark Millar** nahm sich mit Zeichner **Bryan Hitch** die **Avengers** vor und mit **Adam** und **Andy Kubert** die **X-Men**. Autor **Brian Michael Bendis** und Künstler **Mark Bagley** wiederum widmeten sich dem **Ultimativen Spider-Man** – und legten nicht nur eine frische, zeitgemäße Neuinterpretation der Wandkrabbler-Historie vor, sondern auch die längste zusammenhängende Netzschwinger-Saga eines Kreativteams. Das Ultimative Universum durchlief mehrere Phasen und Epochen, unter anderem kümmerte sich in den 2010ern auch Jonathan Hickman um mehrere Titel. 2011 inszenierten Bendis und Zeichnerin **Sara Pichelli** im ultimativen Kosmos zudem das Debüt von **Miles Morales** als Spider-Man der nächsten Generation. Im Verlauf von Hickmans Saga in *Avengers*, *New Avengers* und *Secret Wars* wurde das alte Ultimative Universum jedoch zerstört. Erst kürzlich läuteten Hickman und Hitch im Band *Ultimate Invasion* eine neue ultimative Ära ein: **Maker**, der schurkische **Reed Richards** des alten „UU", kam zur Erde-6160 und hat dort z. B. vor 20 Jahren verhindert, dass Peter Parker von einer Spinne gebissen wurde und erstaunliche Kräfte erhielt. Maker vereitelte noch weitere Superhelden-Entstehungen und beherrscht die neue ultimative Welt mit seinem Rat aus den Schatten – und machte **Tony Stark** zum Sündenbock eines verheerenden Angriffs auf New York …

Christian Endres

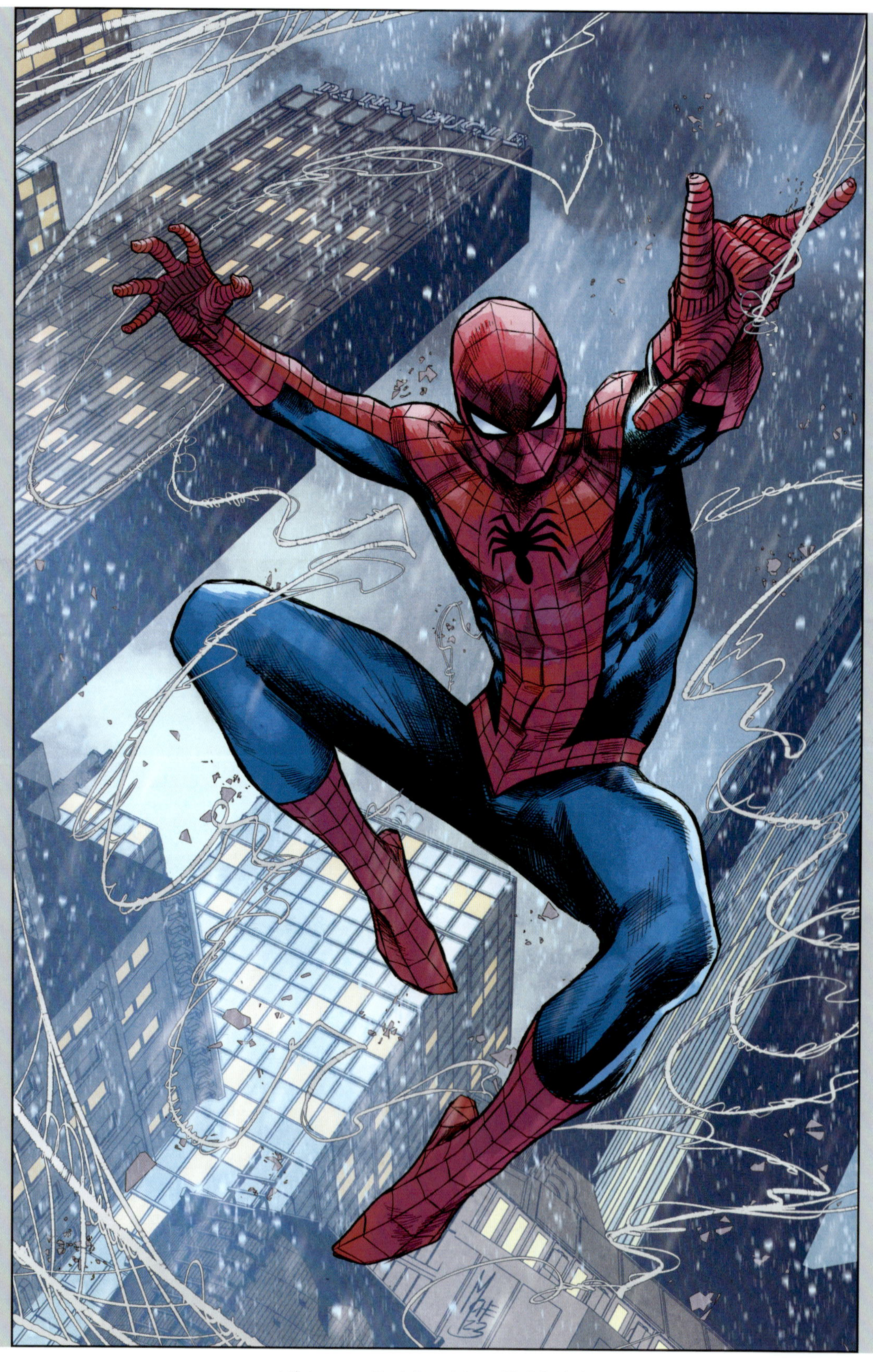

Ultimate Spider-Man (2024) 1
Cover von **MARCO CHECCHETTO**

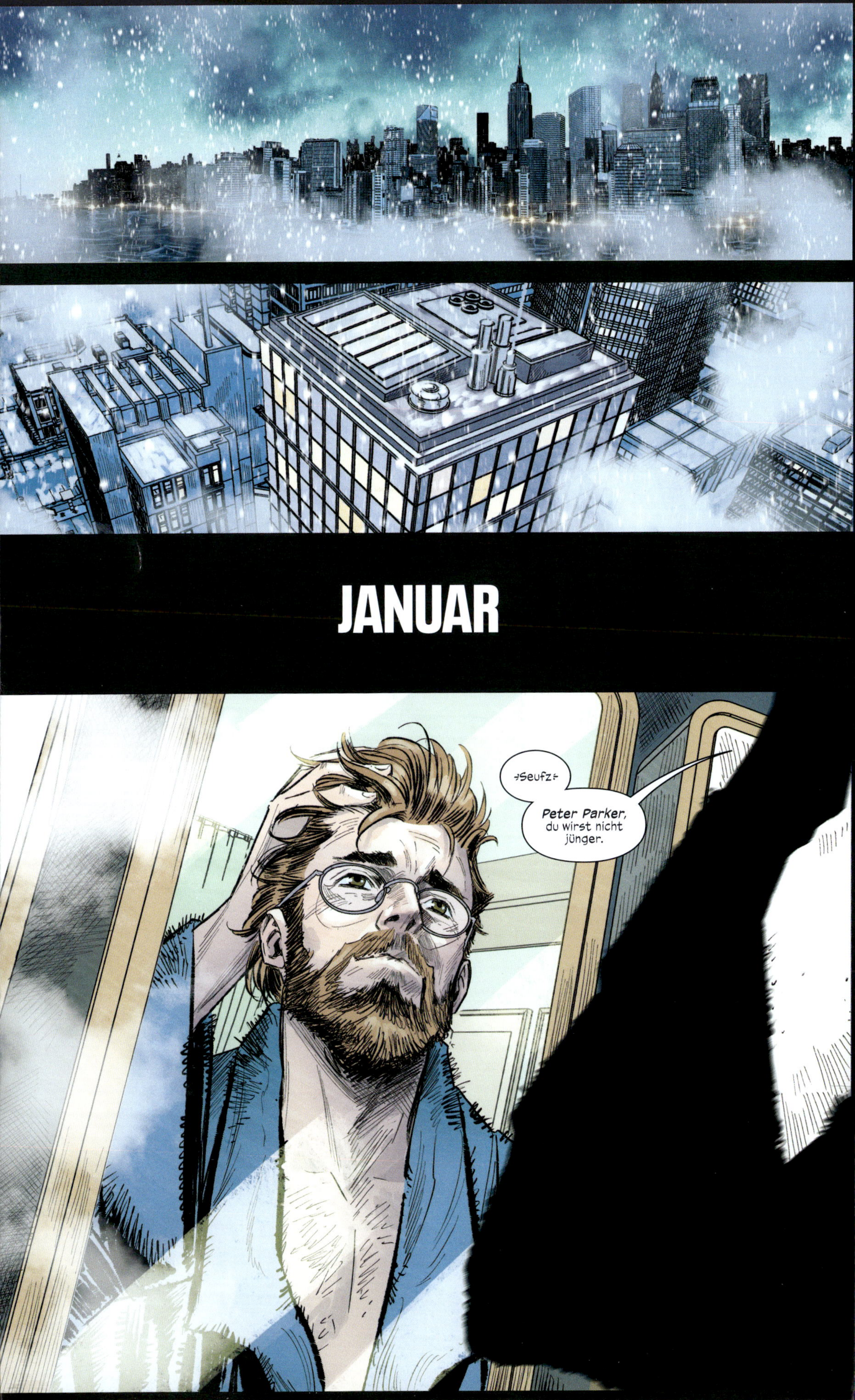

JANUAR

Seufz

Peter Parker, du wirst nicht jünger.

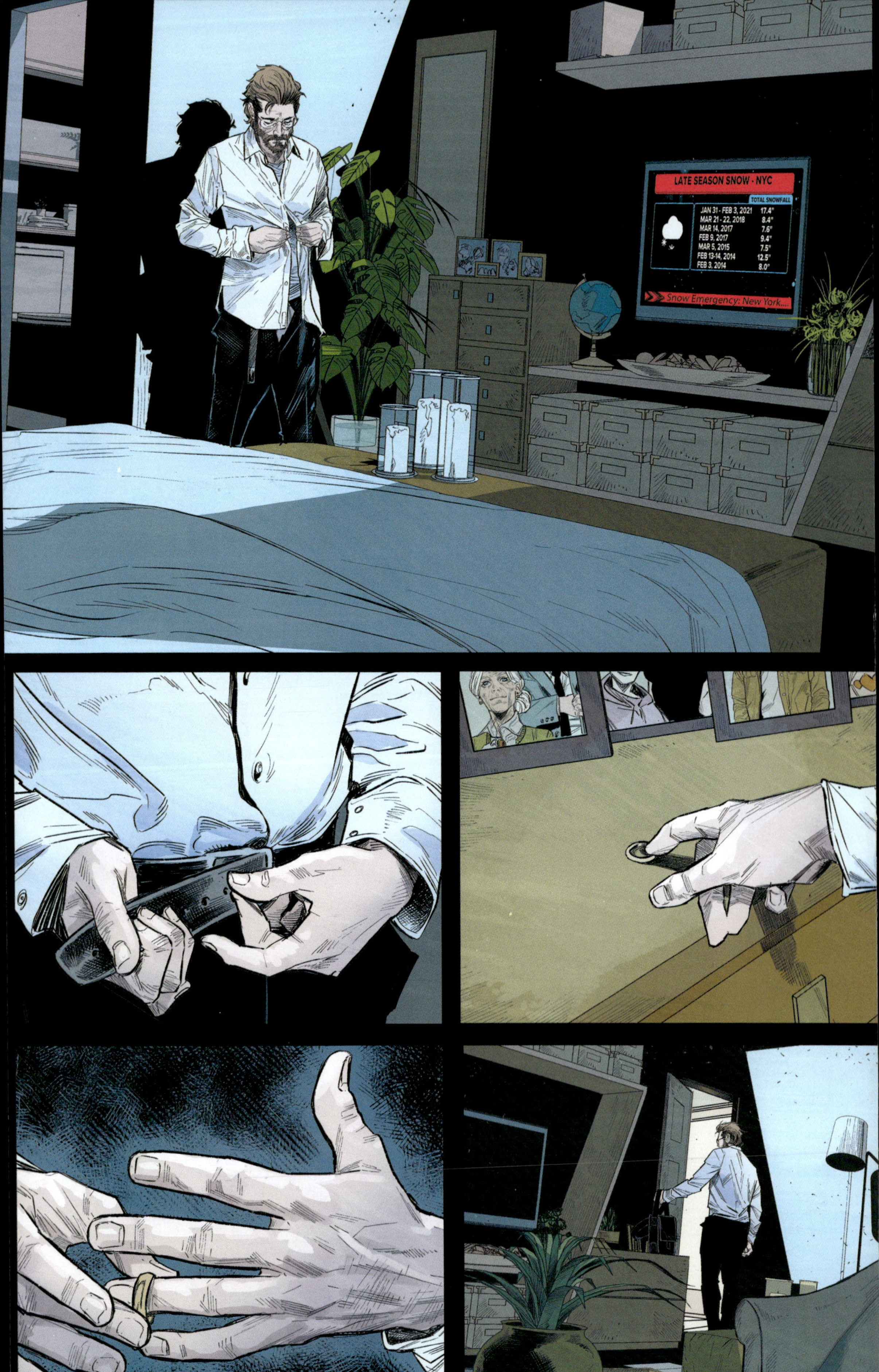
LATE SEASON SNOW - NYC
TOTAL SNOWFALL
JAN 31 - FEB 3, 2021 17.4"
MAR 21 - 22, 2018 8.4"
MAR 14, 2017 7.6"
FEB 9, 2017 9.4"
MAR 5, 2015 7.5"
FEB 13-14, 2014 12.5"
FEB 3, 2014 8.0"
Snow Emergency: New York....

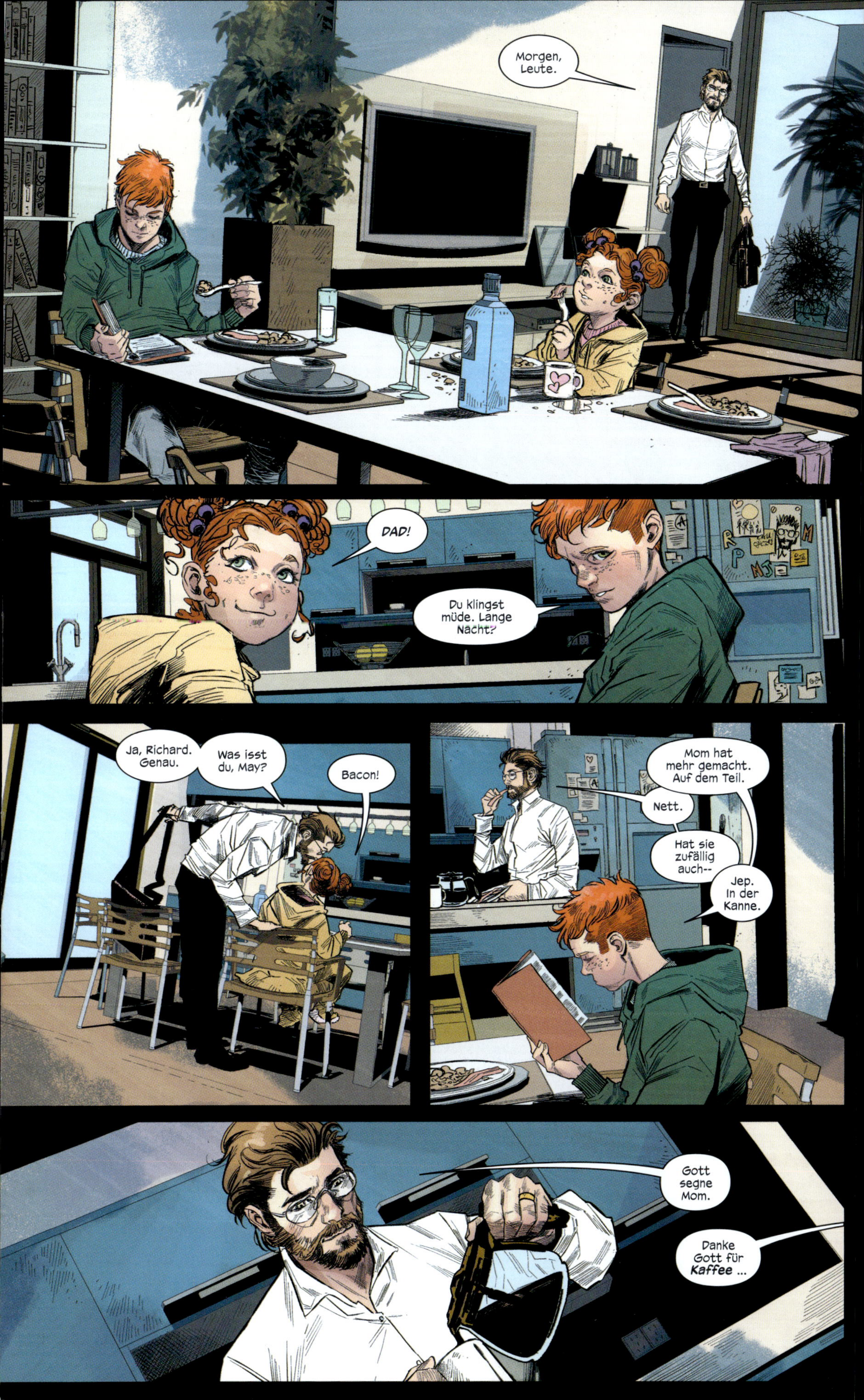
Morgen, Leute.
DAD!
Du klingst müde. Lange Nacht?
Ja, Richard. Genau.
Was isst du, May?
Bacon!
Mom hat mehr gemacht. Auf dem Teil.
Nett.
Hat sie zufällig auch--
Jep. In der Kanne.
Gott segne Mom.
Danke Gott für **Kaffee** ...

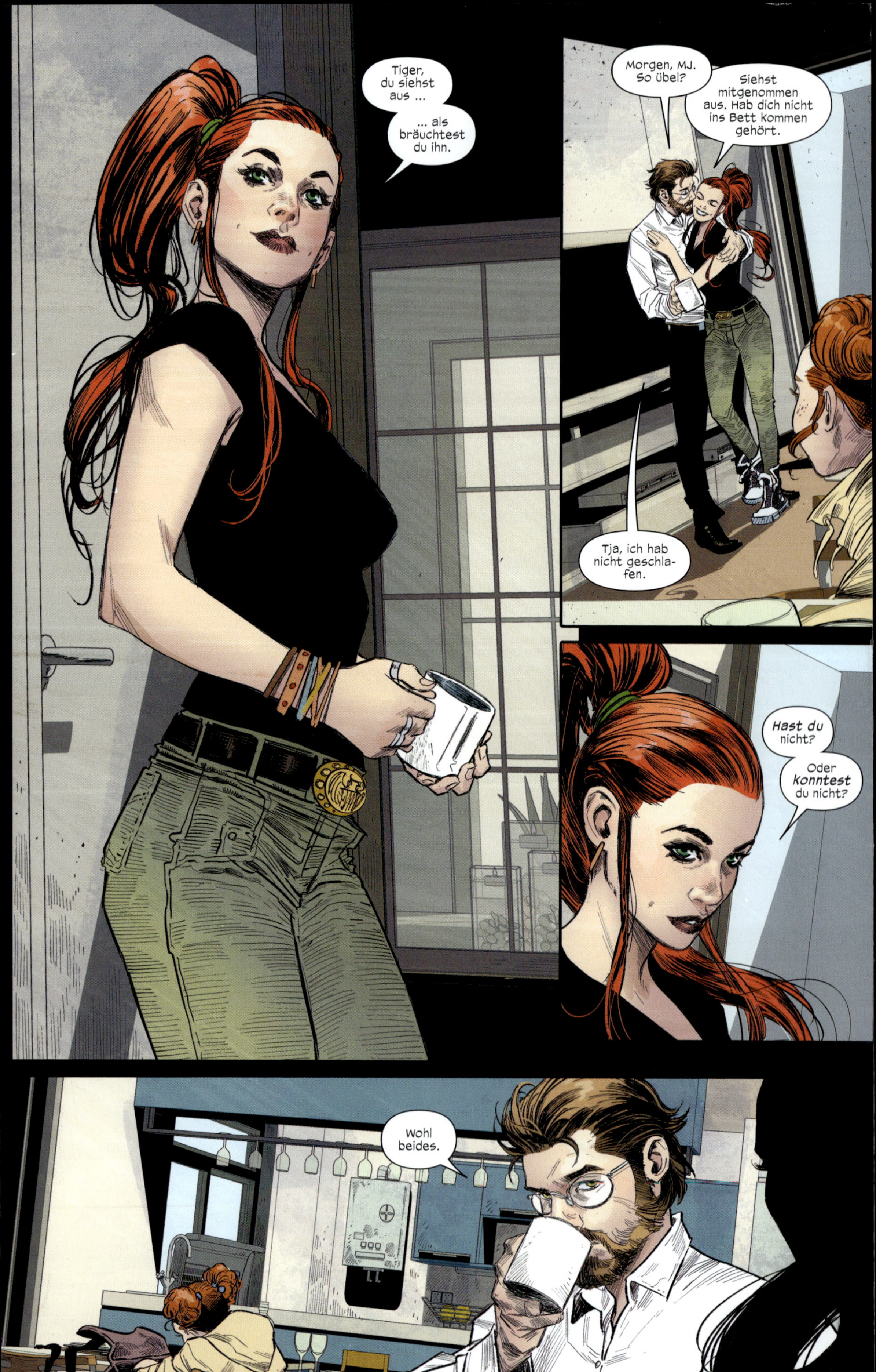
Tiger, du siehst aus ...
... als bräuchtest du ihn.
Morgen, MJ. So übel?
Siehst mitgenommen aus. Hab dich nicht ins Bett kommen gehört.
Tja, ich hab nicht geschlafen.
Hast du nicht?
Oder *konntest* du nicht?
Wohl beides.

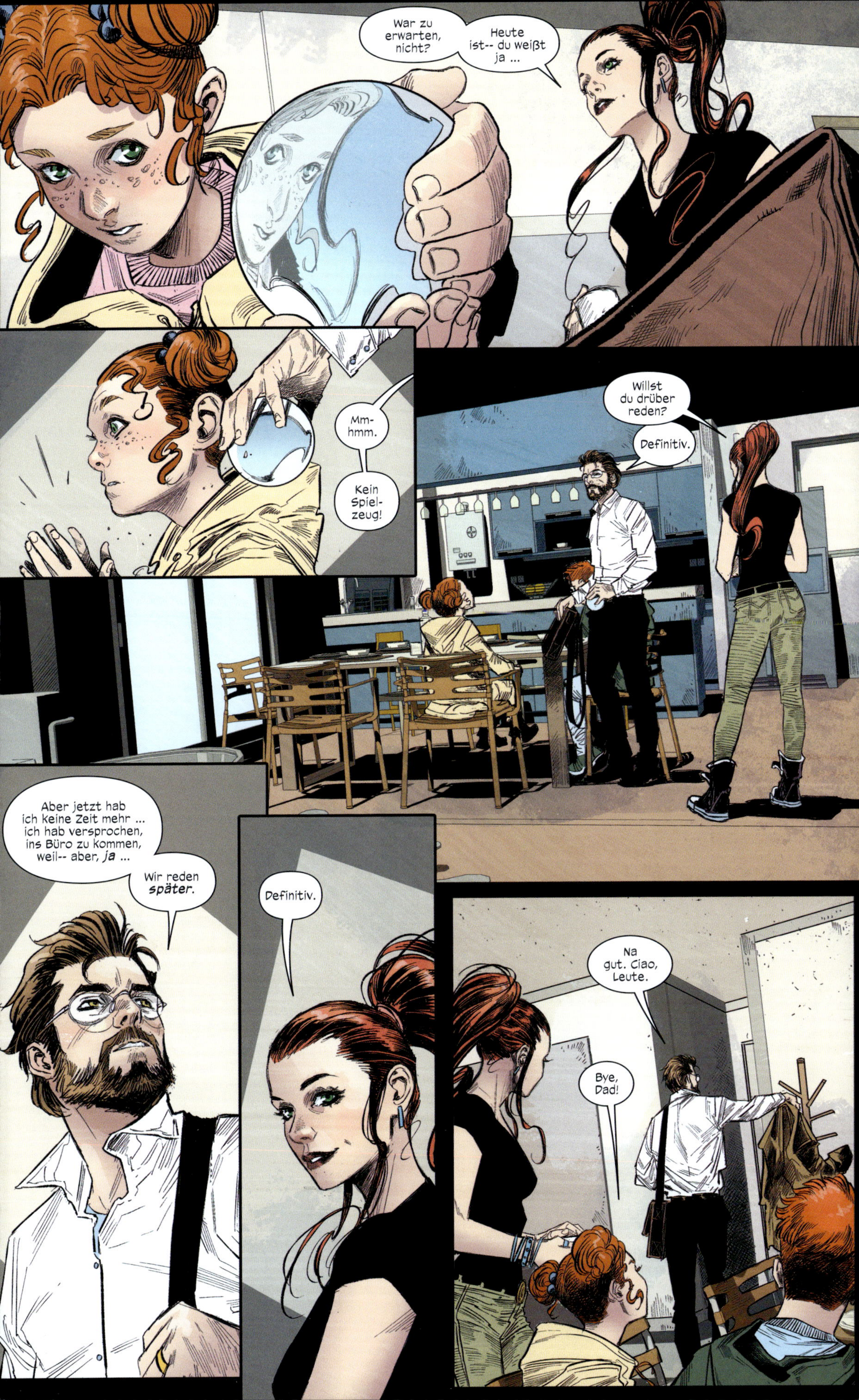
War zu erwarten, nicht?
Heute ist-- du weißt ja ...
Mm-hmm.
Kein Spiel-zeug!
Willst du drüber reden?
Definitiv.
Aber jetzt hab ich keine Zeit mehr ... ich hab versprochen, ins Büro zu kommen, weil-- aber, *ja* ...
Wir reden *später*.
Definitiv.
Na gut. Ciao, Leute.
Bye, Dad!

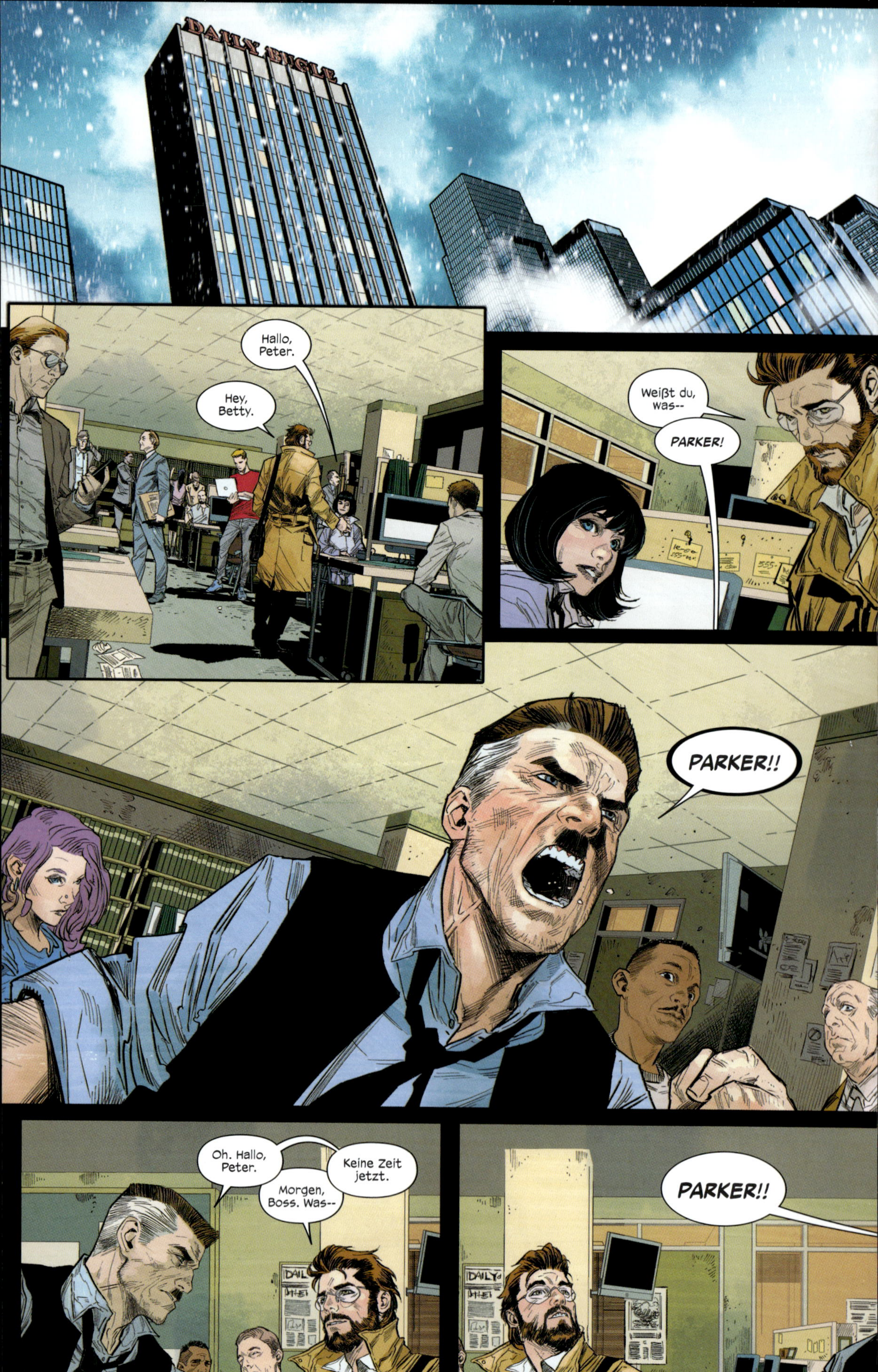
DAILY BUGLE
Hallo, Peter.
Hey, Betty.
Weißt du, was--
PARKER!
PARKER!!
Oh. Hallo, Peter.
Morgen, Boss. Was--
Keine Zeit jetzt.
PARKER!!

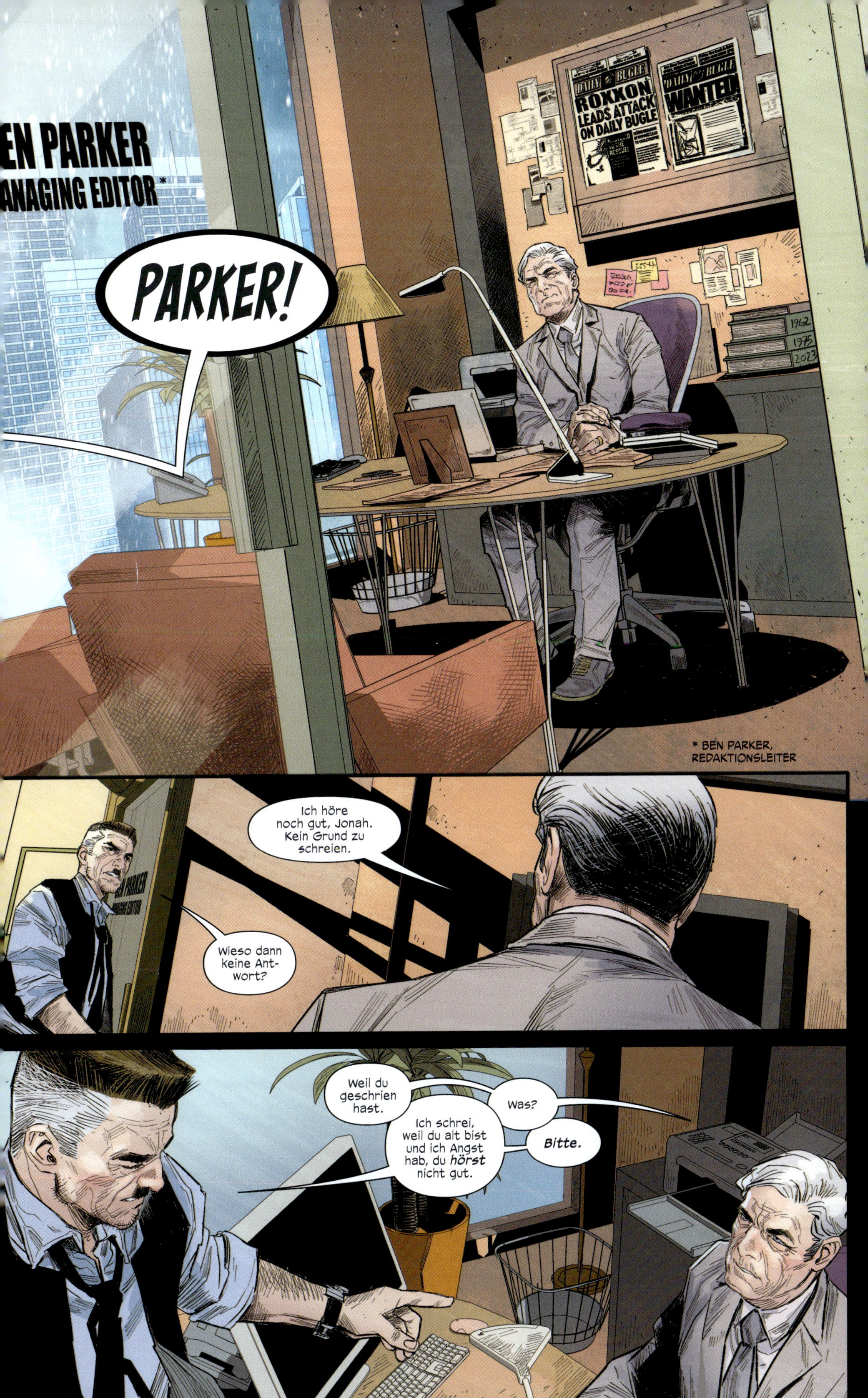
EN PARKER
ANAGING EDITOR*
PARKER!
DAILY BUGLE
ROXXON LEADS ATTACK ON DAILY BUGLE
DAILY BUGLE
WANTED!
1962
1975
2023
* BEN PARKER, REDAKTIONSLEITER
Ich höre noch gut, Jonah. Kein Grund zu schreien.
Wieso dann keine Antwort?
Weil du geschrien hast.
Was?
Ich schrei, weil du alt bist und ich Angst hab, du *hörst* nicht gut.
Bitte.

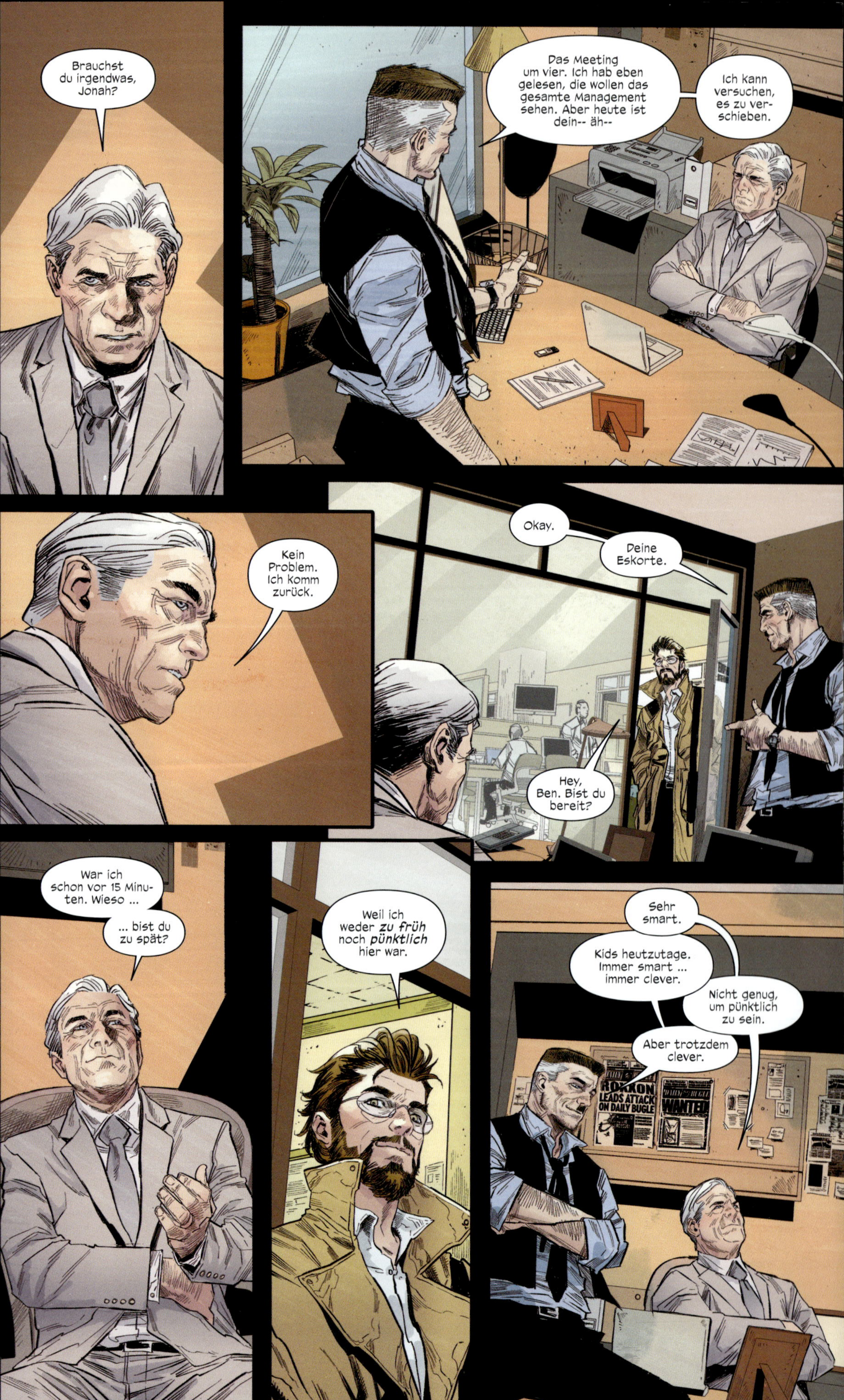
Brauchst du irgendwas, Jonah?
Das Meeting um vier. Ich hab eben gelesen, die wollen das gesamte Management sehen. Aber heute ist dein-- äh--
Ich kann versuchen, es zu verschieben.
Kein Problem. Ich komm zurück.
Okay.
Deine Eskorte.
Hey, Ben. Bist du bereit?
War ich schon vor 15 Minuten. Wieso ...
... bist du zu spät?
Weil ich weder *zu früh* noch *pünktlich* hier war.
Sehr smart.
Kids heutzutage. Immer smart ... immer clever.
Nicht genug, um pünktlich zu sein.
Aber trotzdem clever.
RONKON LEADS ATTACK ON DAILY BUGLE
WANTED

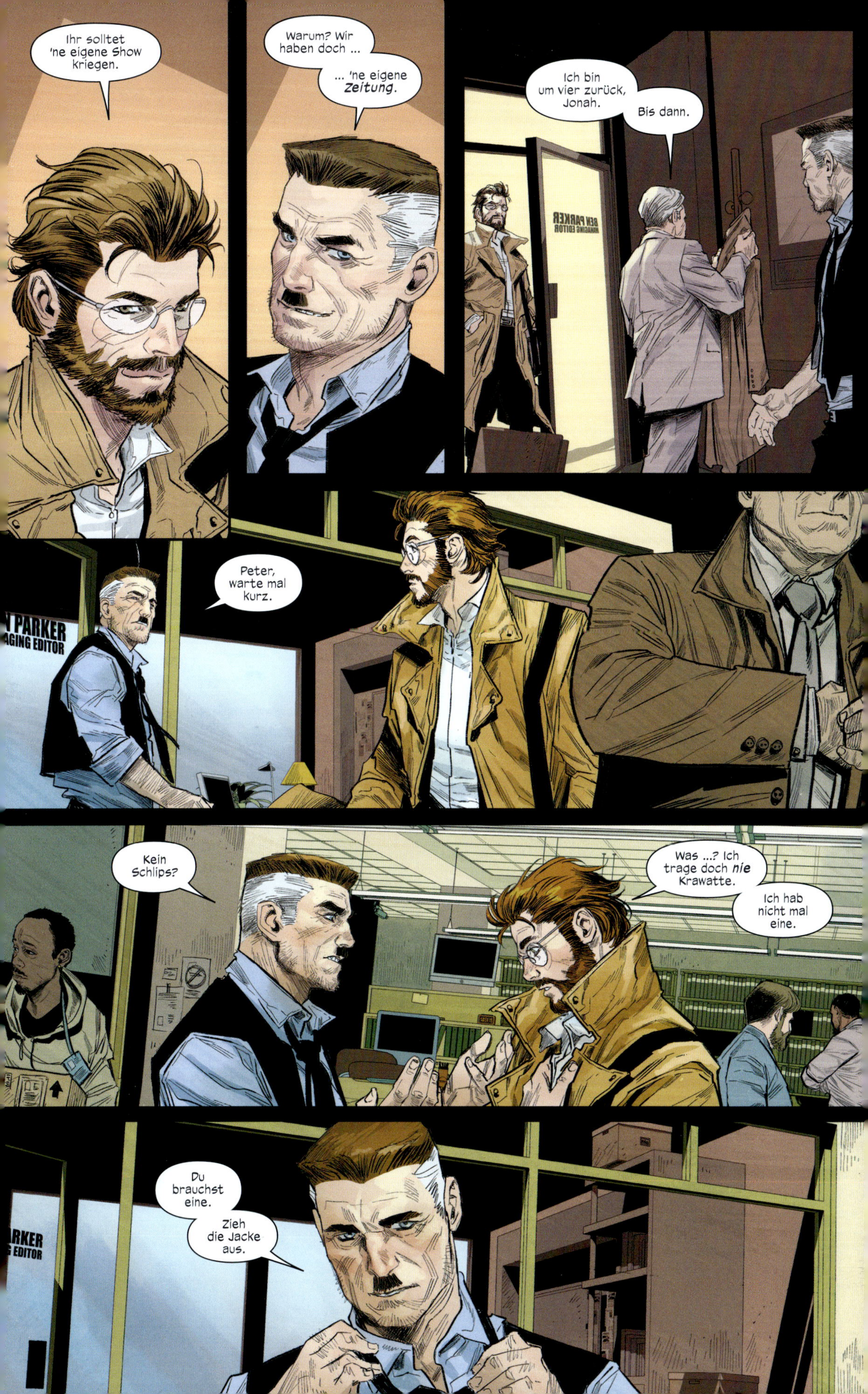

Ihr solltet 'ne eigene Show kriegen.
Warum? Wir haben doch ...
... 'ne eigene *Zeitung*.
Ich bin um vier zurück, Jonah.
Bis dann.
Peter, warte mal kurz.
Kein Schlips?
Was ...? Ich trage doch *nie* Krawatte.
Ich hab nicht mal eine.
Du brauchst eine.
Zieh die Jacke aus.

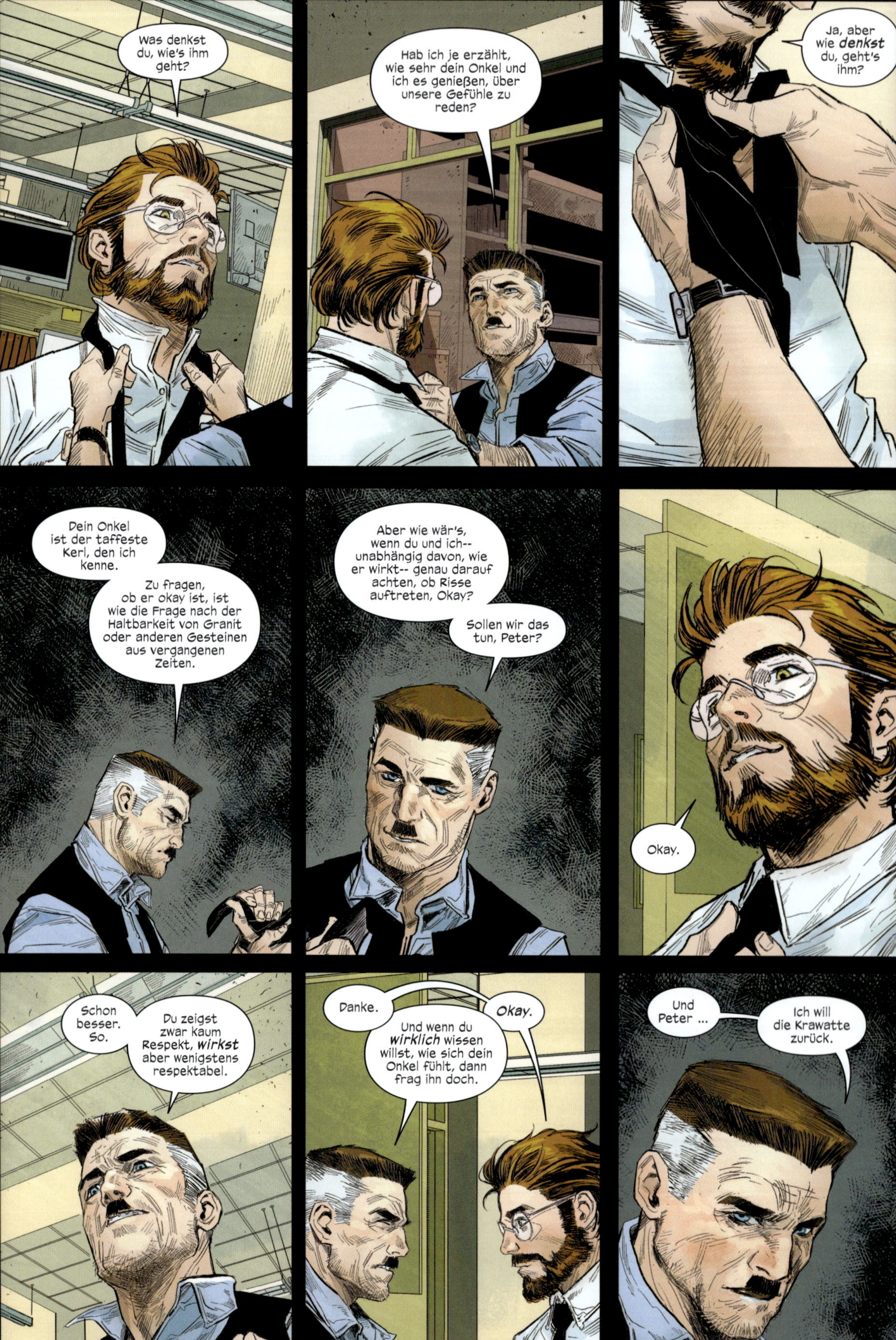
Was denkst du, wie's ihm geht?
Hab ich je erzählt, wie sehr dein Onkel und ich es genießen, über unsere Gefühle zu reden?
Ja, aber wie *denkst* du, geht's ihm?
Dein Onkel ist der taffeste Kerl, den ich kenne.
Zu fragen, ob er okay ist, ist wie die Frage nach der Haltbarkeit von Granit oder anderen Gesteinen aus vergangenen Zeiten.
Aber wie wär's, wenn du und ich-- unabhängig davon, wie er wirkt-- genau darauf achten, ob Risse auftreten, Okay?
Sollen wir das tun, Peter?
Okay.
Schon besser. So.
Du zeigst zwar kaum Respekt, *wirkst* aber wenigstens respektabel.
Danke.
Okay.
Und wenn du *wirklich* wissen willst, wie sich dein Onkel fühlt, dann frag ihn doch.
Und Peter ...
Ich will die Krawatte zurück.

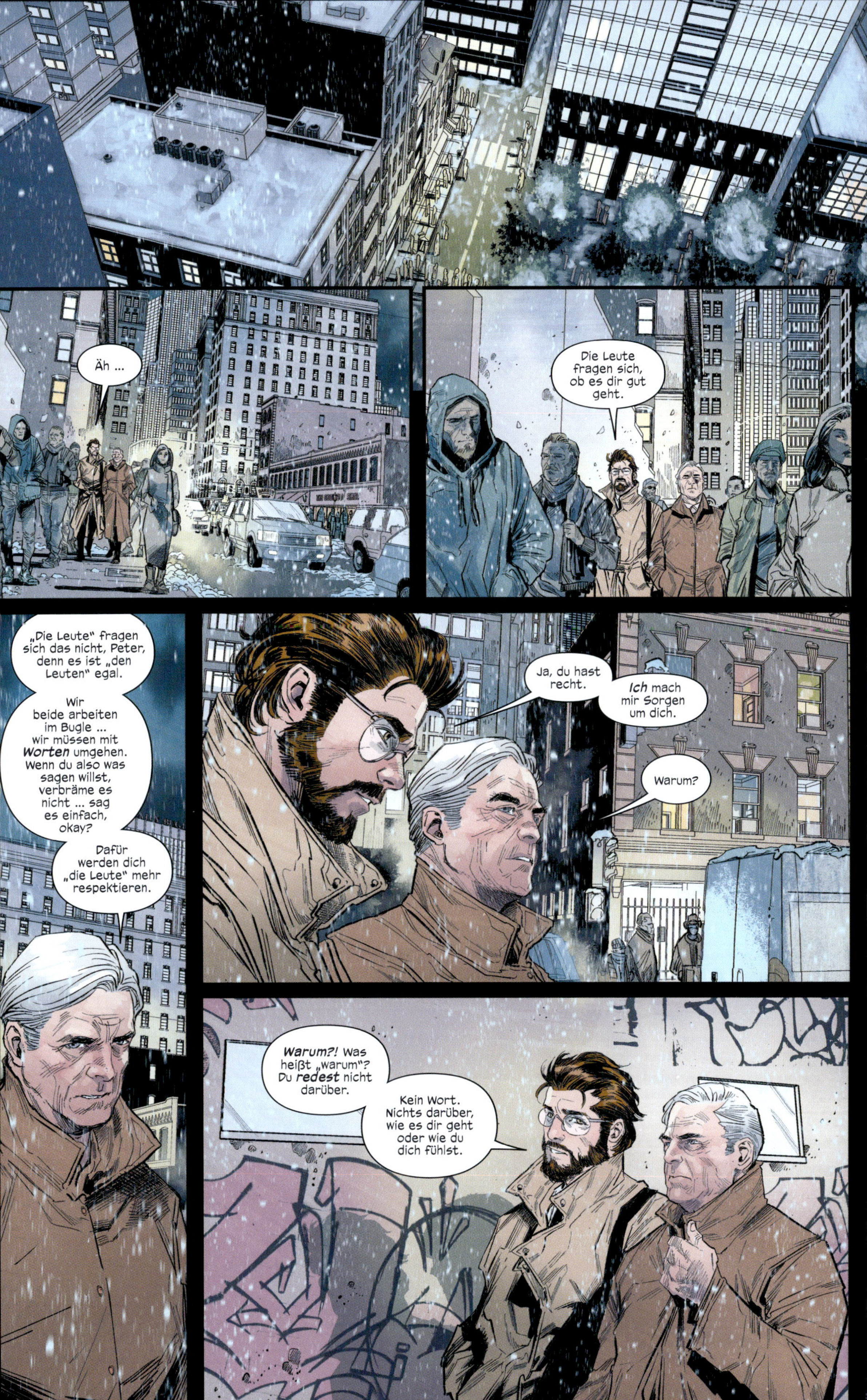
Äh ...
Die Leute fragen sich, ob es dir gut geht.
„Die Leute" fragen sich das nicht, Peter, denn es ist „den Leuten" egal.
Wir beide arbeiten im Bugle ... wir müssen mit *Worten* umgehen. Wenn du also was sagen willst, verbräme es nicht ... sag es einfach, okay?
Dafür werden dich „die Leute" mehr respektieren.
Ja, du hast recht.
Ich mach mir Sorgen um dich.
Warum?
Warum?! Was heißt „warum"? Du *redest* nicht darüber.
Kein Wort. Nichts darüber, wie es dir geht oder wie du dich fühlst.

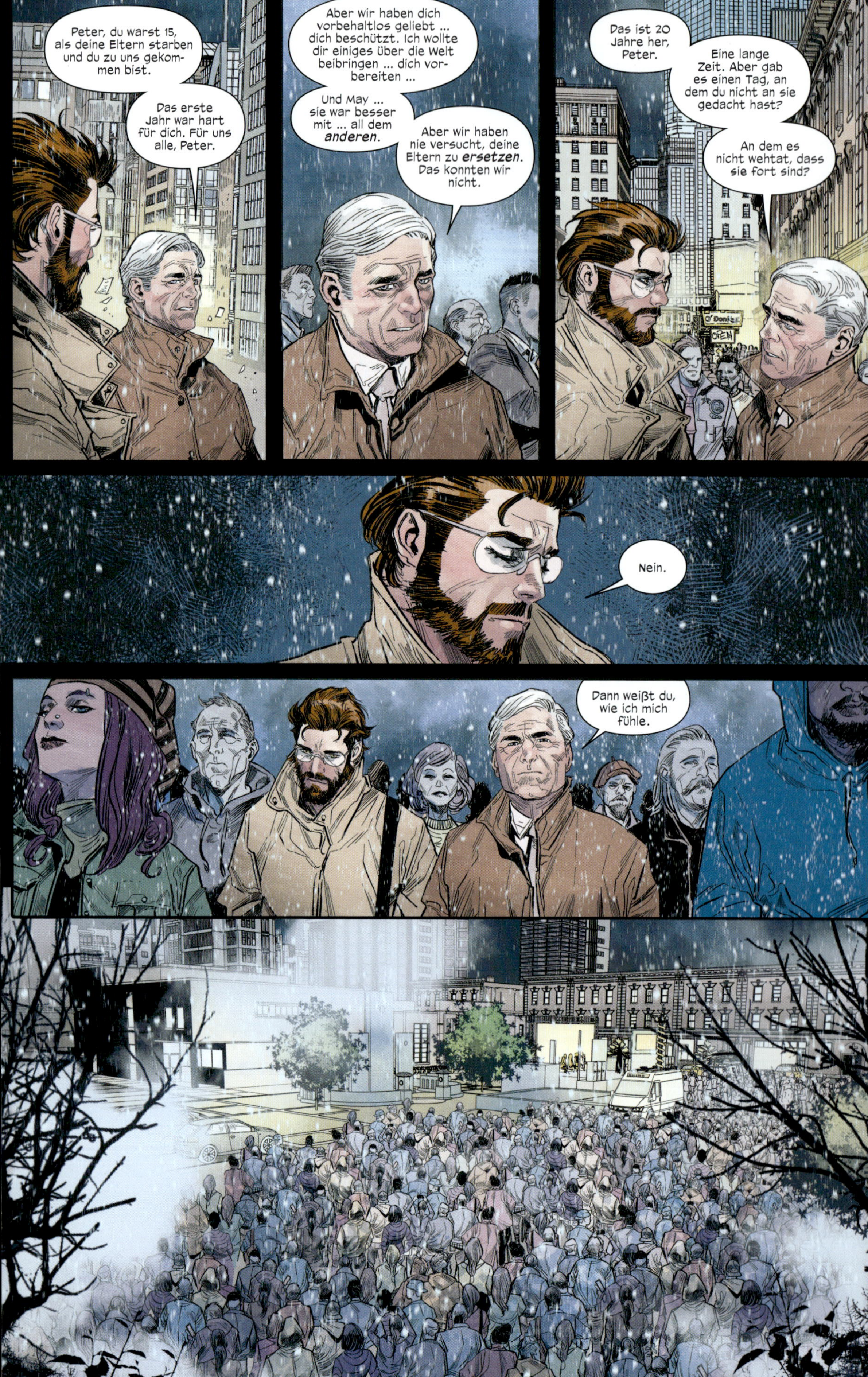
Peter, du warst 15, als deine Eltern starben und du zu uns gekommen bist.
Das erste Jahr war hart für dich. Für uns alle, Peter.
Aber wir haben dich vorbehaltlos geliebt ... dich beschützt. Ich wollte dir einiges über die Welt beibringen ... dich vorbereiten ...
Und May ... sie war besser mit ... all dem *anderen*.
Aber wir haben nie versucht, deine Eltern zu *ersetzen*. Das konnten wir nicht.
Das ist 20 Jahre her, Peter.
Eine lange Zeit. Aber gab es einen Tag, an dem du nicht an sie gedacht hast?
An dem es nicht wehtat, dass sie fort sind?
Nein.
Dann weißt du, wie ich mich fühle.

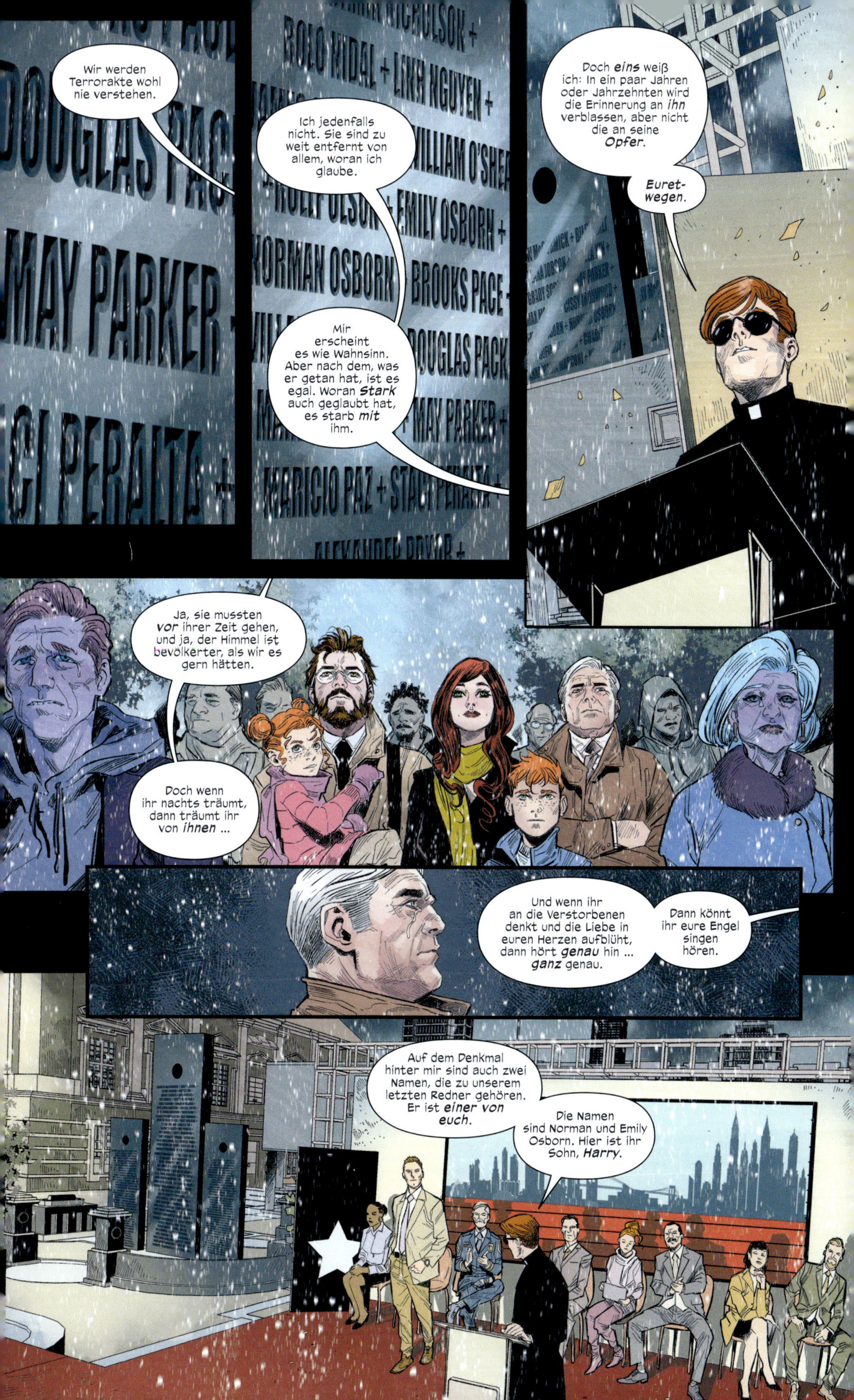

Wir werden Terrorakte wohl nie verstehen.
Ich jedenfalls nicht. Sie sind zu weit entfernt von allem, woran ich glaube.
Mir erscheint es wie Wahnsinn. Aber nach dem, was er getan hat, ist es egal. Woran Stark auch geglaubt hat, es starb mit ihm.
Doch eins weiß ich: In ein paar Jahren oder Jahrzehnten wird die Erinnerung an ihn verblassen, aber nicht die an seine Opfer.
Euretwegen.
Ja, sie mussten vor ihrer Zeit gehen, und ja, der Himmel ist bevölkerter, als wir es gern hätten.
Doch wenn ihr nachts träumt, dann träumt ihr von ihnen ...
Und wenn ihr an die Verstorbenen denkt und die Liebe in euren Herzen aufblüht, dann hört genau hin ... ganz genau.
Dann könnt ihr eure Engel singen hören.
Auf dem Denkmal hinter mir sind auch zwei Namen, die zu unserem letzten Redner gehören. Er ist einer von euch.
Die Namen sind Norman und Emily Osborn. Hier ist ihr Sohn, Harry.

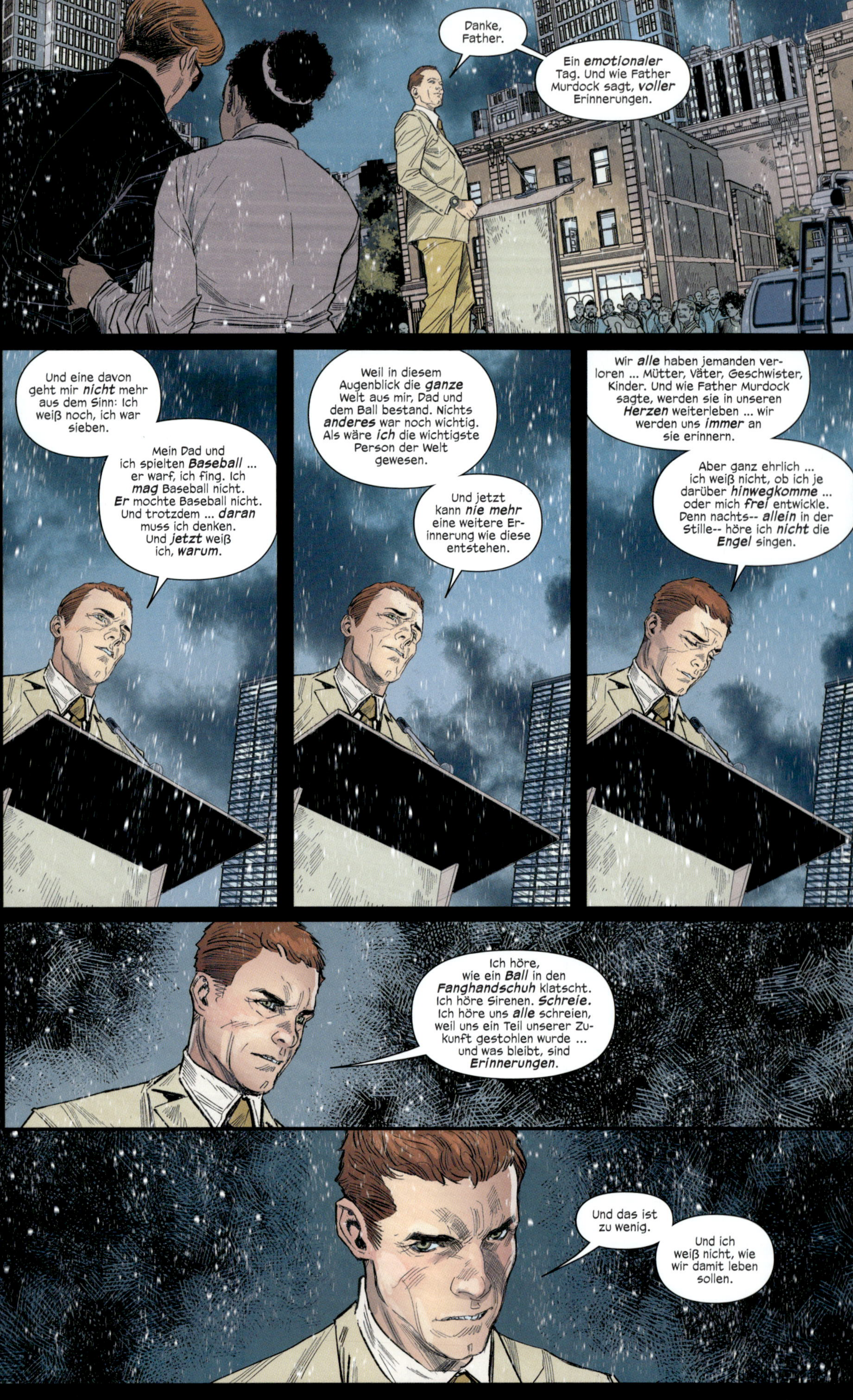
Danke, Father.
Ein emotionaler Tag. Und wie Father Murdock sagt, voller Erinnerungen.
Und eine davon geht mir nicht mehr aus dem Sinn: Ich weiß noch, ich war sieben.
Mein Dad und ich spielten Baseball ... er warf, ich fing. Ich mag Baseball nicht. Er mochte Baseball nicht. Und trotzdem ... daran muss ich denken. Und jetzt weiß ich, warum.
Weil in diesem Augenblick die ganze Welt aus mir, Dad und dem Ball bestand. Nichts anderes war noch wichtig. Als wäre ich die wichtigste Person der Welt gewesen.
Und jetzt kann nie mehr eine weitere Erinnerung wie diese entstehen.
Wir alle haben jemanden verloren ... Mütter, Väter, Geschwister, Kinder. Und wie Father Murdock sagte, werden sie in unseren Herzen weiterleben ... wir werden uns immer an sie erinnern.
Aber ganz ehrlich ... ich weiß nicht, ob ich je darüber hinwegkomme ... oder mich frei entwickle. Denn nachts-- allein in der Stille-- höre ich nicht die Engel singen.
Ich höre, wie ein Ball in den Fanghandschuh klatscht. Ich höre Sirenen. Schreie. Ich höre uns alle schreien, weil uns ein Teil unserer Zukunft gestohlen wurde ... und was bleibt, sind Erinnerungen.
Und das ist zu wenig.
Und ich weiß nicht, wie wir damit leben sollen.

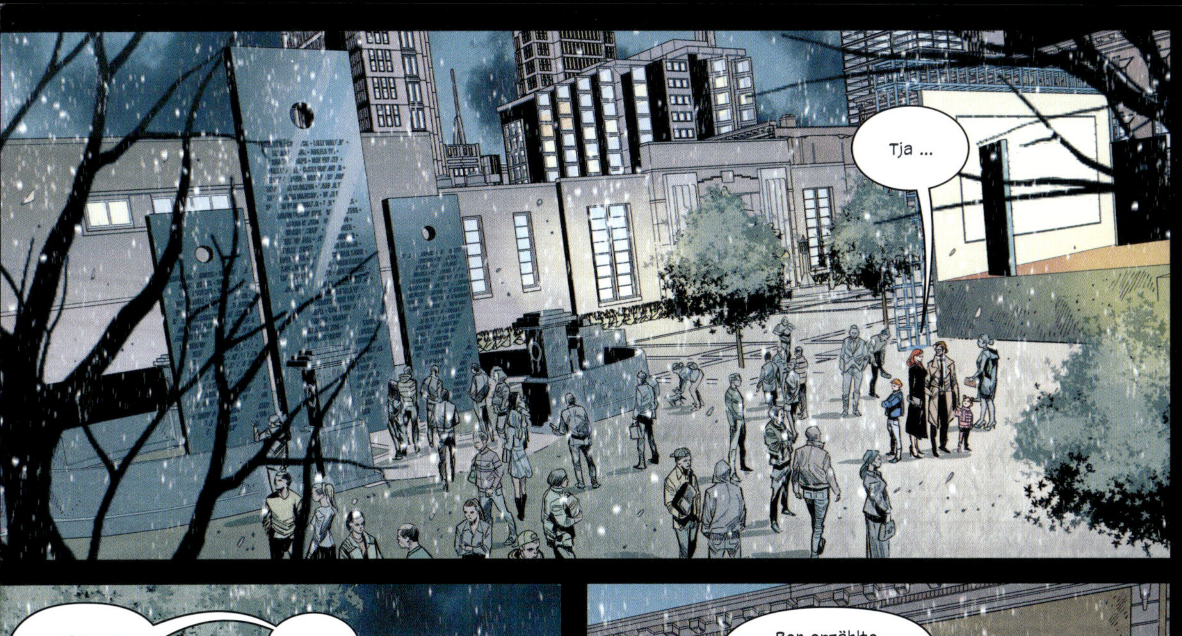
Tja ...

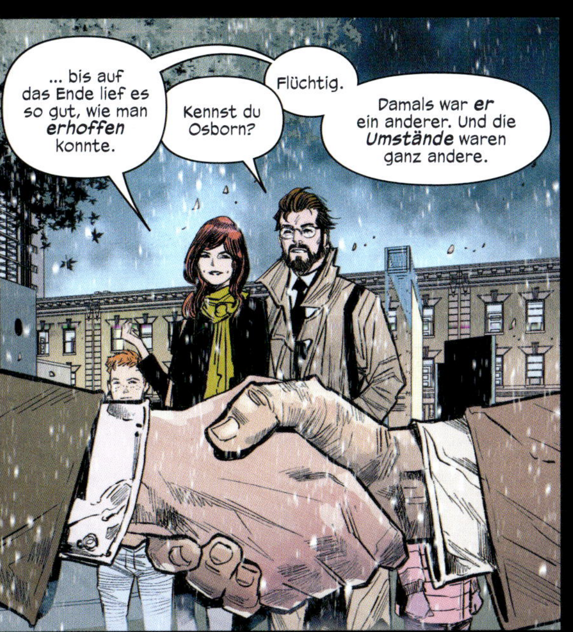
... bis auf das Ende lief es so gut, wie man *erhoffen* konnte.
Kennst du Osborn?
Flüchtig.
Damals war *er* ein anderer. Und die *Umstände* waren ganz andere.

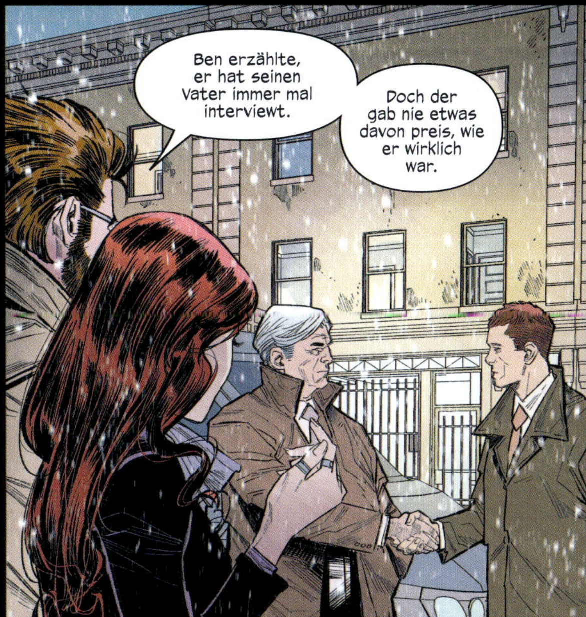
Ben erzählte, er hat seinen Vater immer mal interviewt.
Doch der gab nie etwas davon preis, wie er wirklich war.

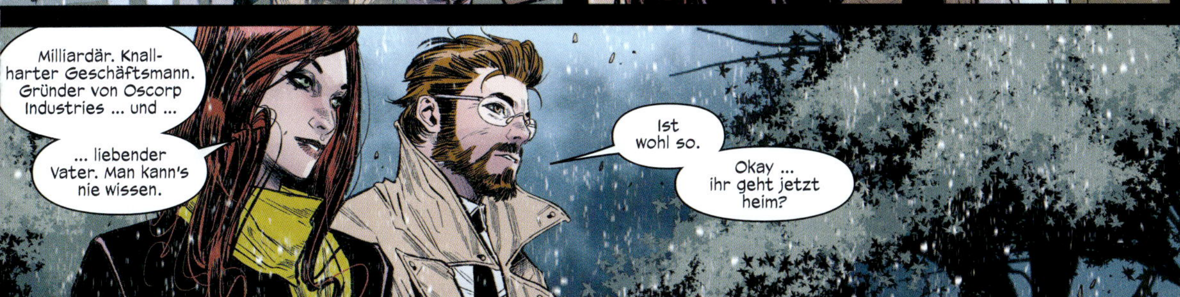
Milliardär. Knallharter Geschäftsmann. Gründer von Oscorp Industries ... und ...
... liebender Vater. Man kann's nie wissen.
Ist wohl so.
Okay ... ihr geht jetzt heim?

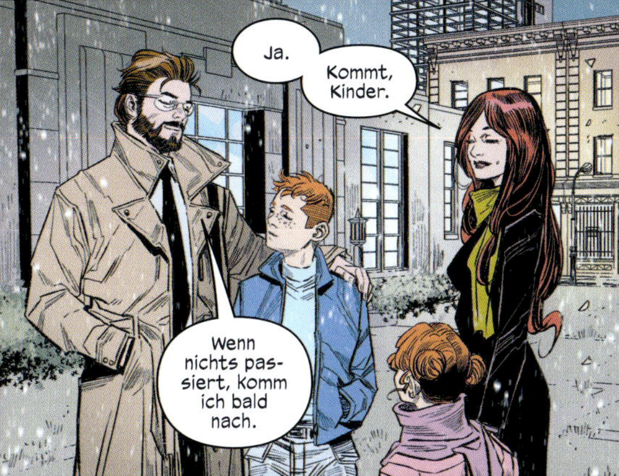
Ja.
Kommt, Kinder.
Wenn nichts passiert, komm ich bald nach.

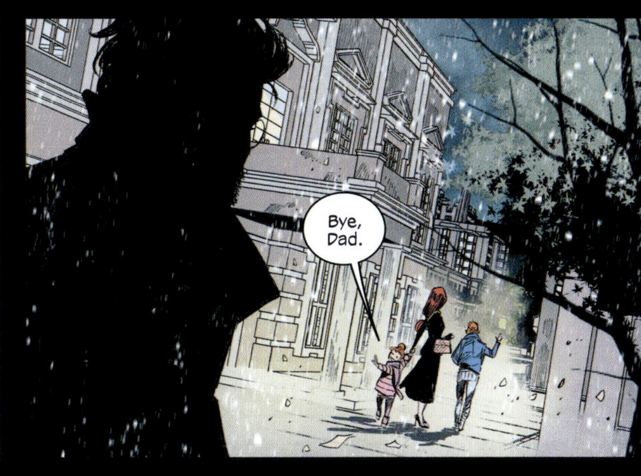
Bye, Dad.

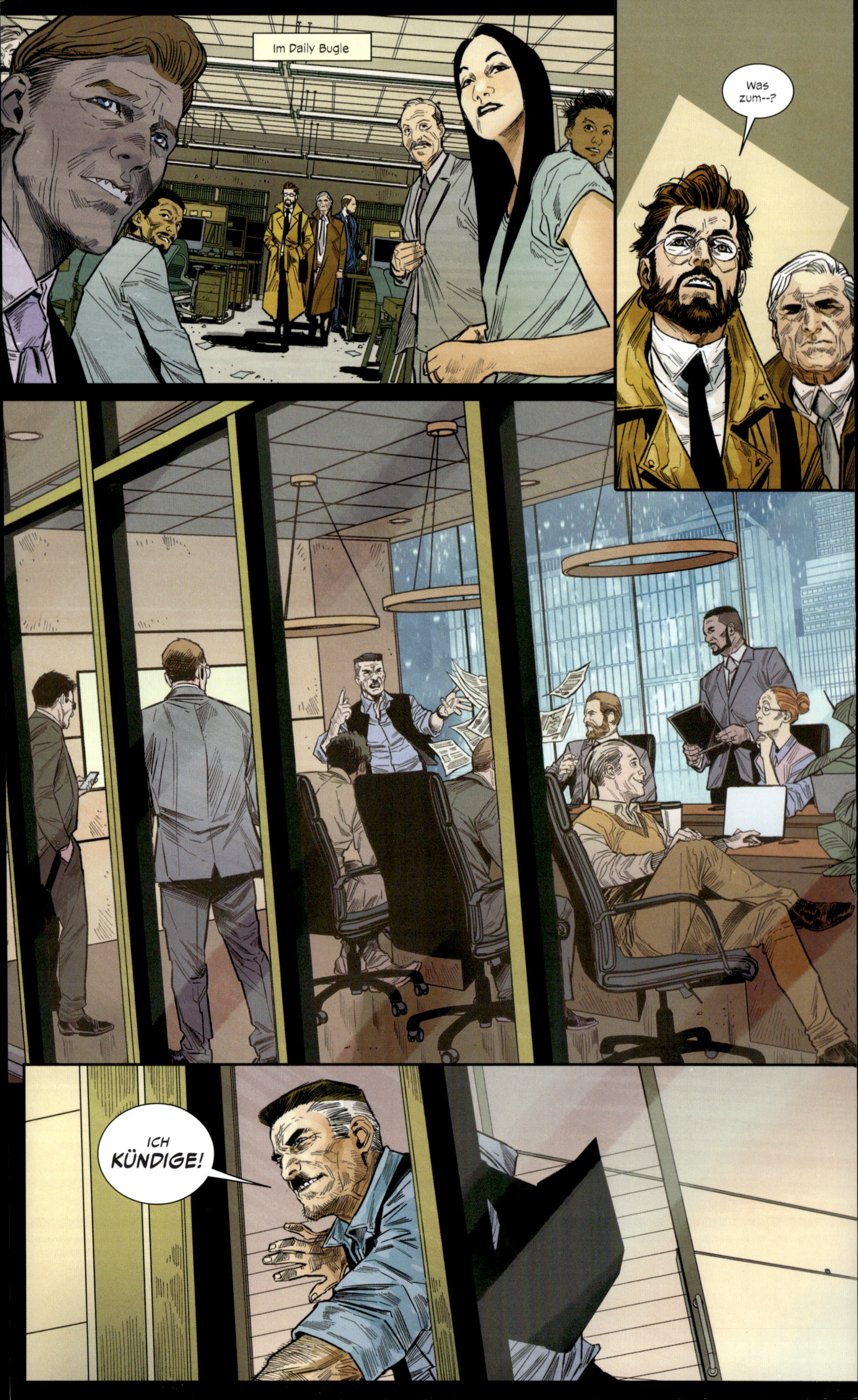
Im Daily Bugle
Was zum--?
ICH KÜNDIGE!

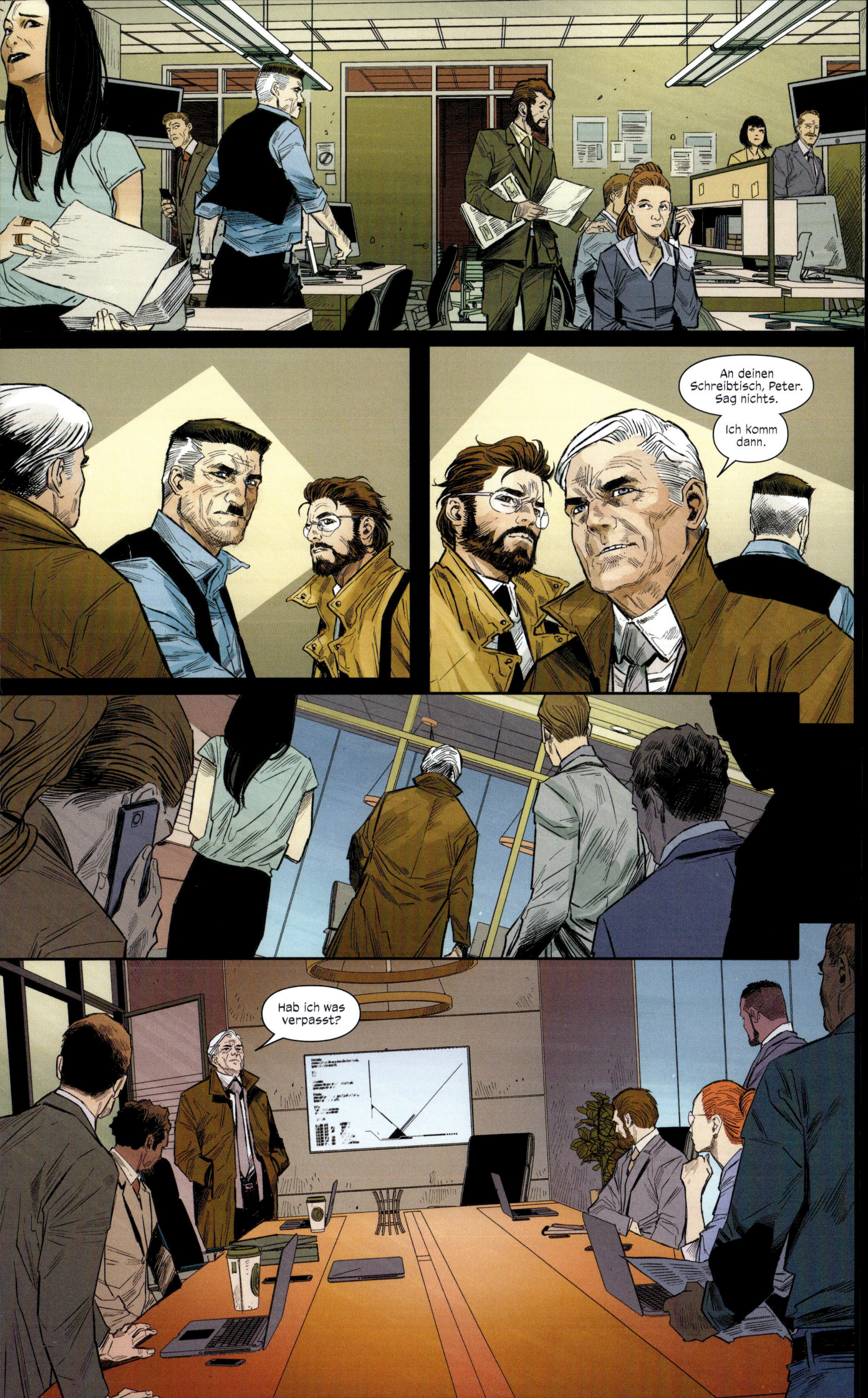
An deinen Schreibtisch, Peter. Sag nichts.
Ich komm dann.
Hab ich was verpasst?

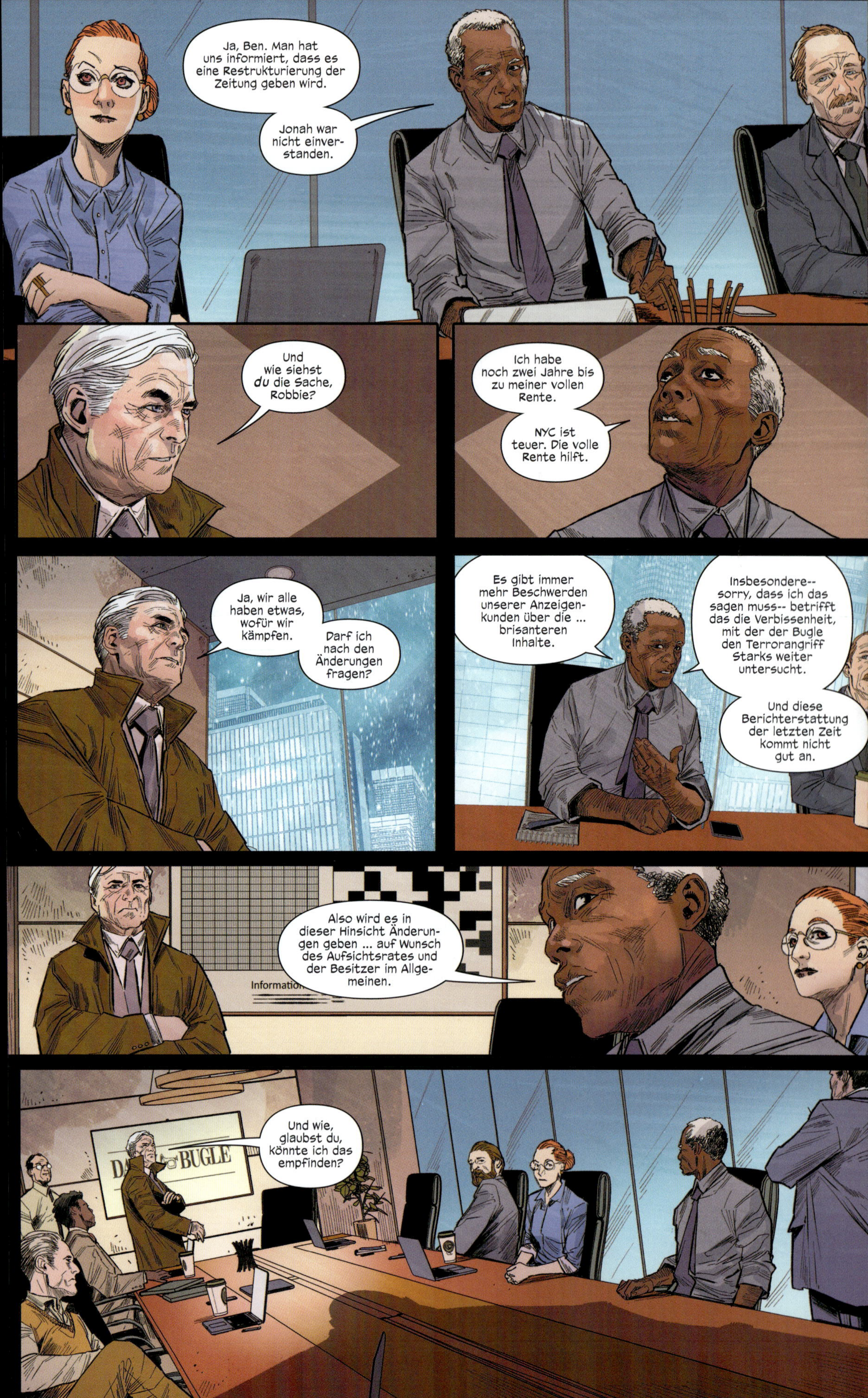
Ja, Ben. Man hat uns informiert, dass es eine Restrukturierung der Zeitung geben wird.
Jonah war nicht einverstanden.
Und wie siehst du die Sache, Robbie?
Ich habe noch zwei Jahre bis zu meiner vollen Rente.
NYC ist teuer. Die volle Rente hilft.
Ja, wir alle haben etwas, wofür wir kämpfen.
Darf ich nach den Änderungen fragen?
Es gibt immer mehr Beschwerden unserer Anzeigenkunden über die ... brisanteren Inhalte.
Insbesondere-- sorry, dass ich das sagen muss-- betrifft das die Verbissenheit, mit der der Bugle den Terrorangriff Starks weiter untersucht.
Und diese Berichterstattung der letzten Zeit kommt nicht gut an.
Also wird es in dieser Hinsicht Änderungen geben ... auf Wunsch des Aufsichtsrates und der Besitzer im Allgemeinen.
Information
Und wie, glaubst du, könnte ich das empfinden?
DAILY BUGLE

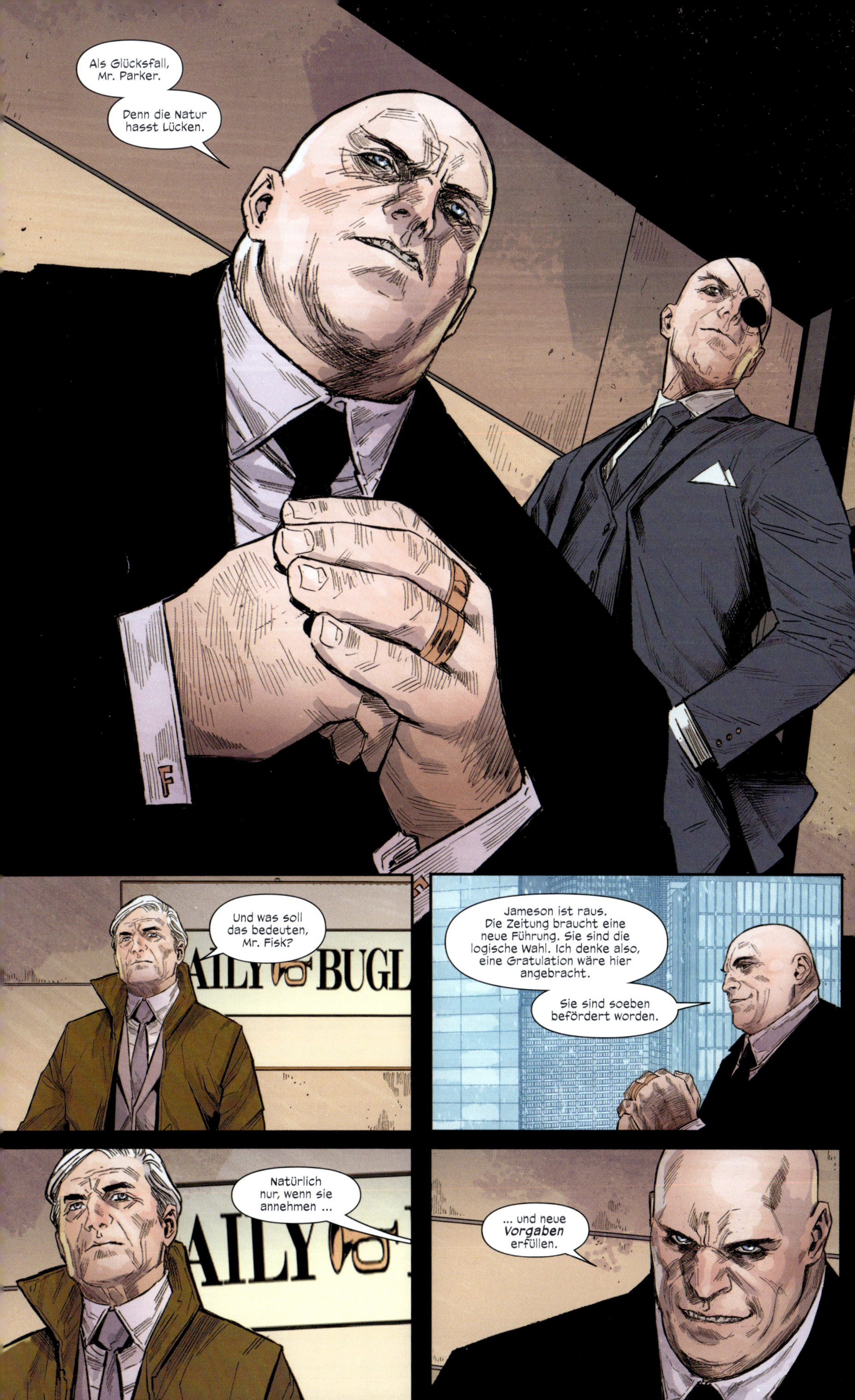
Als Glücksfall, Mr. Parker.
Denn die Natur hasst Lücken.
Und was soll das bedeuten, Mr. Fisk?
Jameson ist raus. Die Zeitung braucht eine neue Führung. Sie sind die logische Wahl. Ich denke also, eine Gratulation wäre hier angebracht.
Sie sind soeben befördert worden.
Natürlich nur, wenn sie annehmen ...
... und neue *Vorgaben* erfüllen.

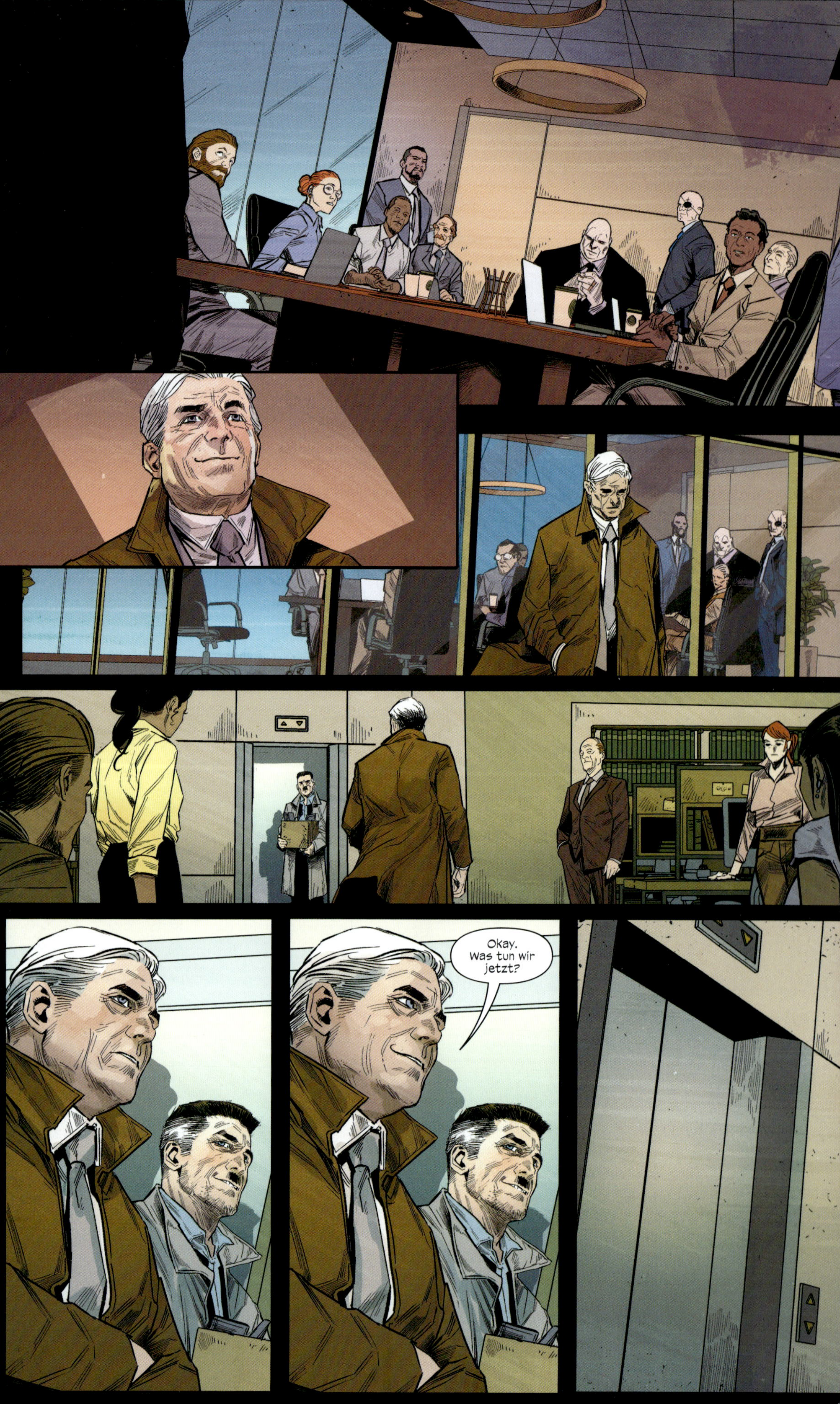
Okay. Was tun wir jetzt?

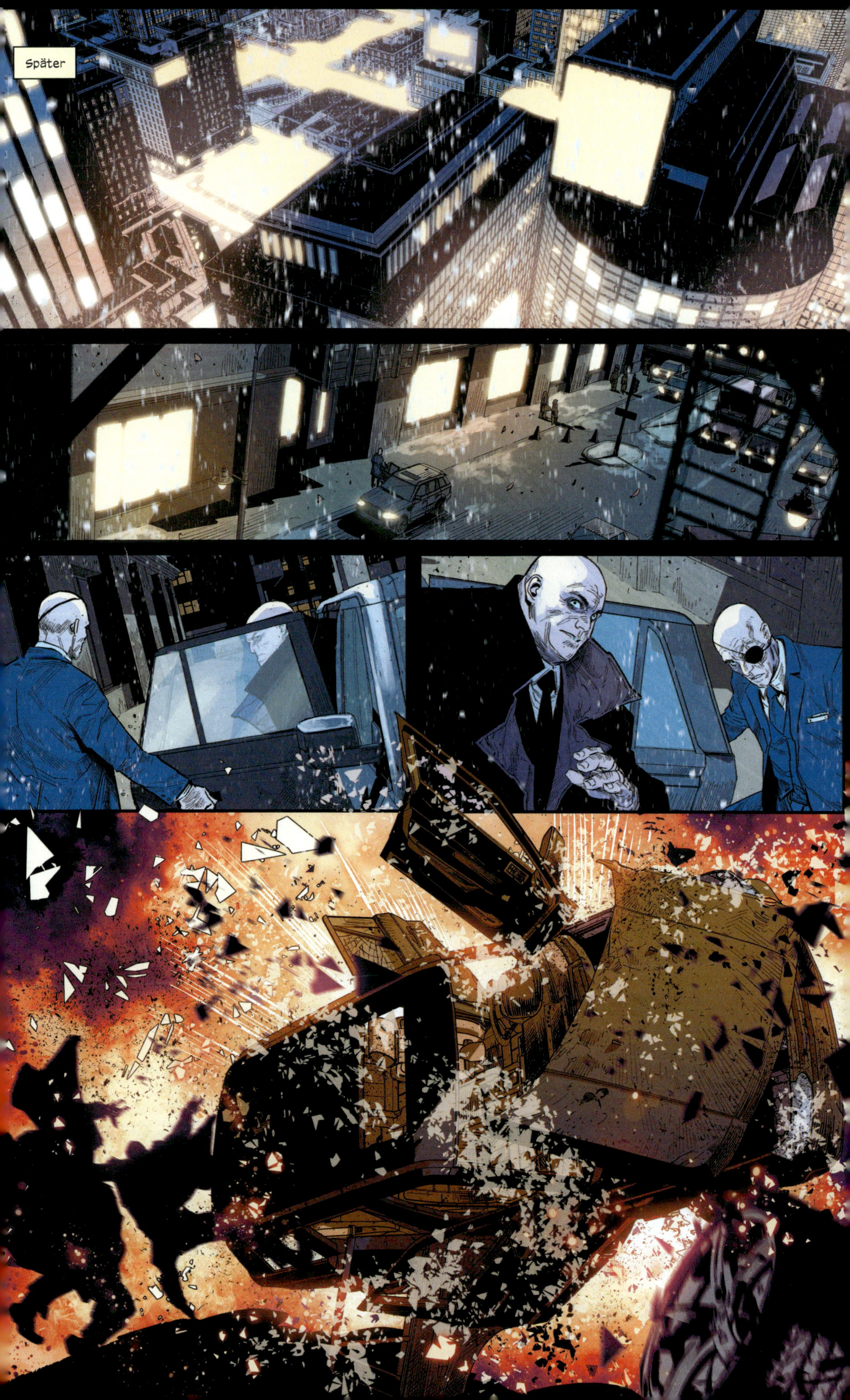
Später

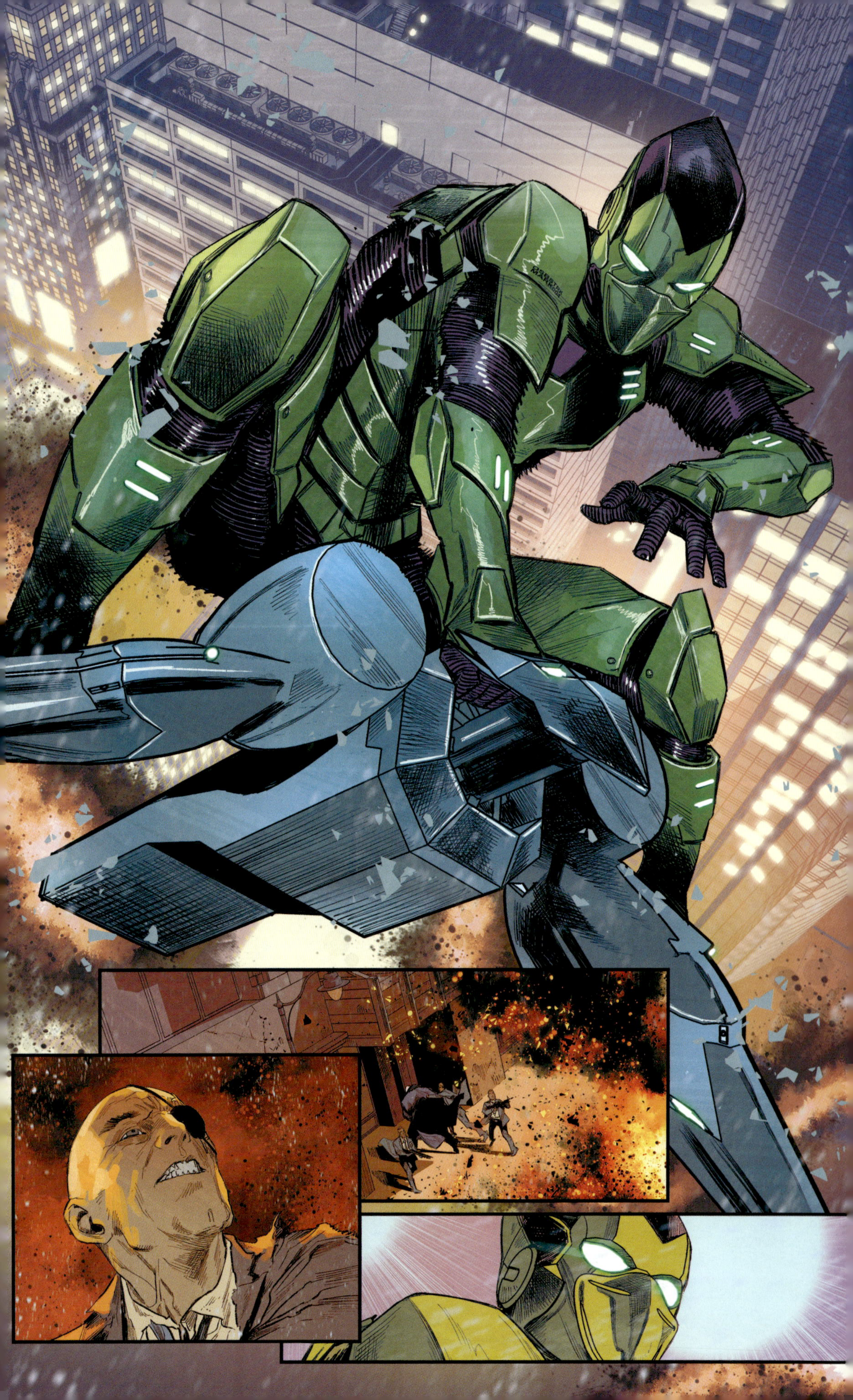

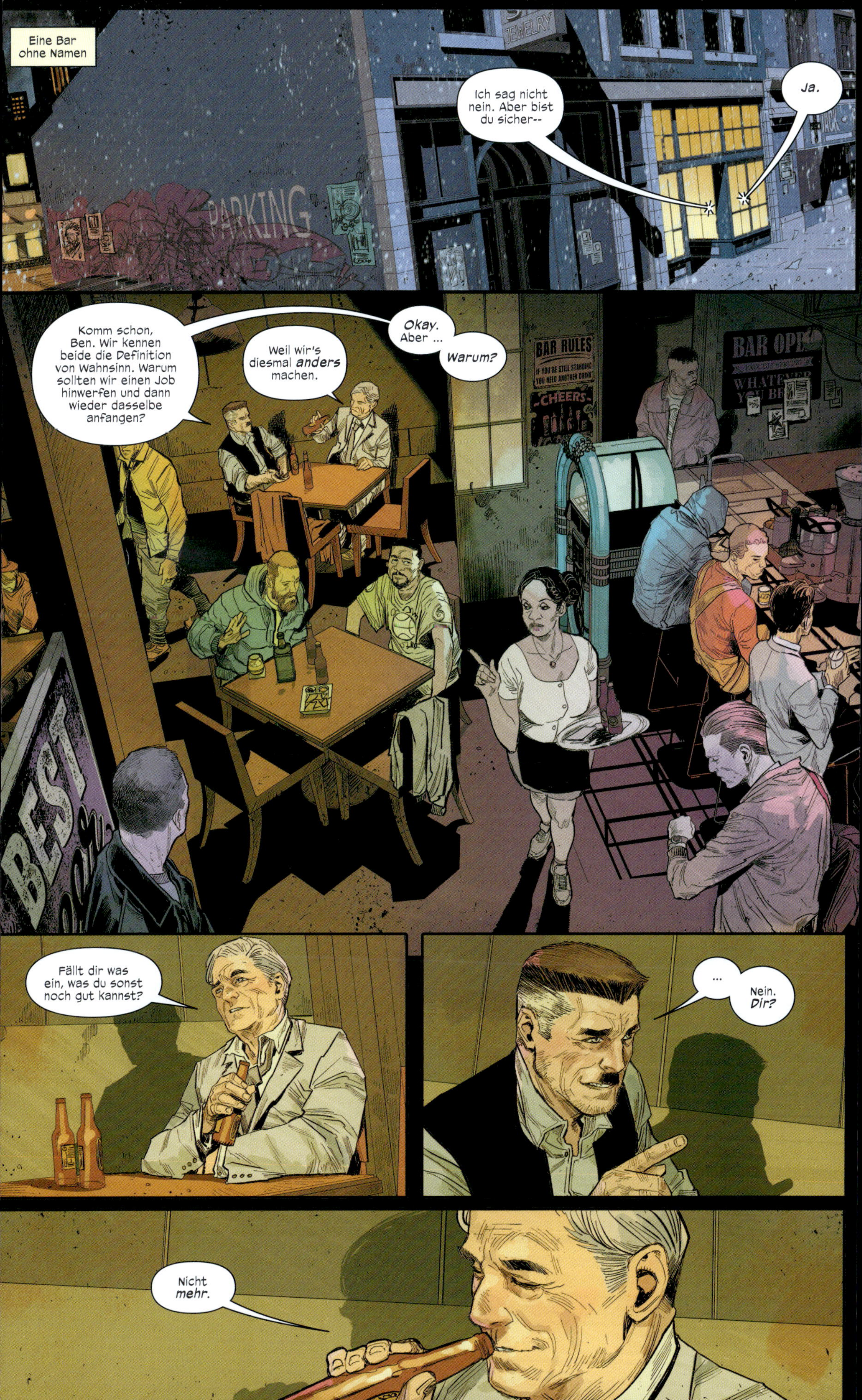
Eine Bar ohne Namen
JEWELRY
Ich sag nicht nein. Aber bist du sicher--
Ja.
PARKING
Komm schon, Ben. Wir kennen beide die Definition von Wahnsinn. Warum sollten wir einen Job hinwerfen und dann wieder dasselbe anfangen?
Okay. Aber ...
Warum?
Weil wir's diesmal *anders* machen.
BAR RULES
CHEERS
BEST
Fällt dir was ein, was du sonst noch gut kannst?
...
Nein. *Dir?*
Nicht *mehr.*

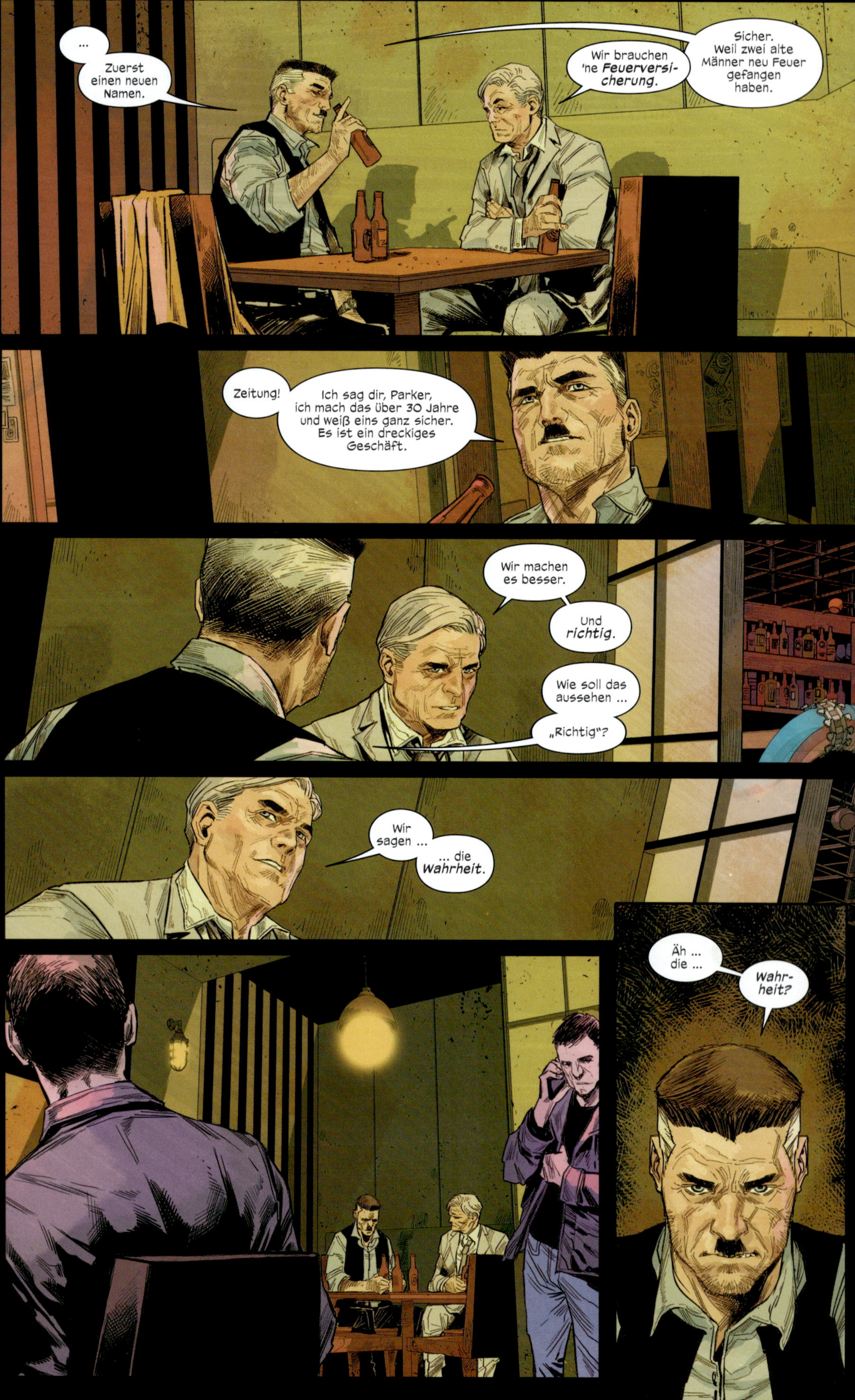
...
Zuerst einen neuen Namen.
Wir brauchen 'ne *Feuerversi-cherung*.
Sicher. Weil zwei alte Männer neu Feuer gefangen haben.
Zeitung!
Ich sag dir, Parker, ich mach das über 30 Jahre und weiß eins ganz sicher. Es ist ein dreckiges Geschäft.
Wir machen es besser.
Und *richtig*.
Wie soll das aussehen ...
„Richtig"?
Wir sagen ...
... die *Wahrheit*.
Äh ... die ...
Wahr-heit?

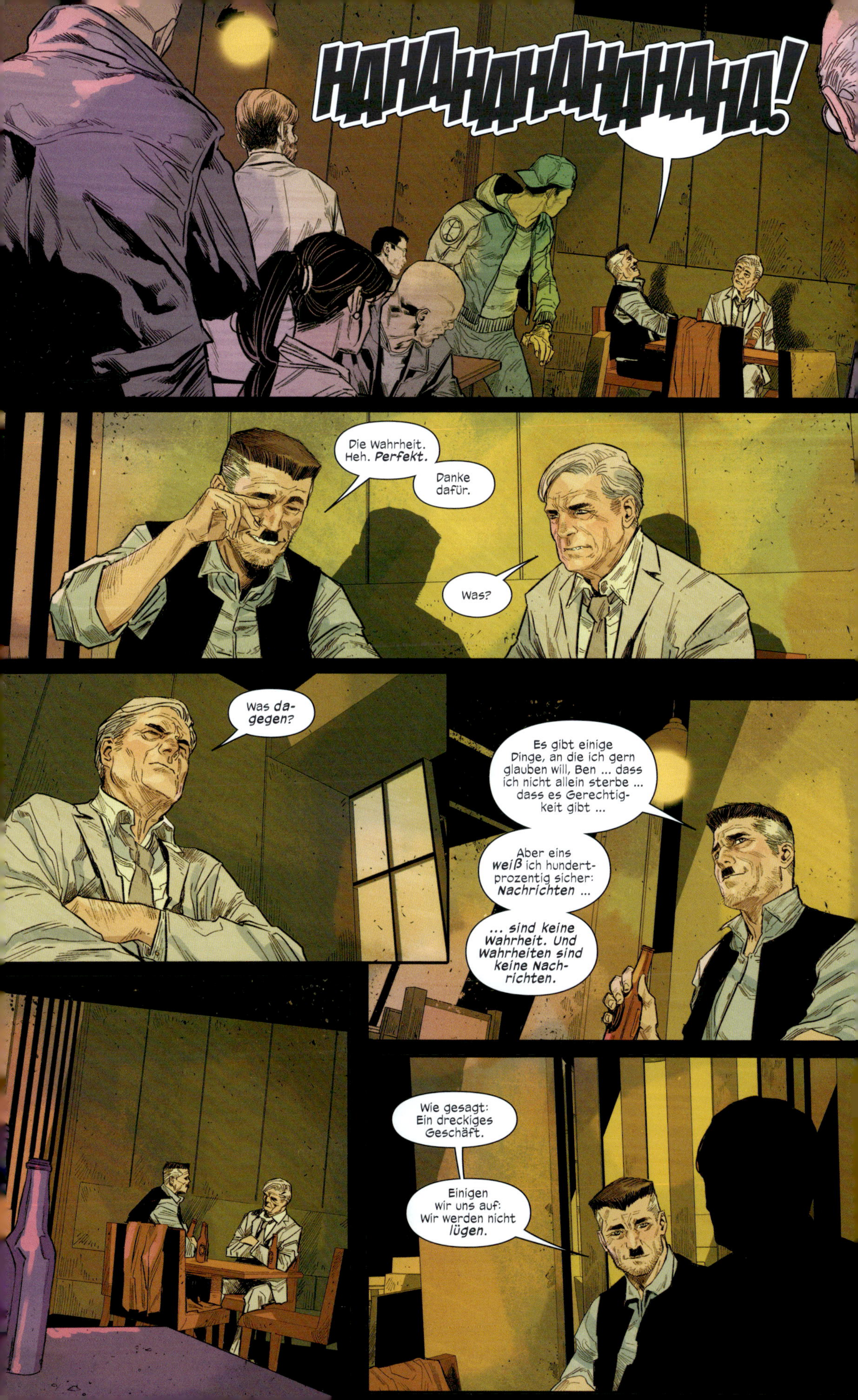
HAHAHAHAHAHAHAHA!
Die Wahrheit. Heh. Perfekt.
Danke dafür.
Was?
Was dagegen?
Es gibt einige Dinge, an die ich gern glauben will, Ben ... dass ich nicht allein sterbe ... dass es Gerechtigkeit gibt ...
Aber eins weiß ich hundertprozentig sicher: Nachrichten ...
... sind keine Wahrheit. Und Wahrheiten sind keine Nachrichten.
Wie gesagt: Ein dreckiges Geschäft.
Einigen wir uns auf: Wir werden nicht lügen.

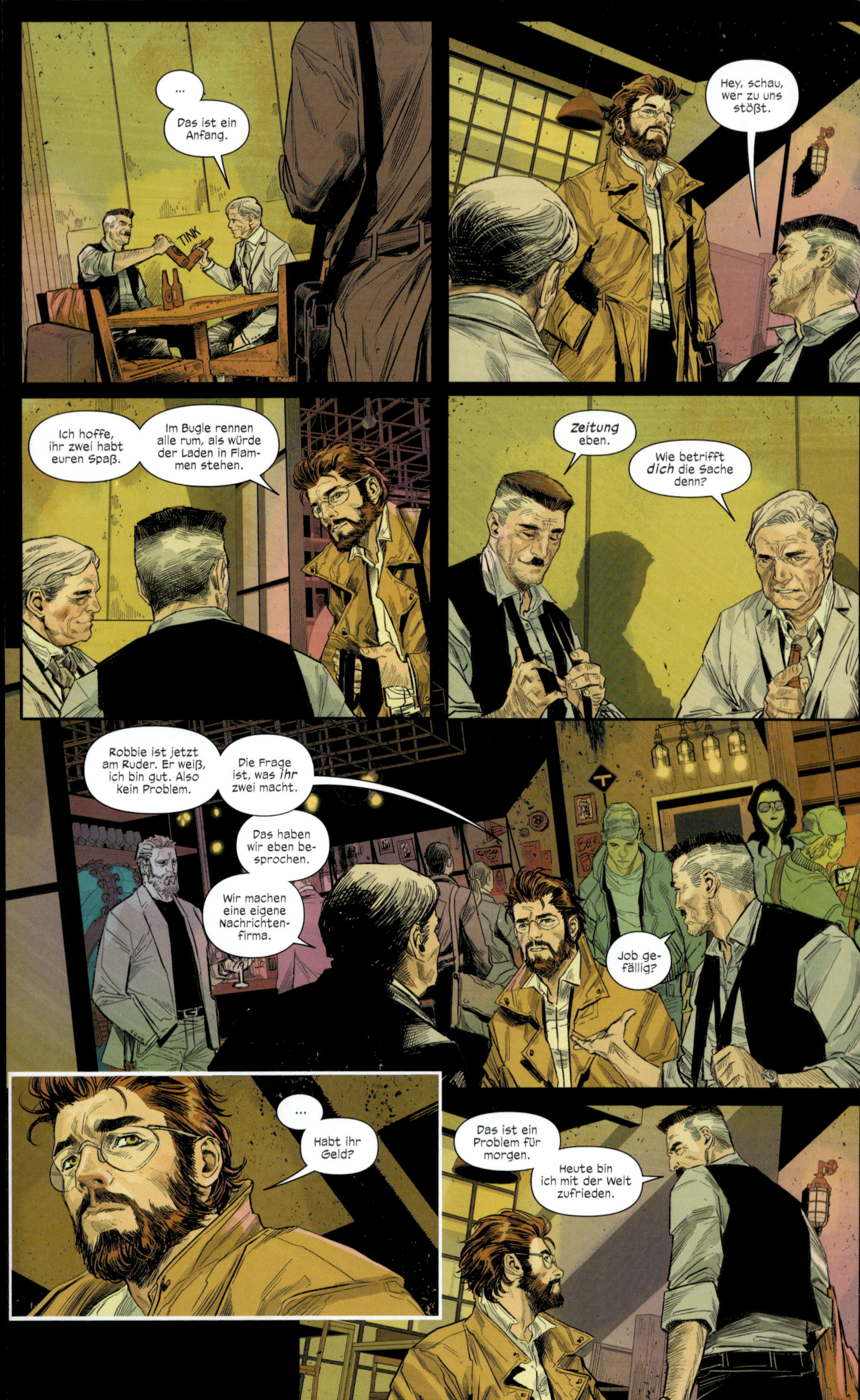
...
Das ist ein Anfang.
TINK
Hey, schau, wer zu uns stößt.
Ich hoffe, ihr zwei habt euren Spaß.
Im Bugle rennen alle rum, als würde der Laden in Flammen stehen.
Zeitung eben.
Wie betrifft dich die Sache denn?
Robbie ist jetzt am Ruder. Er weiß, ich bin gut. Also kein Problem.
Die Frage ist, was ihr zwei macht.
Das haben wir eben besprochen.
Wir machen eine eigene Nachrichtenfirma.
Job gefällig?
...
Habt ihr Geld?
Das ist ein Problem für morgen.
Heute bin ich mit der Welt zufrieden.

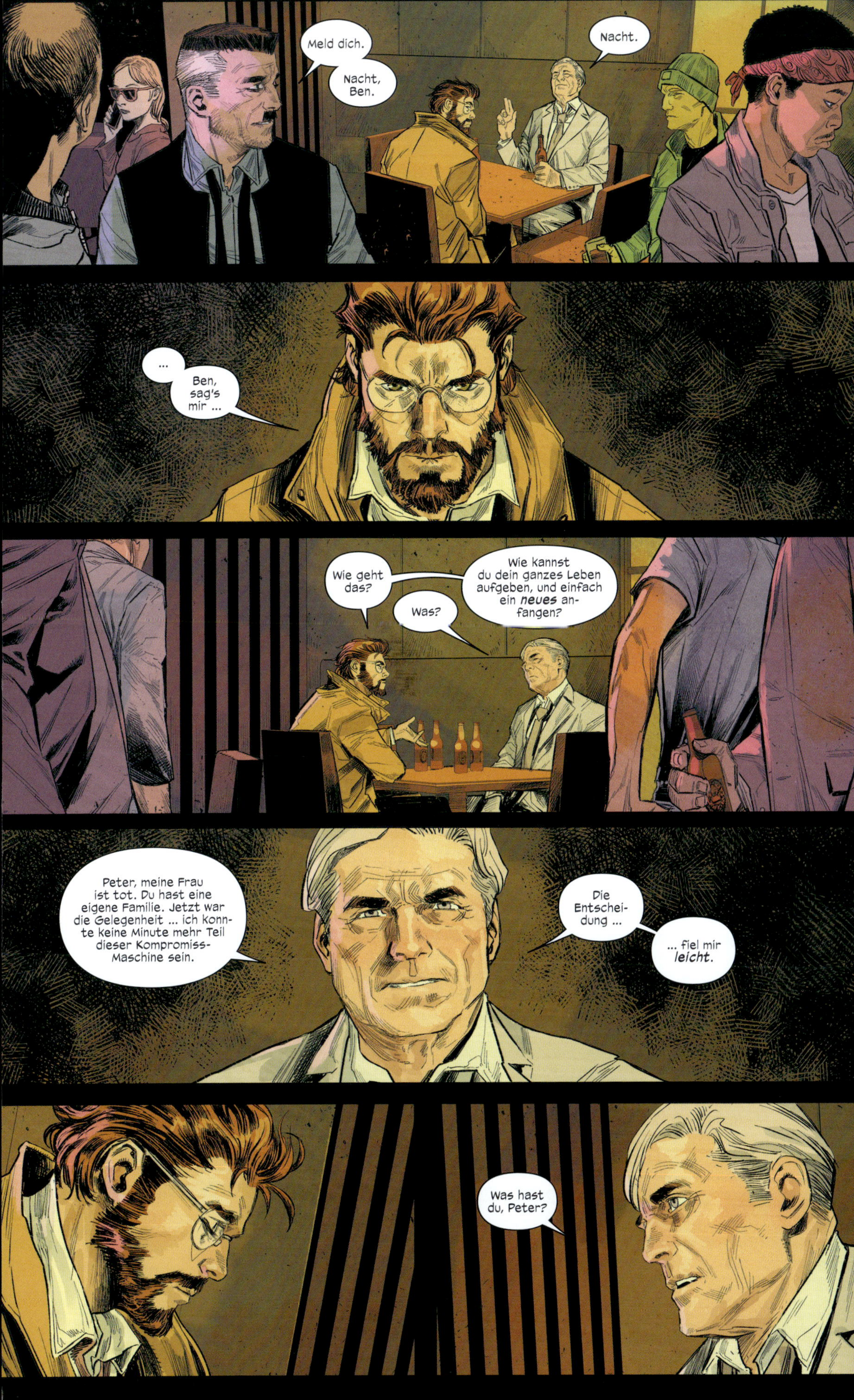
Meld dich.
Nacht, Ben.
Nacht.
...
Ben, sag's mir ...
Wie geht das?
Was?
Wie kannst du dein ganzes Leben aufgeben, und einfach ein *neues* anfangen?
Peter, meine Frau ist tot. Du hast eine eigene Familie. Jetzt war die Gelegenheit ... ich konnte keine Minute mehr Teil dieser Kompromiss-Maschine sein.
Die Entscheidung ...
... fiel mir *leicht*.
Was hast du, Peter?

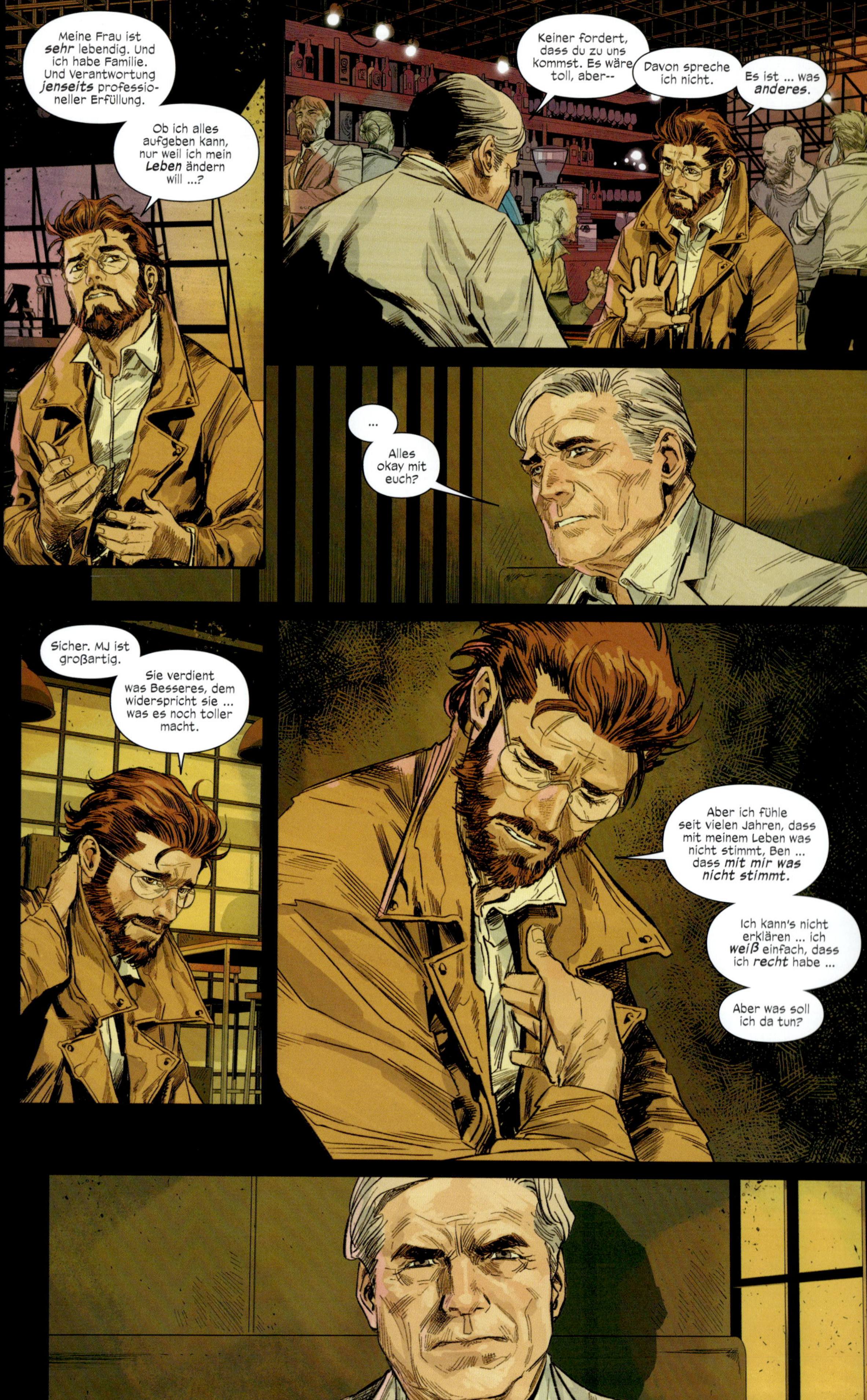
Meine Frau ist sehr lebendig. Und ich habe Familie. Und Verantwortung jenseits professioneller Erfüllung.
Ob ich alles aufgeben kann, nur weil ich mein Leben ändern will ...?
Keiner fordert, dass du zu uns kommst. Es wäre toll, aber--
Davon spreche ich nicht.
Es ist ... was anderes.
...
Alles okay mit euch?
Sicher. MJ ist großartig.
Sie verdient was Besseres, dem widerspricht sie ... was es noch toller macht.
Aber ich fühle seit vielen Jahren, dass mit meinem Leben was nicht stimmt, Ben ... dass mit mir was nicht stimmt.
Ich kann's nicht erklären ... ich weiß einfach, dass ich recht habe ...
Aber was soll ich da tun?

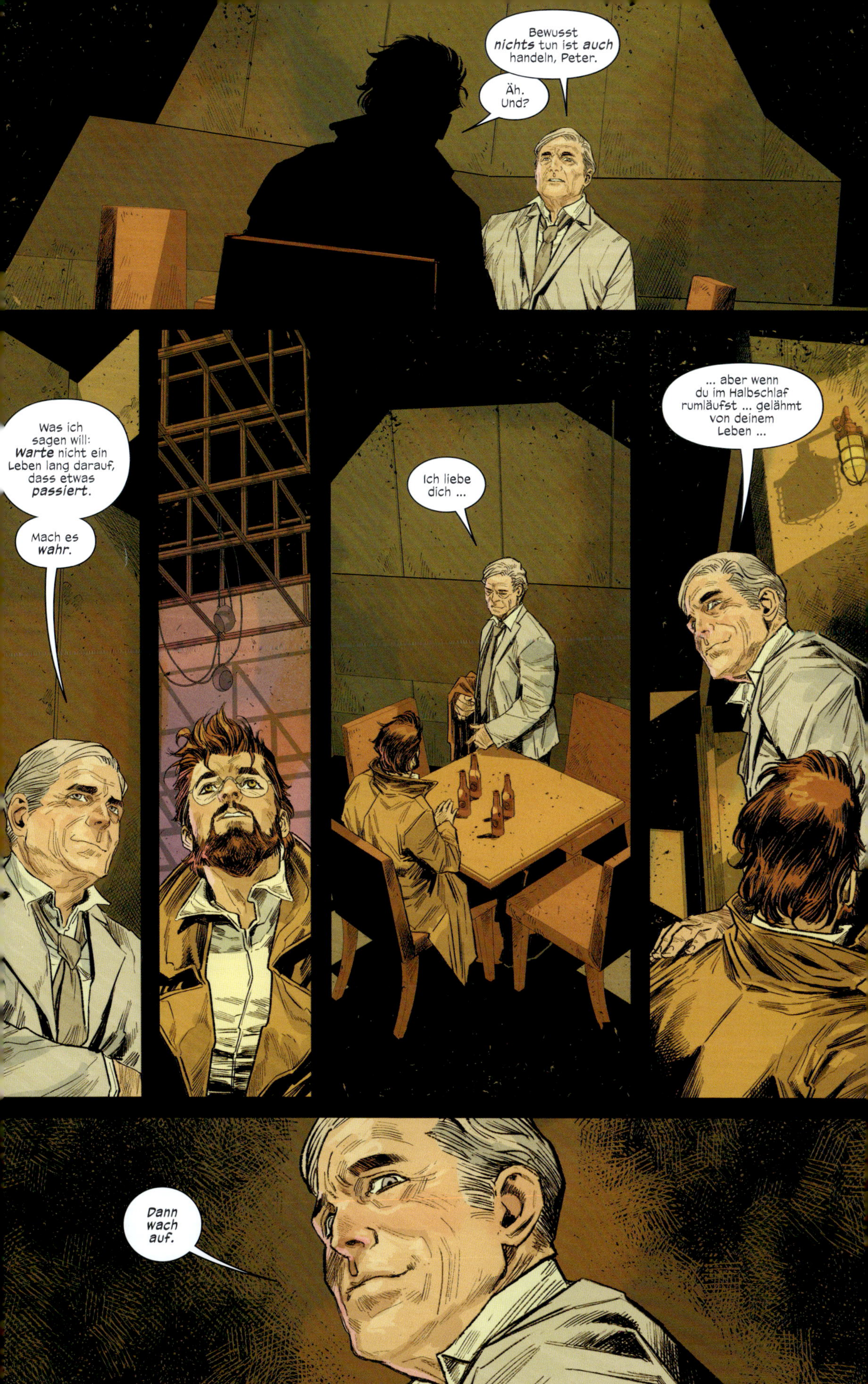
Bewusst *nichts* tun ist *auch* handeln, Peter.
Äh. Und?
Was ich sagen will: *Warte* nicht ein Leben lang darauf, dass etwas *passiert*.
Mach es *wahr*.
Ich liebe dich ...
... aber wenn du im Halbschlaf rumläufst ... gelähmt von deinem Leben ...
Dann wach auf.

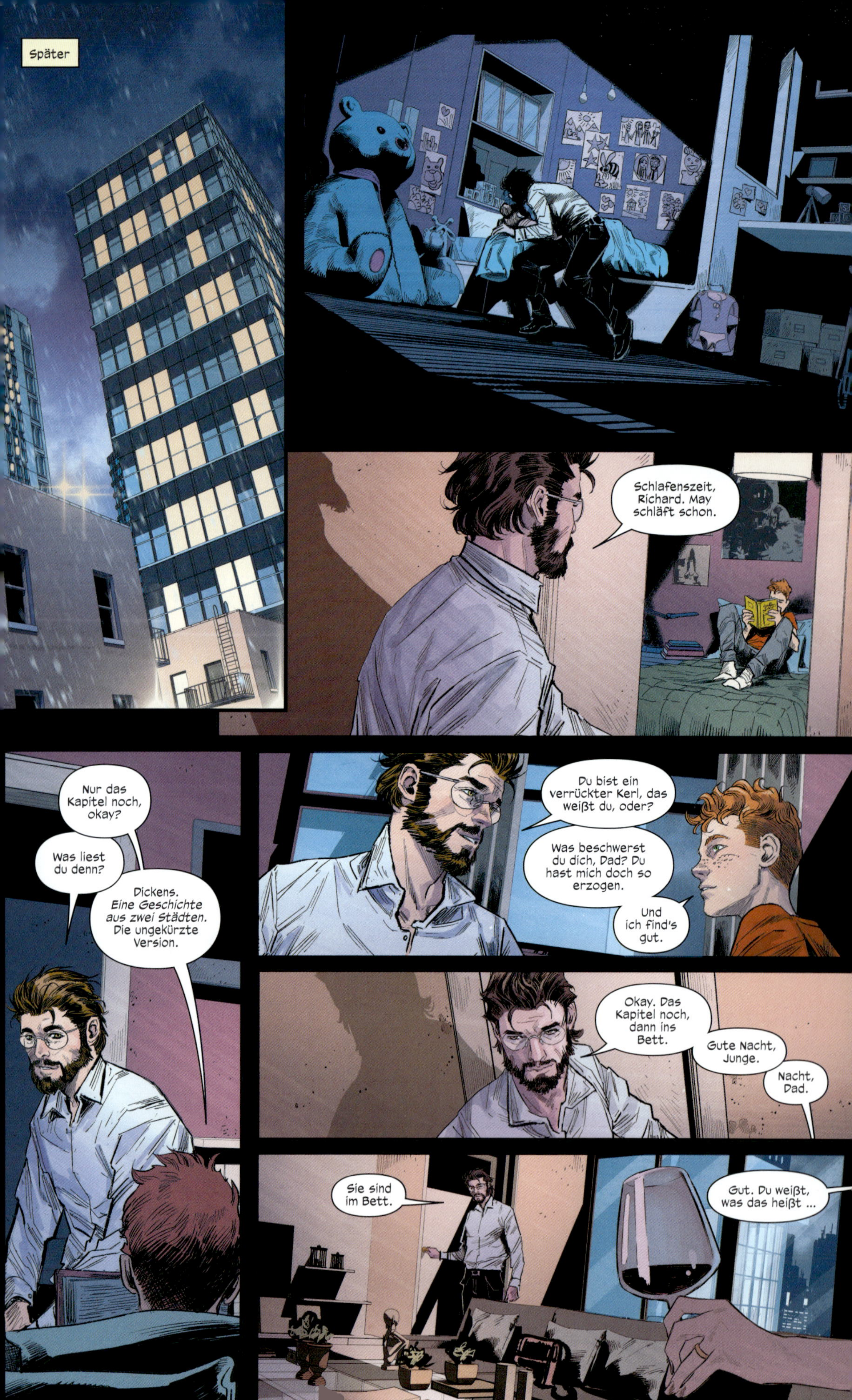
Später
Schlafenszeit, Richard. May schläft schon.
Nur das Kapitel noch, okay?
Was liest du denn?
Dickens. Eine Geschichte aus zwei Städten. Die ungekürzte Version.
Du bist ein verrückter Kerl, das weißt du, oder?
Was beschwerst du dich, Dad? Du hast mich doch so erzogen.
Und ich find's gut.
Okay. Das Kapitel noch, dann ins Bett.
Gute Nacht, Junge.
Nacht, Dad.
Sie sind im Bett.
Gut. Du weißt, was das heißt ...

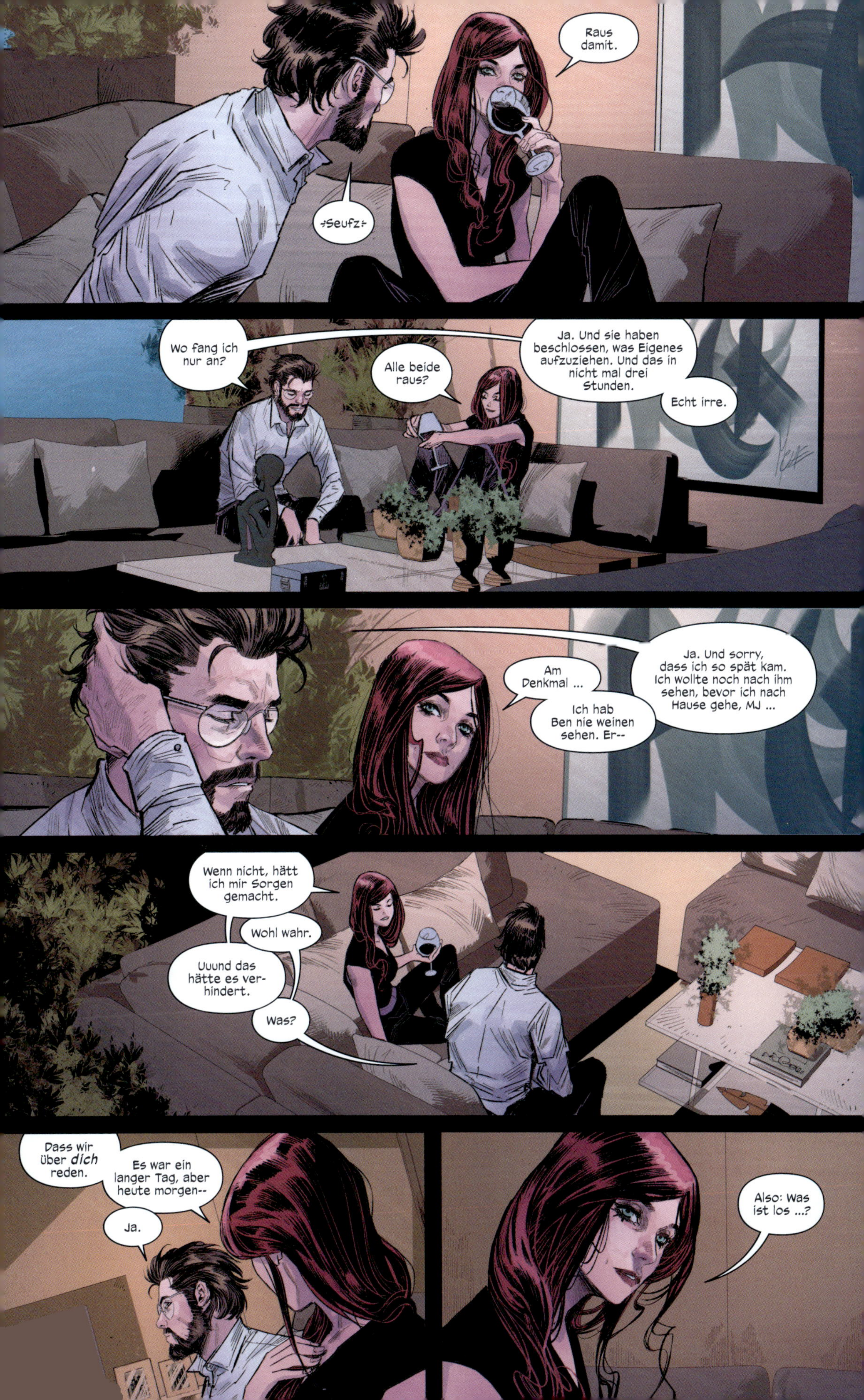
Raus damit.
-Seufz-
Wo fang ich nur an?
Alle beide raus?
Ja. Und sie haben beschlossen, was Eigenes aufzuziehen. Und das in nicht mal drei Stunden.
Echt irre.
Ja. Und sorry, dass ich so spät kam. Ich wollte noch nach ihm sehen, bevor ich nach Hause gehe, MJ ...
Am Denkmal ...
Ich hab Ben nie weinen sehen. Er--
Wenn nicht, hätt ich mir Sorgen gemacht.
Wohl wahr.
Uuund das hätte es verhindert.
Was?
Dass wir über *dich* reden.
Es war ein langer Tag, aber heute morgen--
Ja.
Also: Was ist los ...?

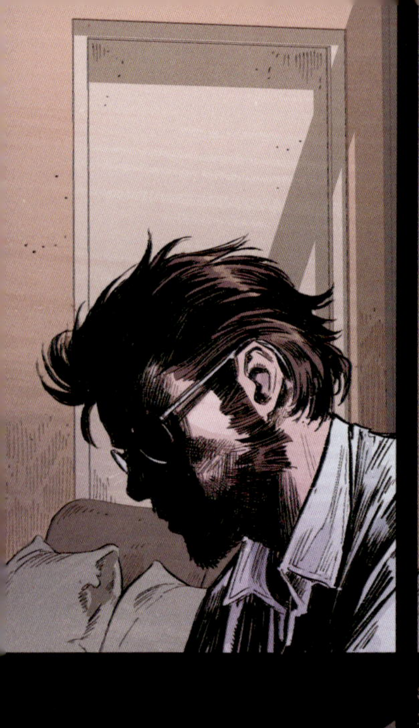

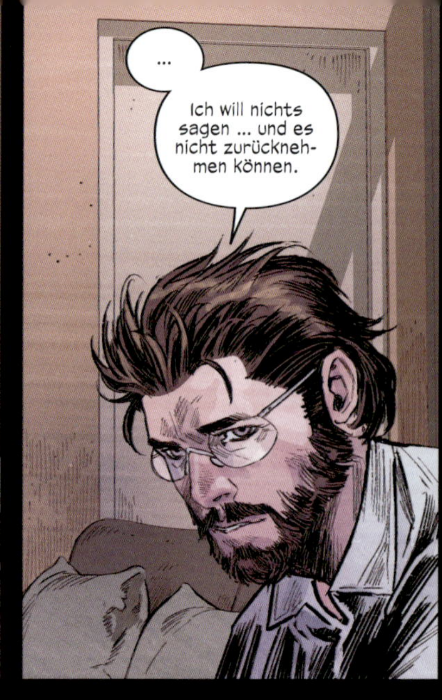
...
Ich will nichts sagen ... und es nicht zurücknehmen können.

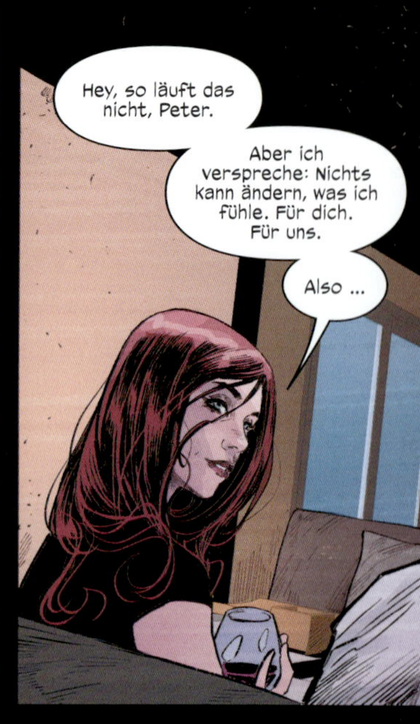
Hey, so läuft das nicht, Peter.
Aber ich verspreche: Nichts kann ändern, was ich fühle. Für dich. Für uns.
Also ...

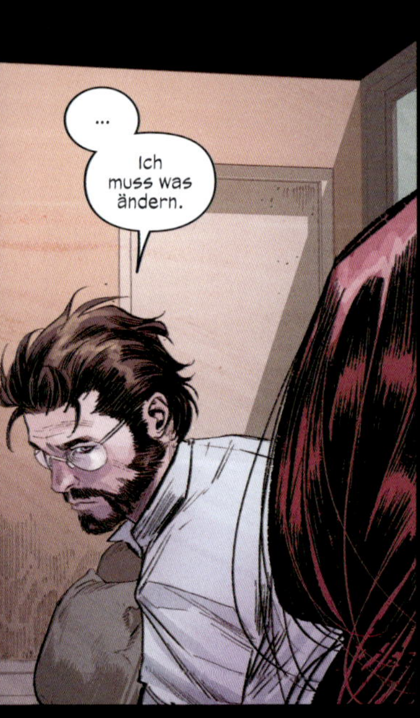
...
Ich muss was ändern.

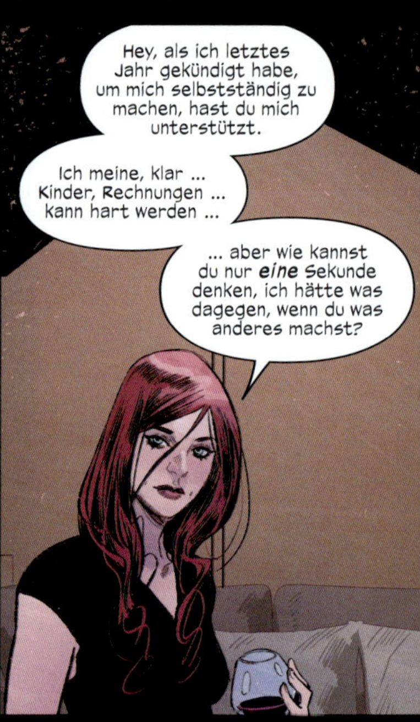
Hey, als ich letztes Jahr gekündigt habe, um mich selbstständig zu machen, hast du mich unterstützt.
Ich meine, klar ... Kinder, Rechnungen ... kann hart werden ...
... aber wie kannst du nur *eine* Sekunde denken, ich hätte was dagegen, wenn du was anderes machst?

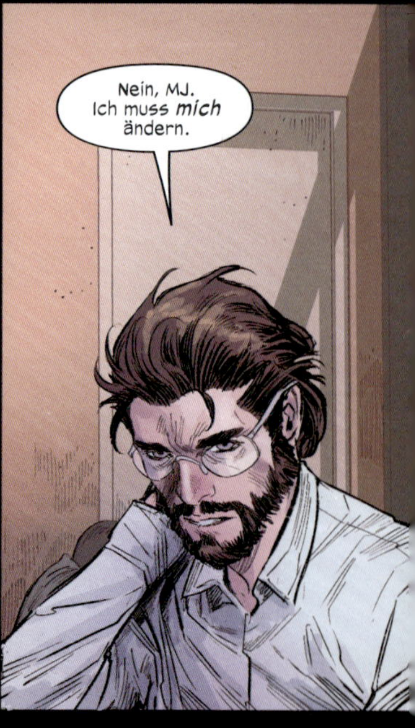
Nein, MJ. Ich muss *mich* ändern.

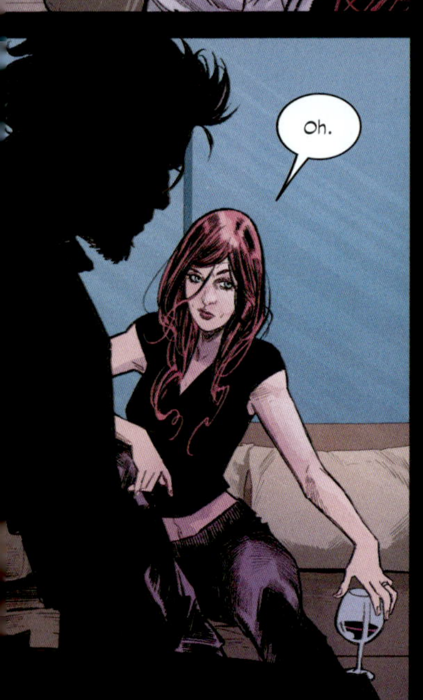
Oh.

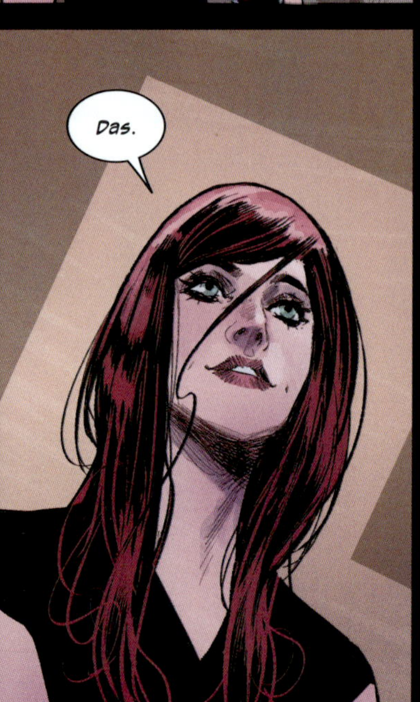
Das.

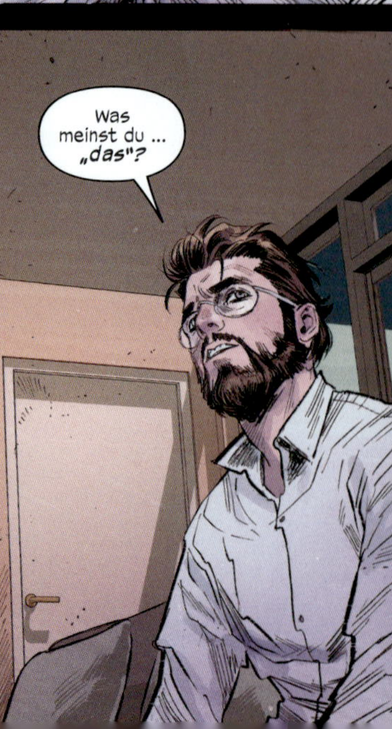
Was meinst du ... *„das"?*

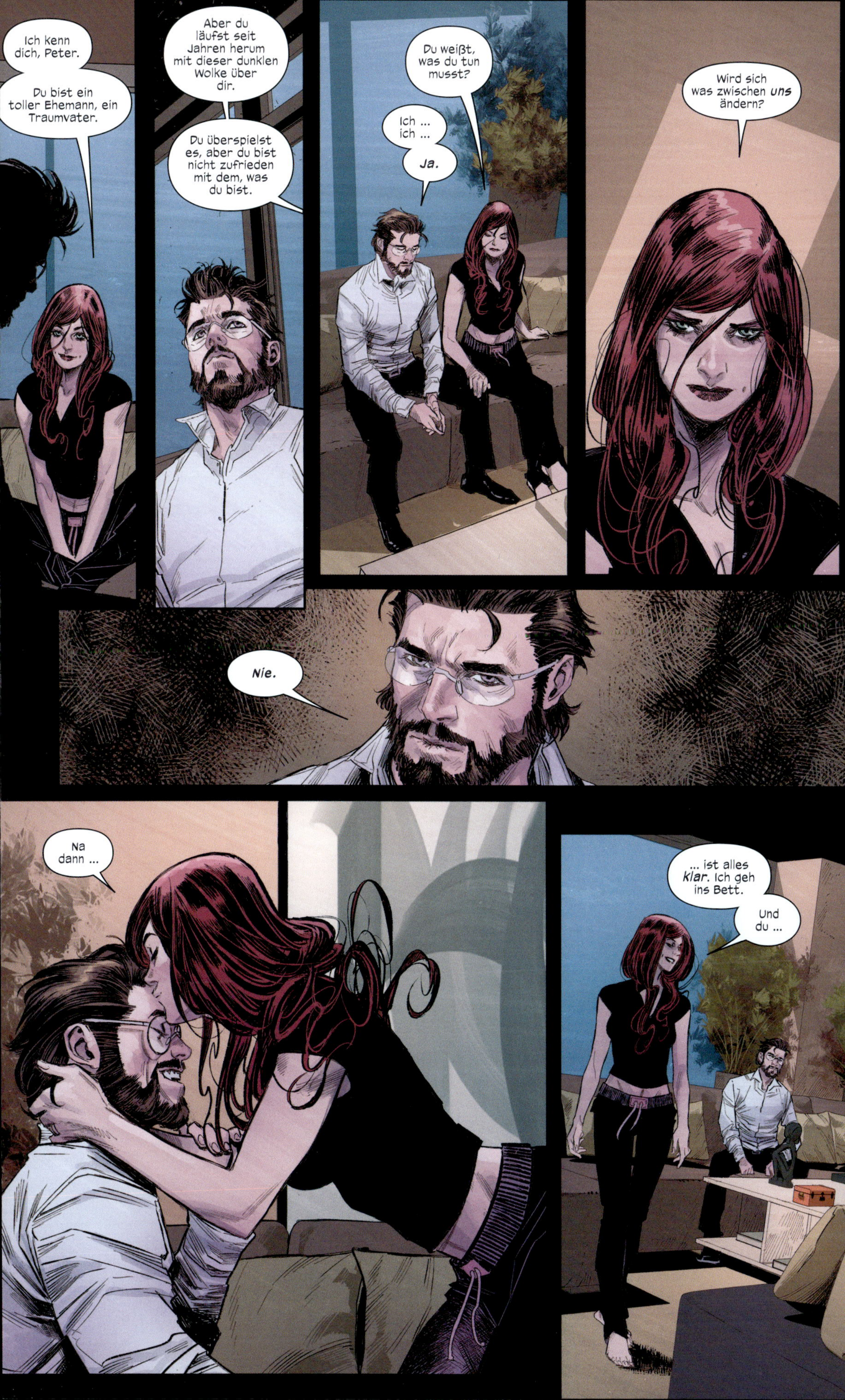

Ich kenn dich, Peter.
Du bist ein toller Ehemann, ein Traumvater.
Aber du läufst seit Jahren herum mit dieser dunklen Wolke über dir.
Du überspielst es, aber du bist nicht zufrieden mit dem, was du bist.
Du weißt, was du tun musst?
Ich ... ich ...
Ja.
Wird sich was zwischen *uns* ändern?
Nie.

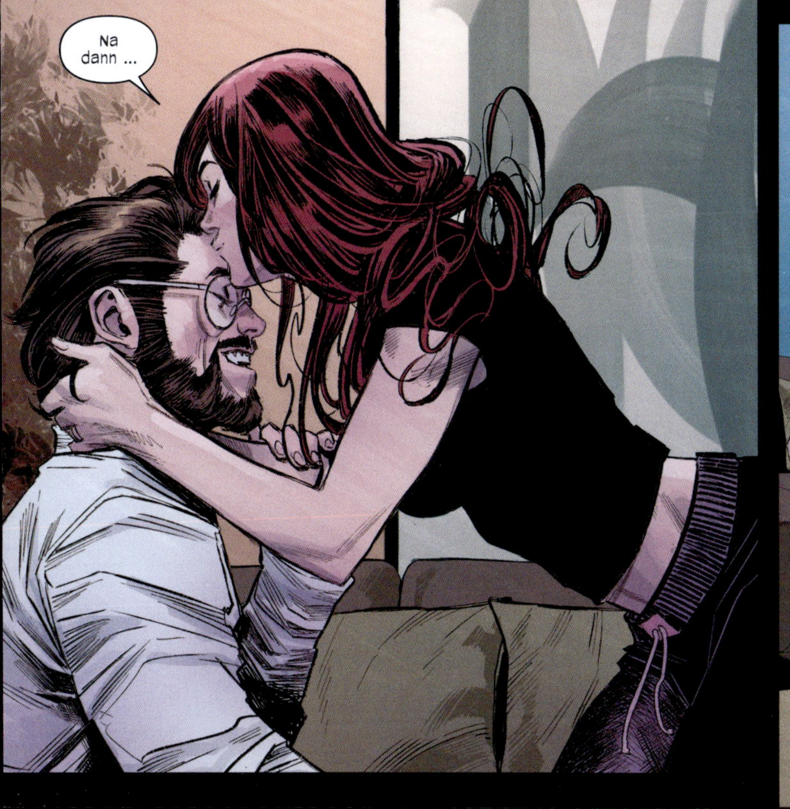

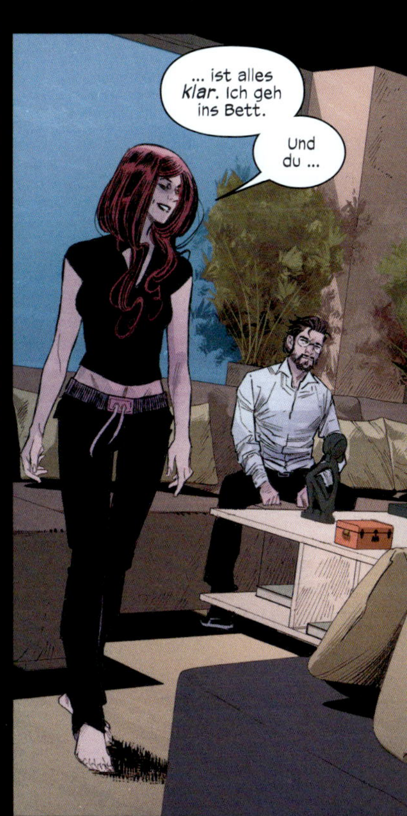

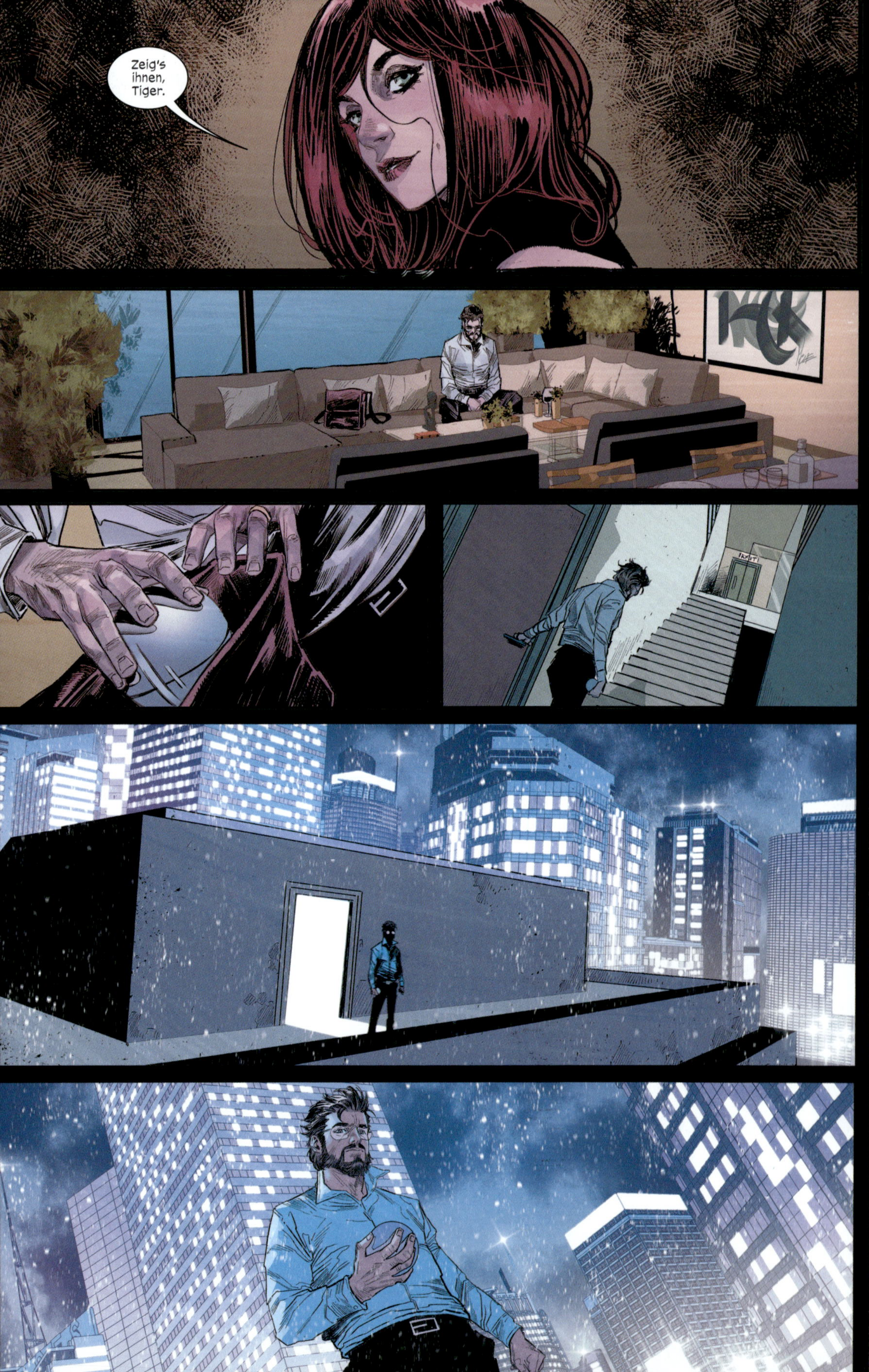
Zeig's ihnen, Tiger.
EXIT

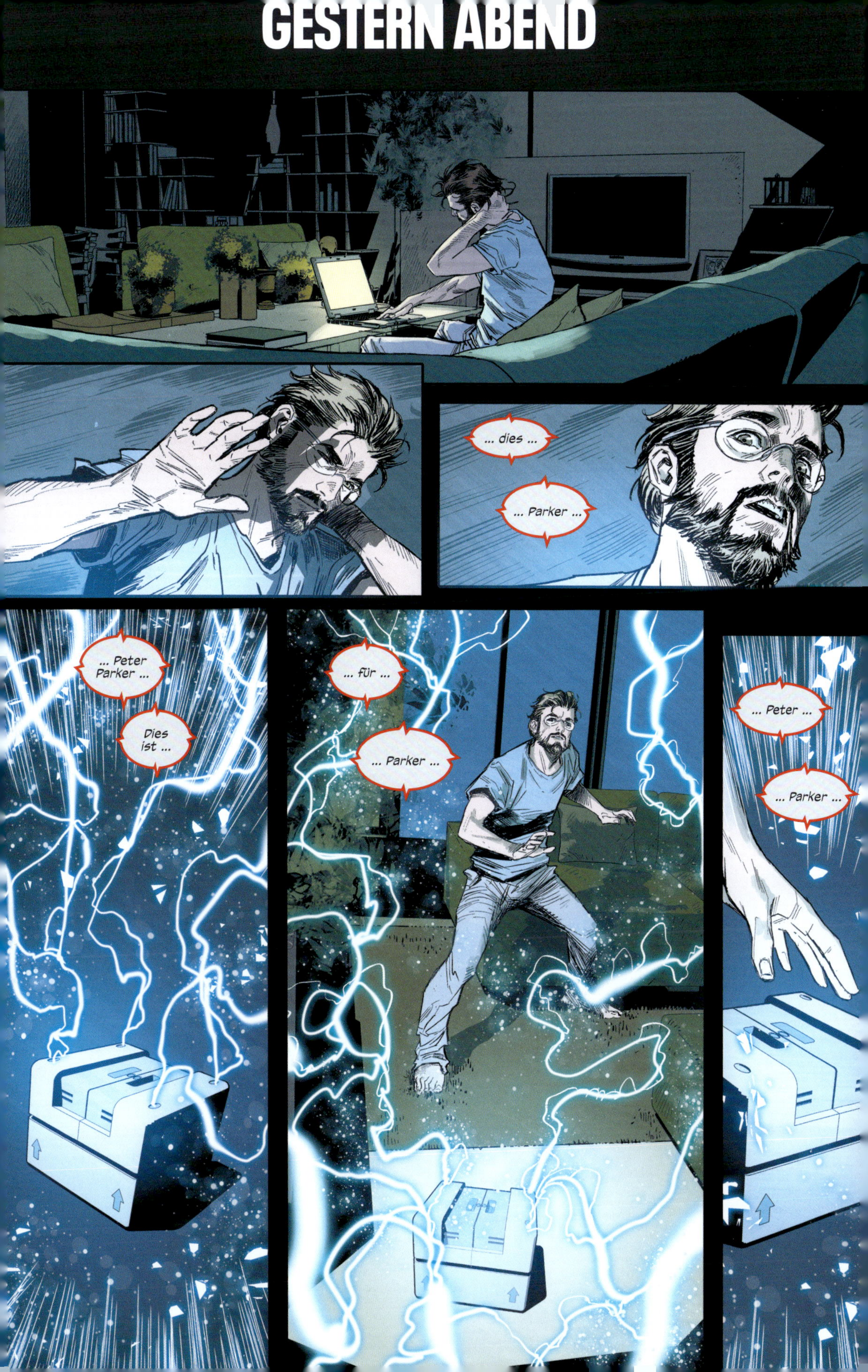

GESTERN ABEND

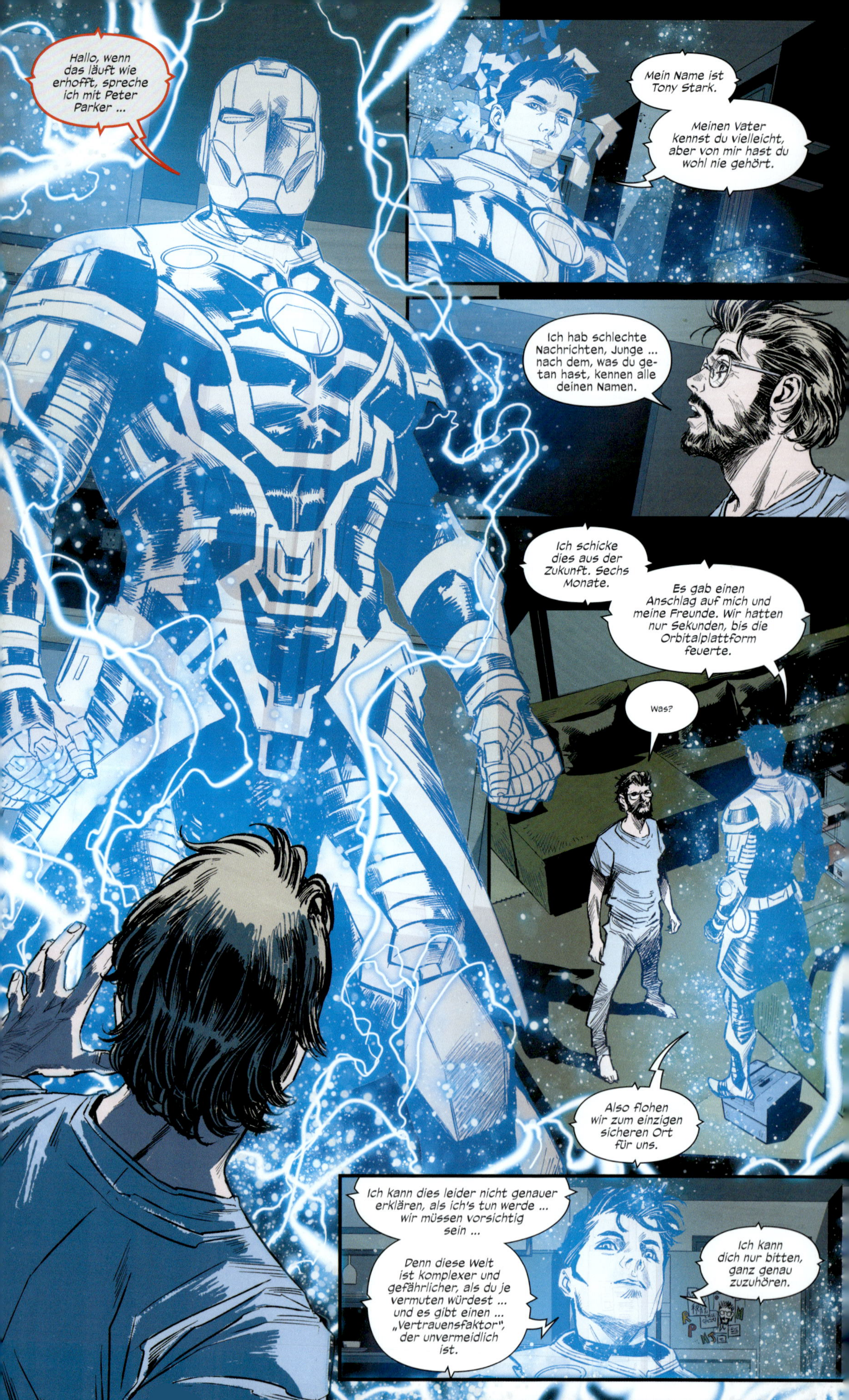
Hallo, wenn das läuft wie erhofft, spreche ich mit Peter Parker ...
Mein Name ist Tony Stark.
Meinen Vater kennst du vielleicht, aber von mir hast du wohl nie gehört.
Ich hab schlechte Nachrichten, Junge ... nach dem, was du getan hast, kennen alle deinen Namen.
Ich schicke dies aus der Zukunft. Sechs Monate.
Es gab einen Anschlag auf mich und meine Freunde. Wir hatten nur Sekunden, bis die Orbitalplattform feuerte.
Was?
Also flohen wir zum einzigen sicheren Ort für uns.
Ich kann dies leider nicht genauer erklären, als ich's tun werde ... wir müssen vorsichtig sein ...
Denn diese Welt ist komplexer und gefährlicher, als du je vermuten würdest ... und es gibt einen ... „Vertrauensfaktor", der unvermeidlich ist.
Ich kann dich nur bitten, ganz genau zuzuhören.

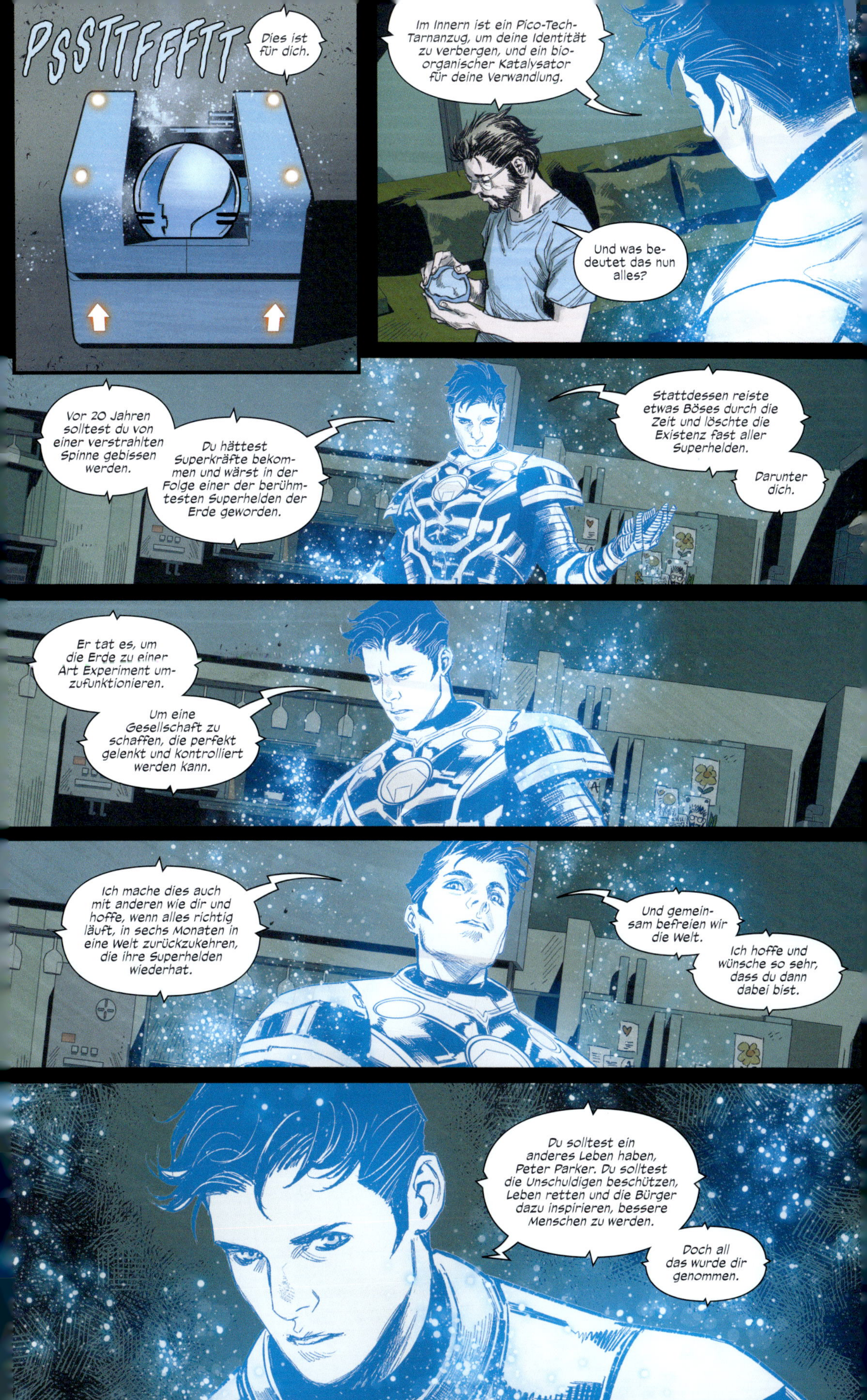
PSSTTFFFTT
Dies ist für dich.
Im Innern ist ein Pico-Tech-Tarnanzug, um deine Identität zu verbergen, und ein bio-organischer Katalysator für deine Verwandlung.
Und was bedeutet das nun alles?
Vor 20 Jahren solltest du von einer verstrahlten Spinne gebissen werden.
Du hättest Superkräfte bekommen und wärst in der Folge einer der berühmtesten Superhelden der Erde geworden.
Stattdessen reiste etwas Böses durch die Zeit und löschte die Existenz fast aller Superhelden.
Darunter dich.
Er tat es, um die Erde zu einer Art Experiment umzufunktionieren.
Um eine Gesellschaft zu schaffen, die perfekt gelenkt und kontrolliert werden kann.
Ich mache dies auch mit anderen wie dir und hoffe, wenn alles richtig läuft, in sechs Monaten in eine Welt zurückzukehren, die ihre Superhelden wiederhat.
Und gemeinsam befreien wir die Welt.
Ich hoffe und wünsche so sehr, dass du dann dabei bist.
Du solltest ein anderes Leben haben, Peter Parker. Du solltest die Unschuldigen beschützen, Leben retten und die Bürger dazu inspirieren, bessere Menschen zu werden.
Doch all das wurde dir genommen.

JETZT

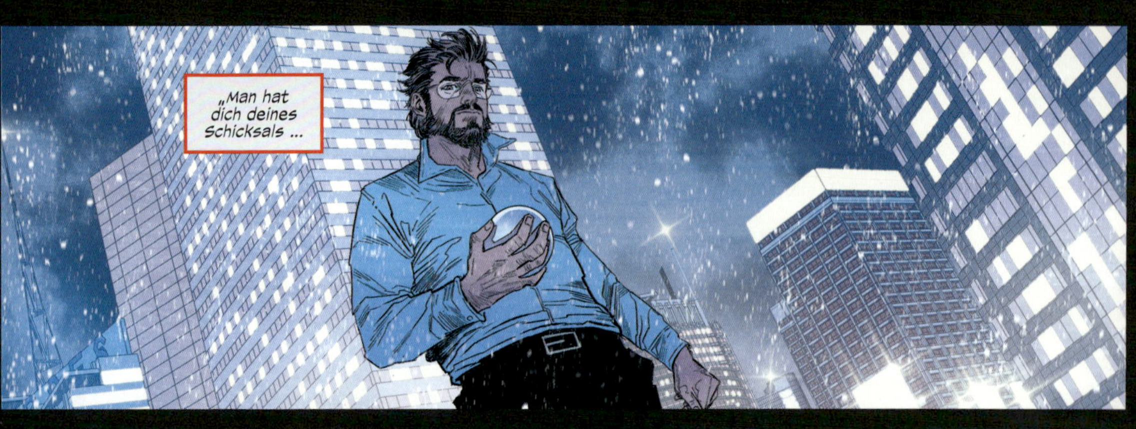
„Man hat dich deines Schicksals ...

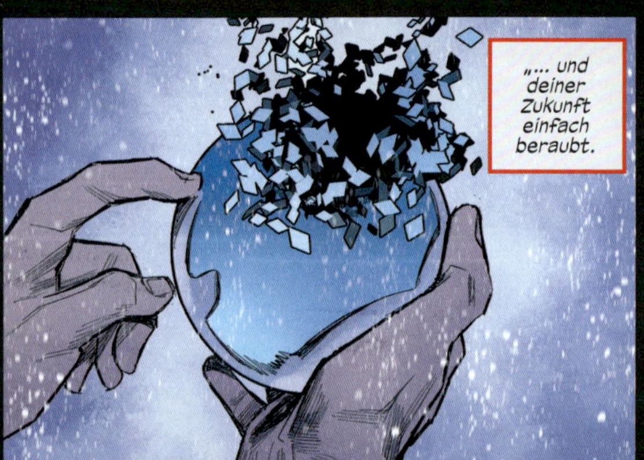
„... und deiner Zukunft einfach beraubt.

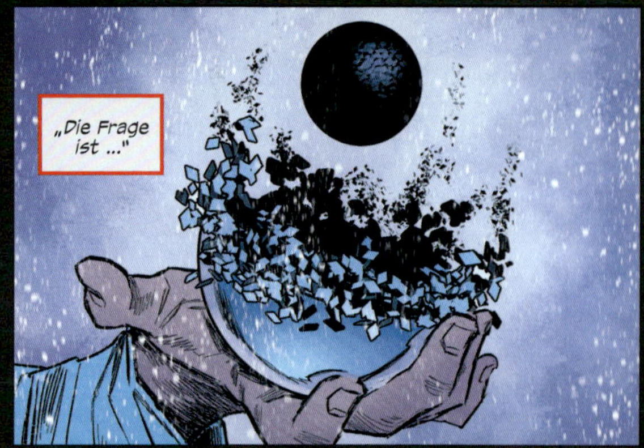
„Die Frage ist ..."

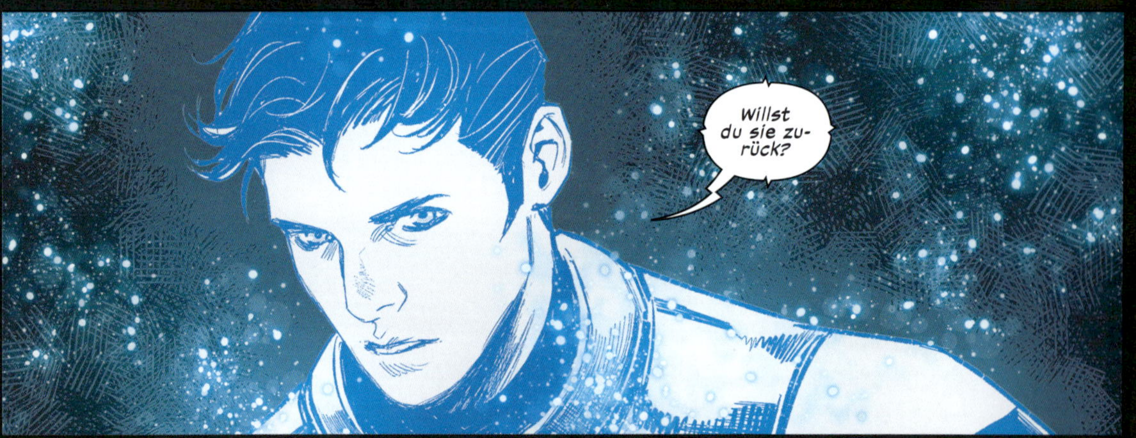
Willst du sie zurück?

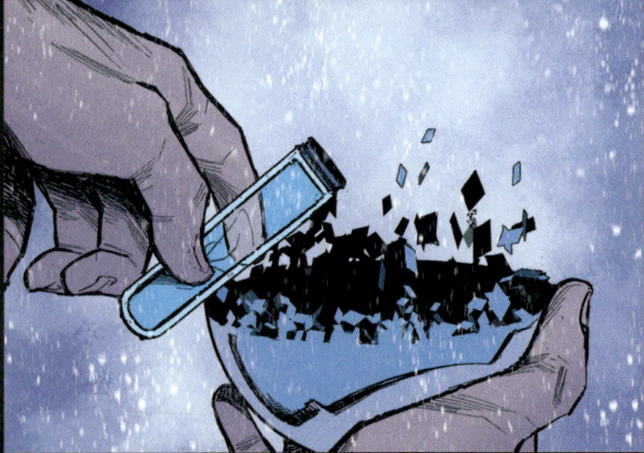

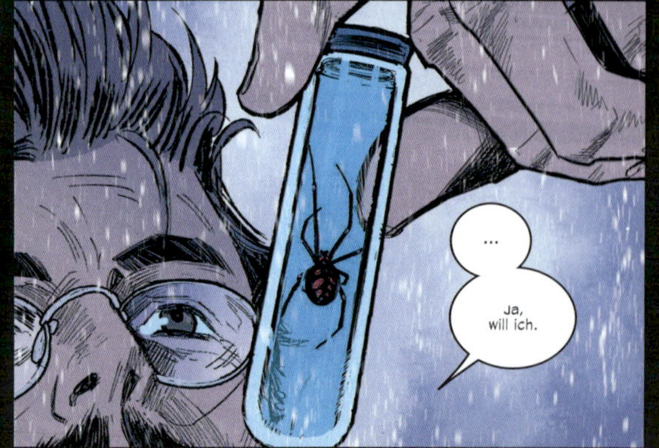
...
Ja, will ich.

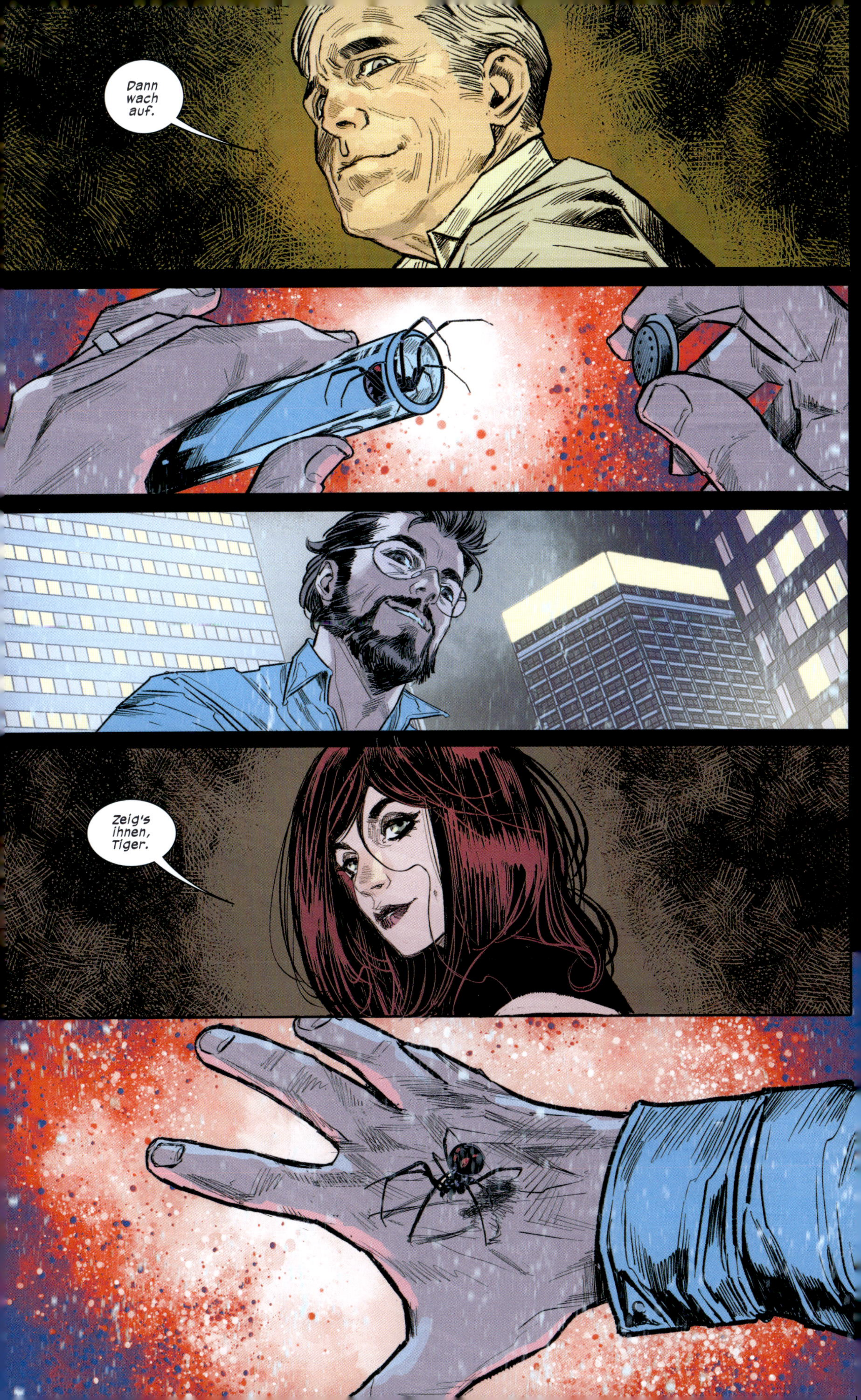
Dann wach auf.
Zeig's ihnen, Tiger.

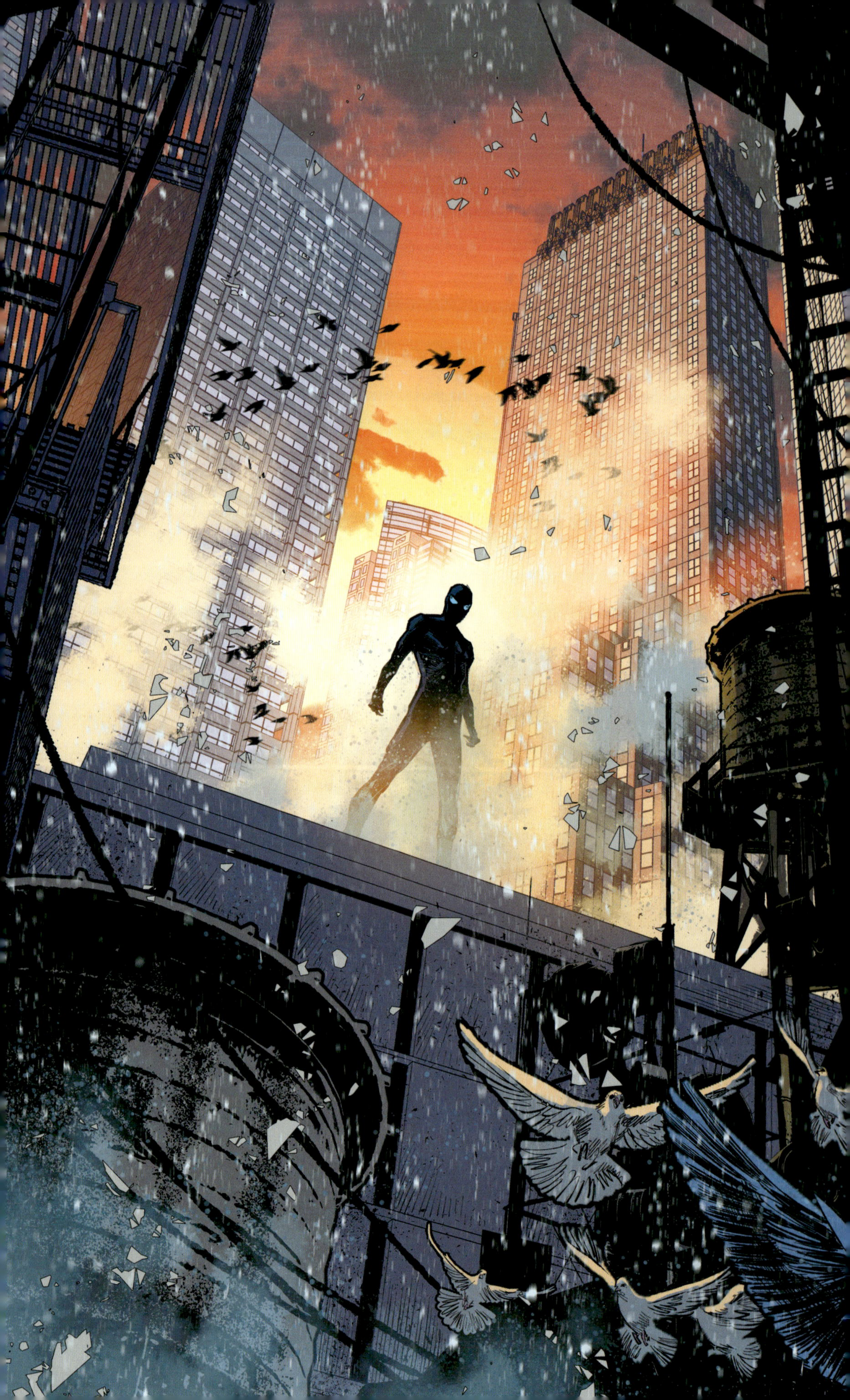

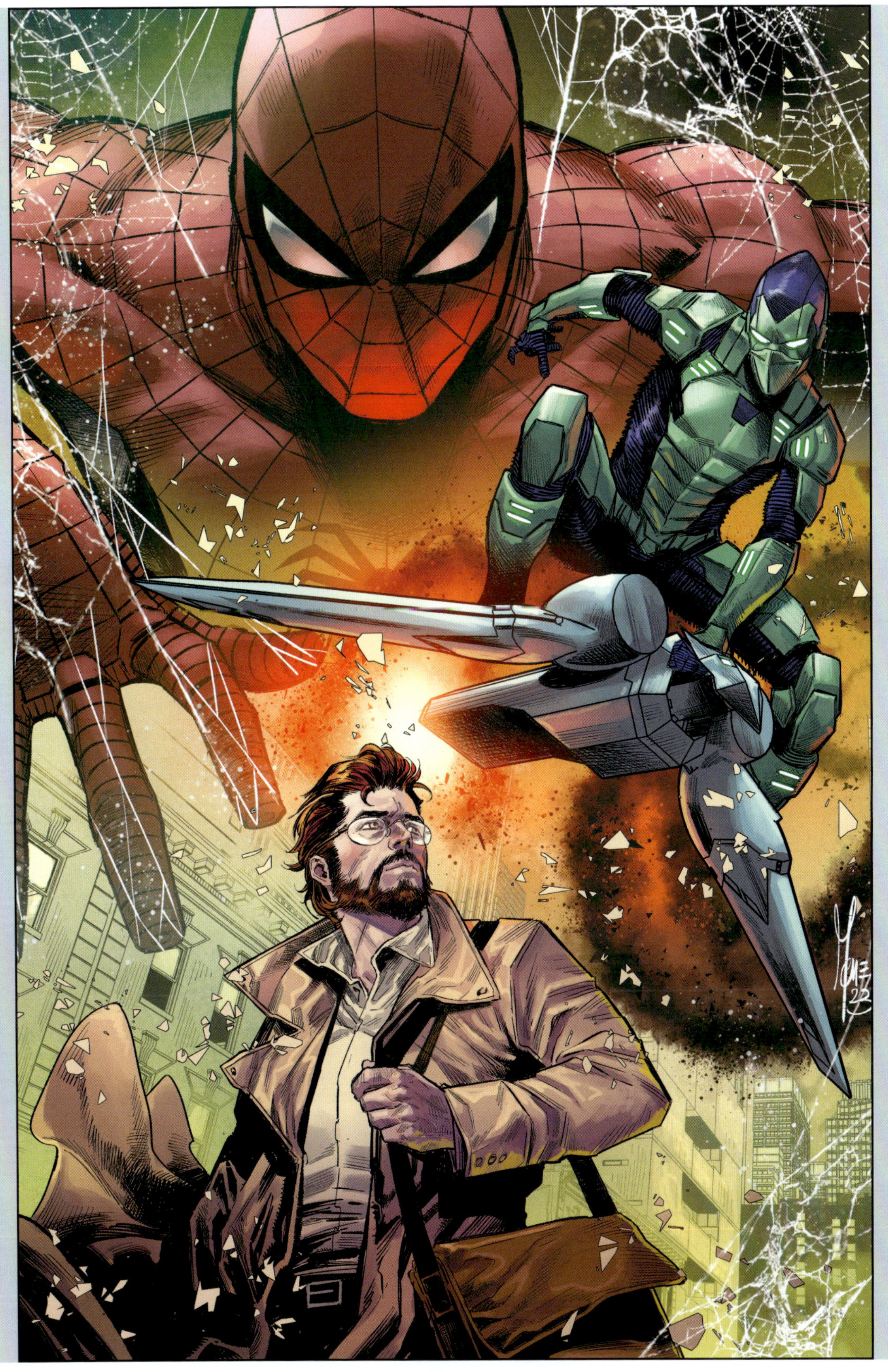

Ultimate Spider-Man (2024) 2
Cover von **MARCO CHECCHETTO**

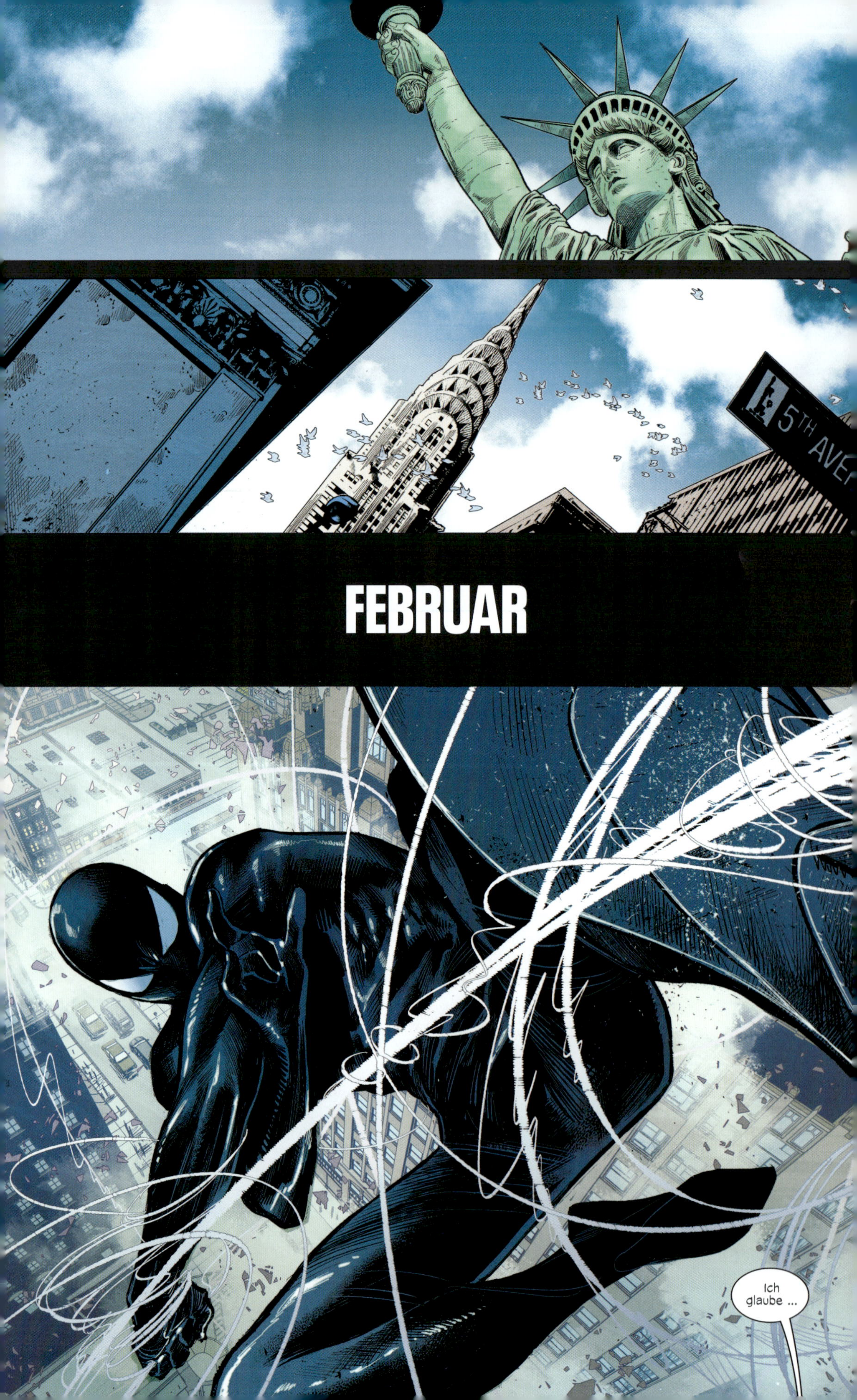

5TH AVE

FEBRUAR

Ich glaube ...

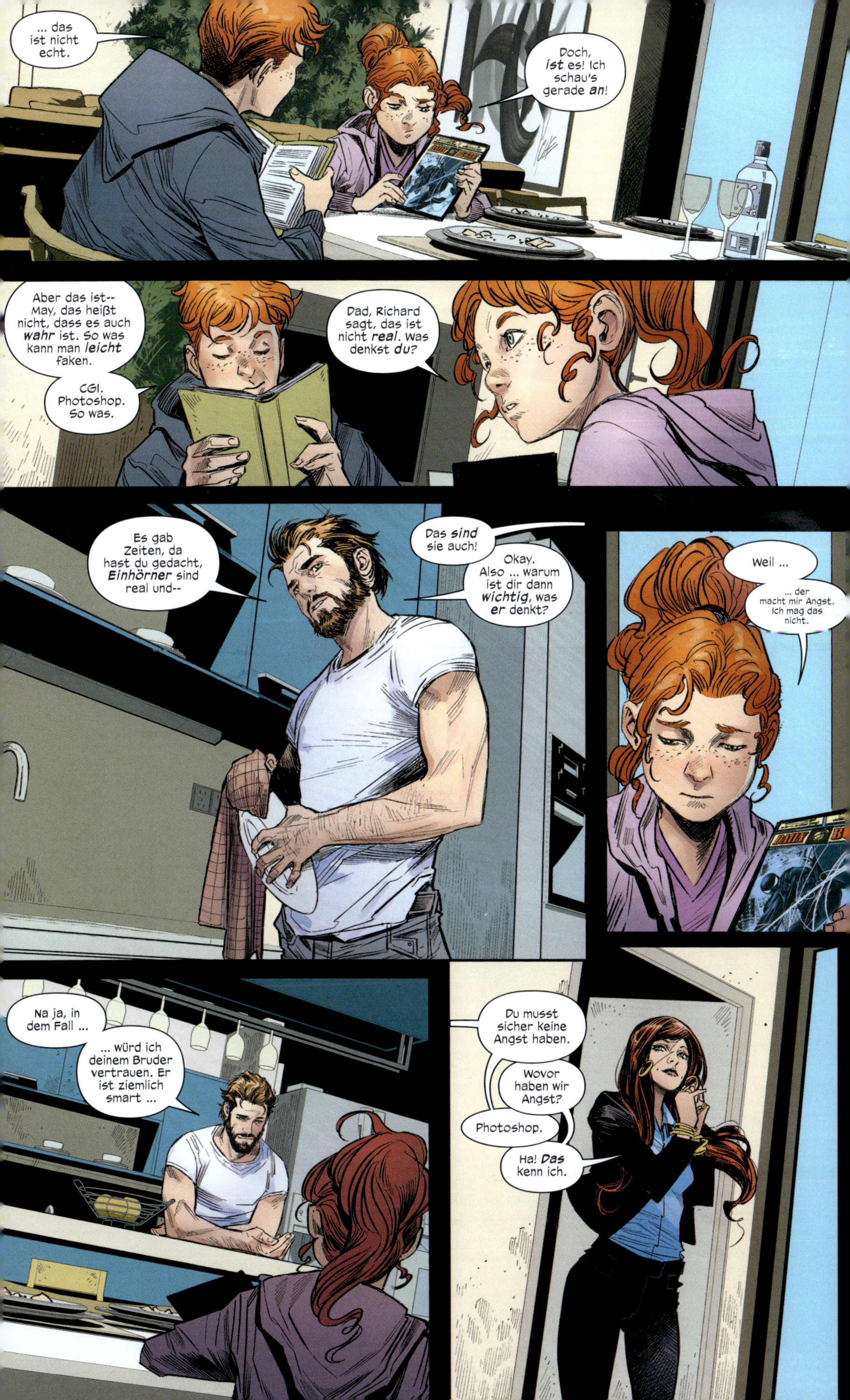
... das ist nicht echt.
Doch, *ist* es! Ich schau's gerade *an*!
Aber das ist-- May, das heißt nicht, dass es auch *wahr* ist. So was kann man *leicht* faken.
CGI. Photoshop. So was.
Dad, Richard sagt, das ist nicht *real*. Was denkst *du*?
Es gab Zeiten, da hast du gedacht, *Einhörner* sind real und--
Das *sind* sie auch!
Okay. Also ... warum ist dir dann *wichtig*, was *er* denkt?
Weil ...
... der macht mir Angst. Ich mag das nicht.
Na ja, in dem Fall ...
... würd ich deinem Bruder vertrauen. Er ist ziemlich smart ...
Du musst sicher keine Angst haben.
Wovor haben wir Angst?
Photoshop.
Ha! *Das* kenn ich.

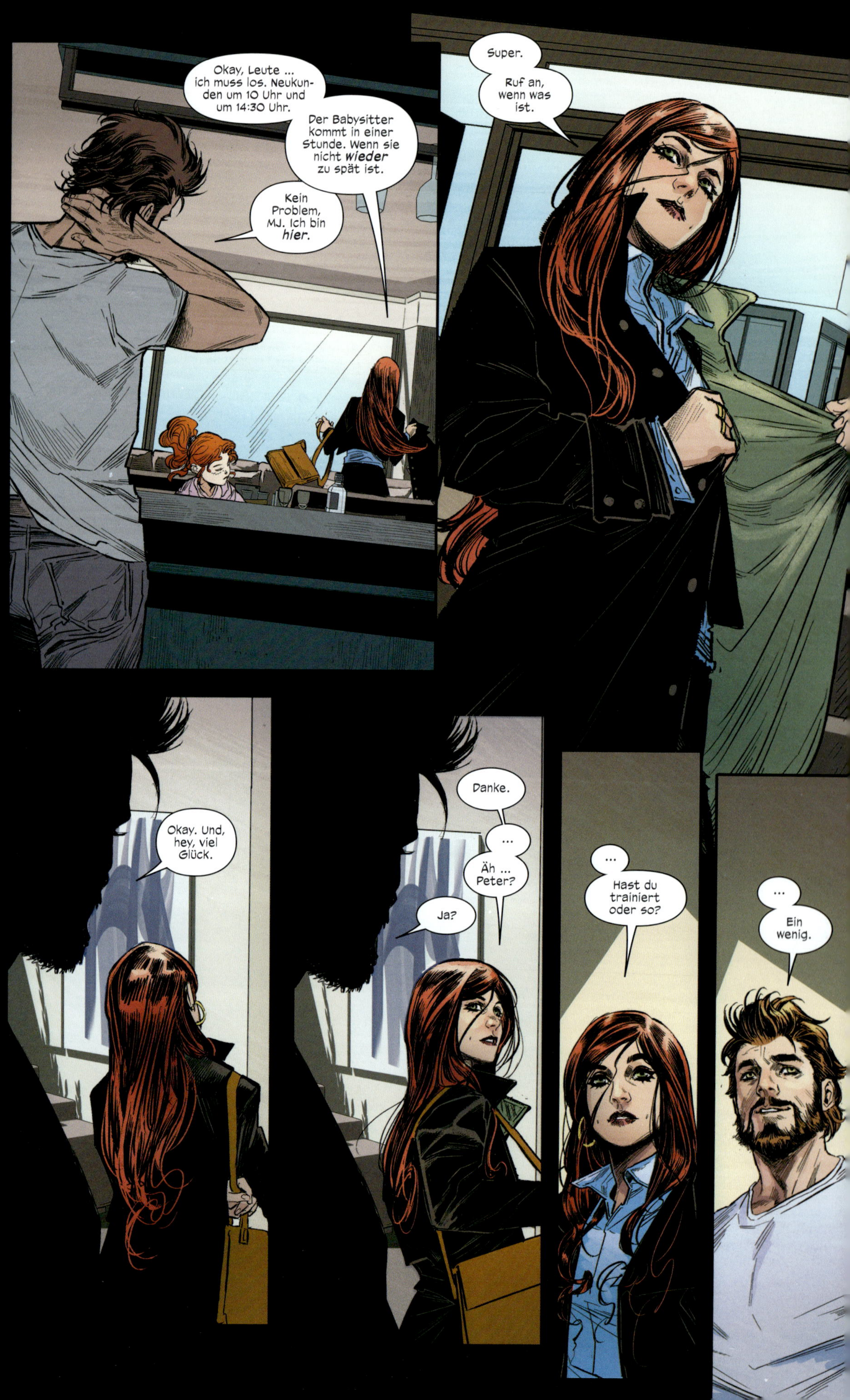
Okay, Leute ... ich muss los. Neukunden um 10 Uhr und um 14:30 Uhr.
Der Babysitter kommt in einer Stunde. Wenn sie nicht *wieder* zu spät ist.
Kein Problem, MJ. Ich bin *hier*.
Super.
Ruf an, wenn was ist.
Okay. Und, hey, viel Glück.
Danke.
...
Äh ... Peter?
Ja?
...
Hast du trainiert oder so?
...
Ein wenig.

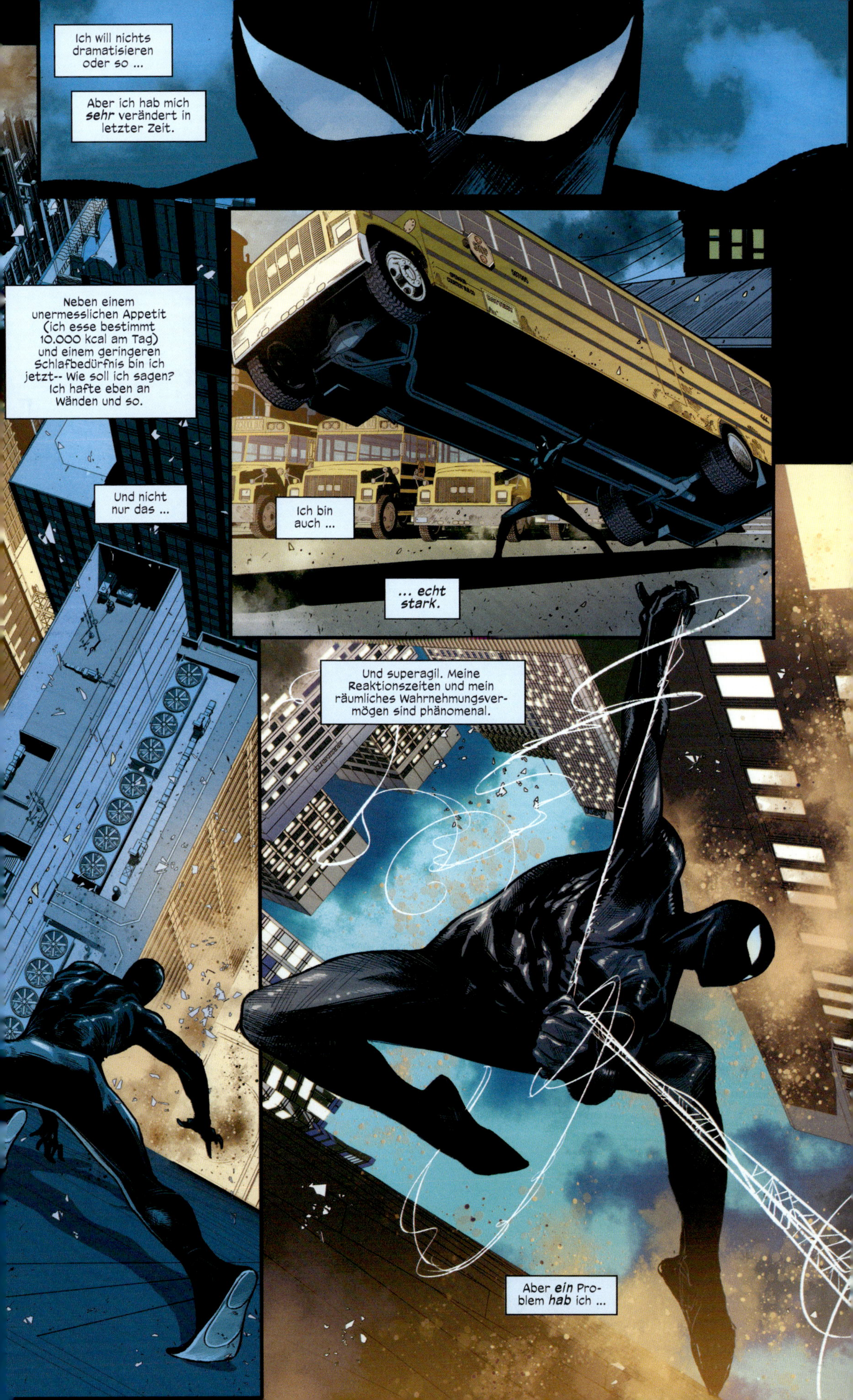
Ich will nichts dramatisieren oder so ...
Aber ich hab mich *sehr* verändert in letzter Zeit.
Neben einem unermesslichen Appetit (ich esse bestimmt 10.000 kcal am Tag) und einem geringeren Schlafbedürfnis bin ich jetzt-- Wie soll ich sagen? Ich hafte eben an Wänden und so.
Und nicht nur das ...
Ich bin auch ...
... echt stark.
Und superagil. Meine Reaktionszeiten und mein räumliches Wahrnehmungsvermögen sind phänomenal.
Aber *ein* Problem *hab* ich ...

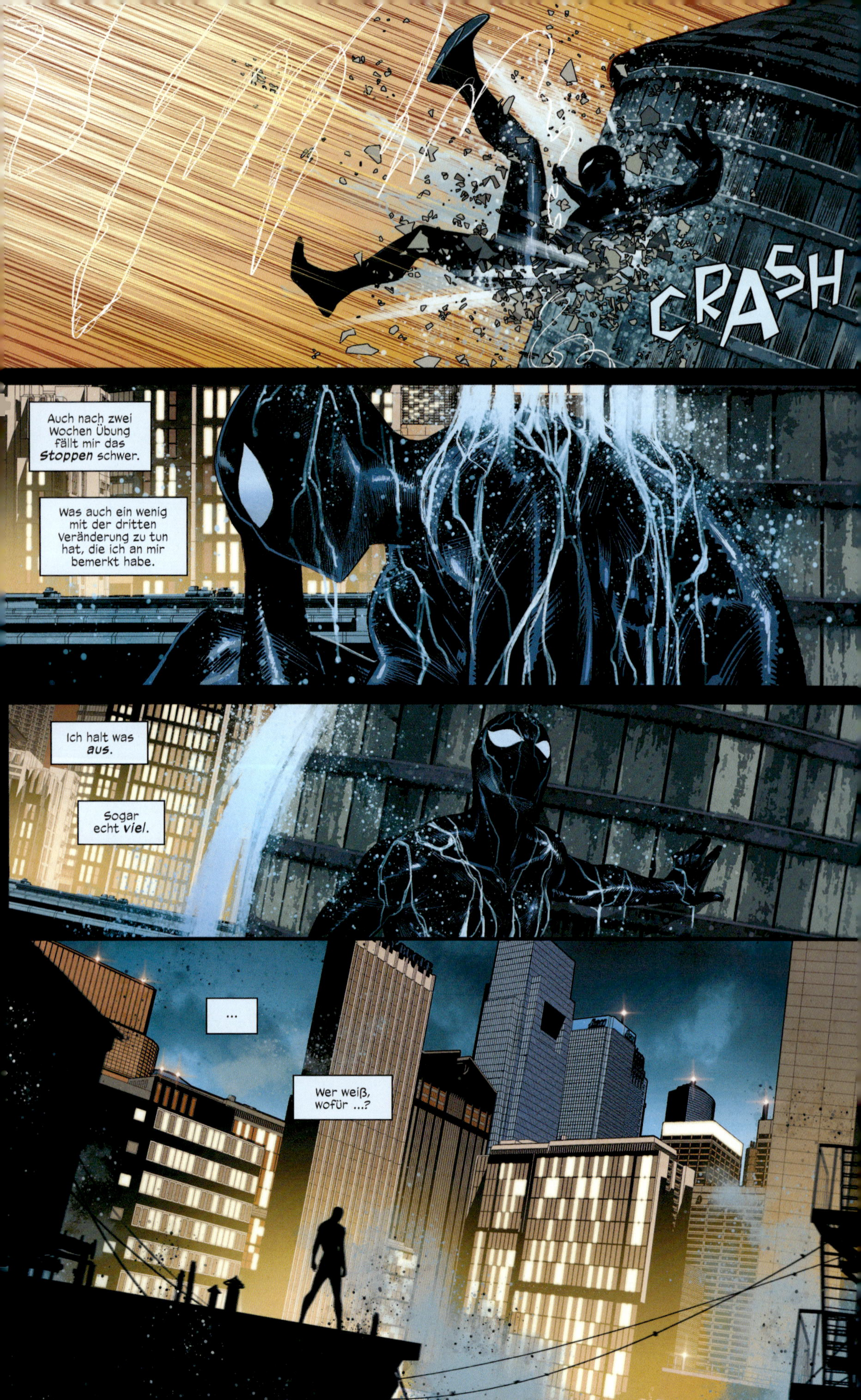
CRASH
Auch nach zwei Wochen Übung fällt mir das *Stoppen* schwer.
Was auch ein wenig mit der dritten Veränderung zu tun hat, die ich an mir bemerkt habe.
Ich halt was *aus*.
Sogar echt *viel*.
...
Wer weiß, wofür ...?

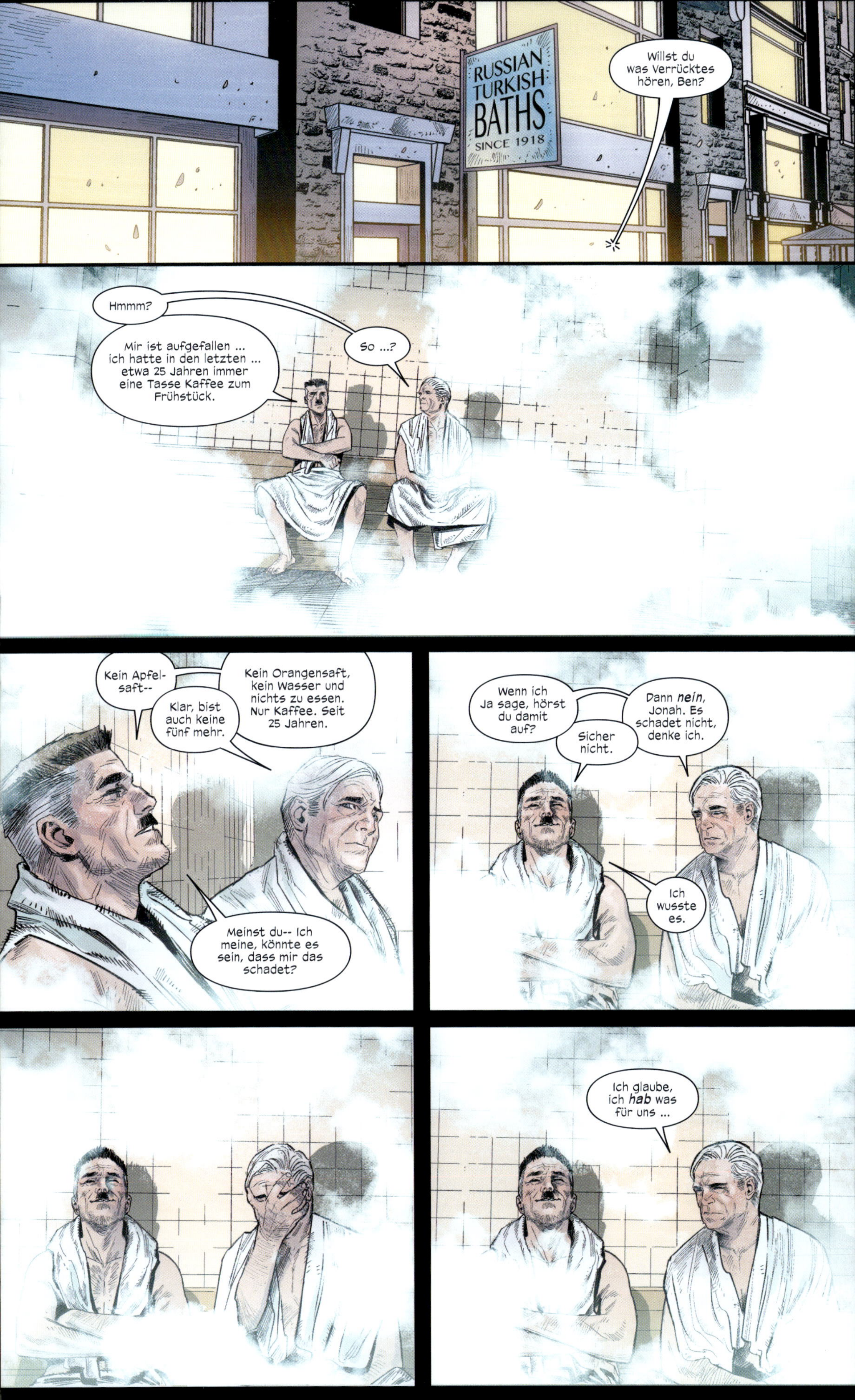
RUSSIAN TURKISH BATHS SINCE 1918
Willst du was Verrücktes hören, Ben?
Hmmm?
Mir ist aufgefallen ... ich hatte in den letzten ... etwa 25 Jahren immer eine Tasse Kaffee zum Frühstück.
So ...?
Kein Apfelsaft--
Klar, bist auch keine fünf mehr.
Kein Orangensaft, kein Wasser und nichts zu essen. Nur Kaffee. Seit 25 Jahren.
Meinst du-- Ich meine, könnte es sein, dass mir das schadet?
Wenn ich Ja sage, hörst du damit auf?
Sicher nicht.
Dann *nein*, Jonah. Es schadet nicht, denke ich.
Ich wusste es.
Ich glaube, ich *hab* was für uns ...

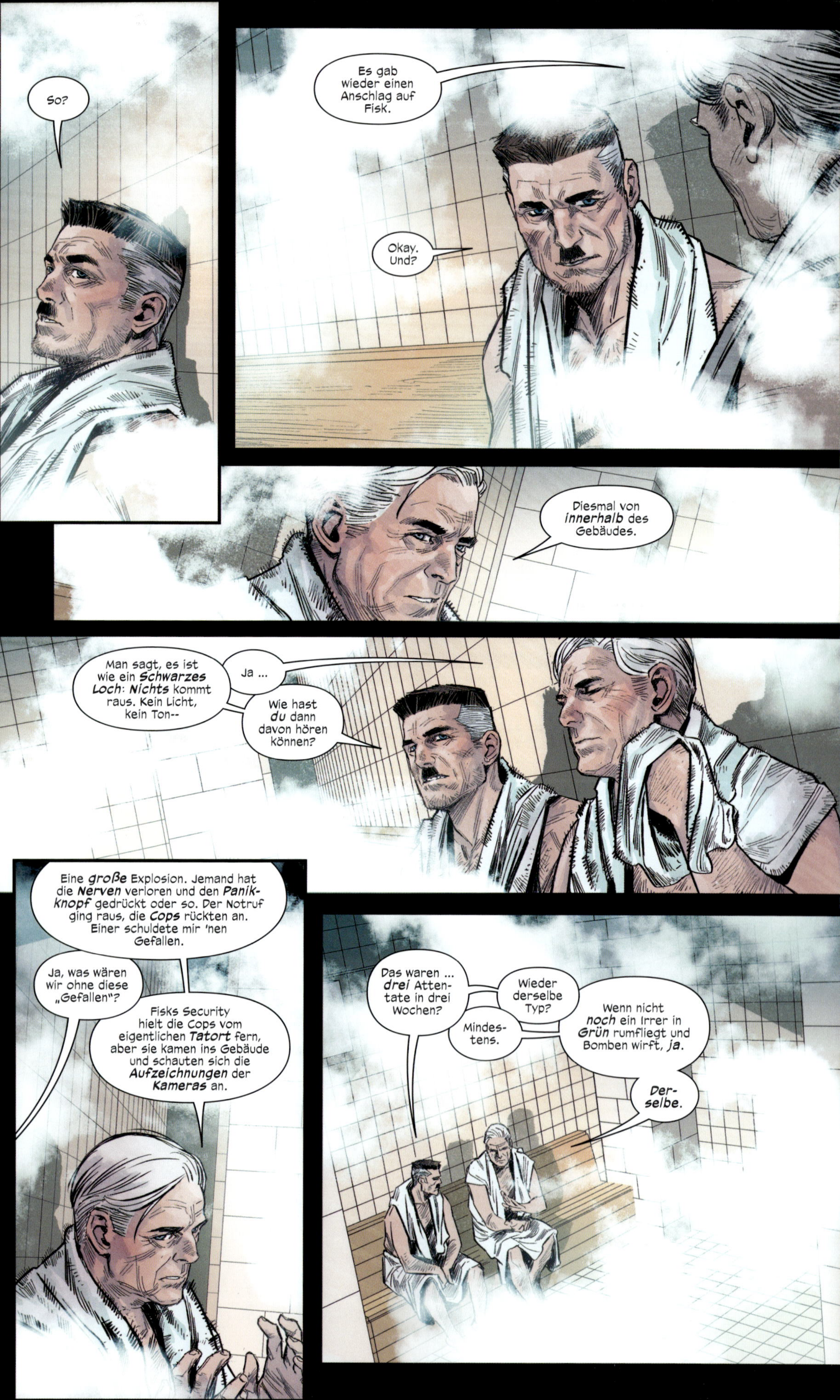
So?
Es gab wieder einen Anschlag auf Fisk.
Okay. Und?
Diesmal von innerhalb des Gebäudes.
Man sagt, es ist wie ein Schwarzes Loch: Nichts kommt raus. Kein Licht, kein Ton--
Ja ...
Wie hast du dann davon hören können?
Eine große Explosion. Jemand hat die Nerven verloren und den Panikknopf gedrückt oder so. Der Notruf ging raus, die Cops rückten an. Einer schuldete mir 'nen Gefallen.
Ja, was wären wir ohne diese „Gefallen"?
Fisks Security hielt die Cops vom eigentlichen Tatort fern, aber sie kamen ins Gebäude und schauten sich die Aufzeichnungen der Kameras an.
Das waren ... drei Attentate in drei Wochen?
Wieder derselbe Typ?
Mindestens.
Wenn nicht noch ein Irrer in Grün rumfliegt und Bomben wirft, ja.
Derselbe.

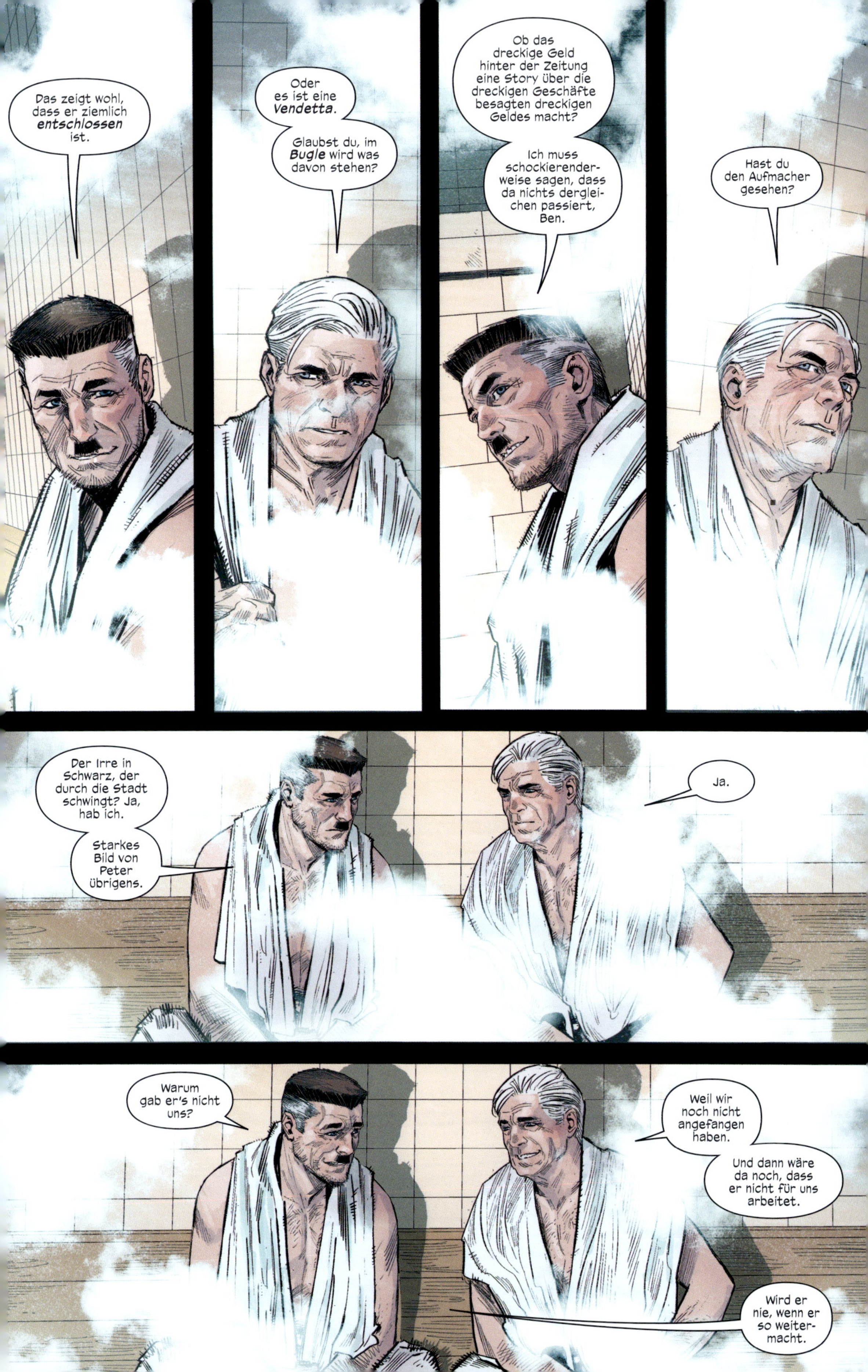
Das zeigt wohl, dass er ziemlich *entschlossen* ist.
Oder es ist eine *Vendetta*.
Glaubst du, im *Bugle* wird was davon stehen?
Ob das dreckige Geld hinter der Zeitung eine Story über die dreckigen Geschäfte besagten dreckigen Geldes macht?
Ich muss schockierenderweise sagen, dass da nichts dergleichen passiert, Ben.
Hast du den Aufmacher gesehen?
Der Irre in Schwarz, der durch die Stadt schwingt? Ja, hab ich.
Starkes Bild von Peter übrigens.
Ja.
Warum gab er's nicht uns?
Weil wir noch nicht angefangen haben.
Und dann wäre da noch, dass er nicht für uns arbeitet.
Wird er nie, wenn er so weitermacht.

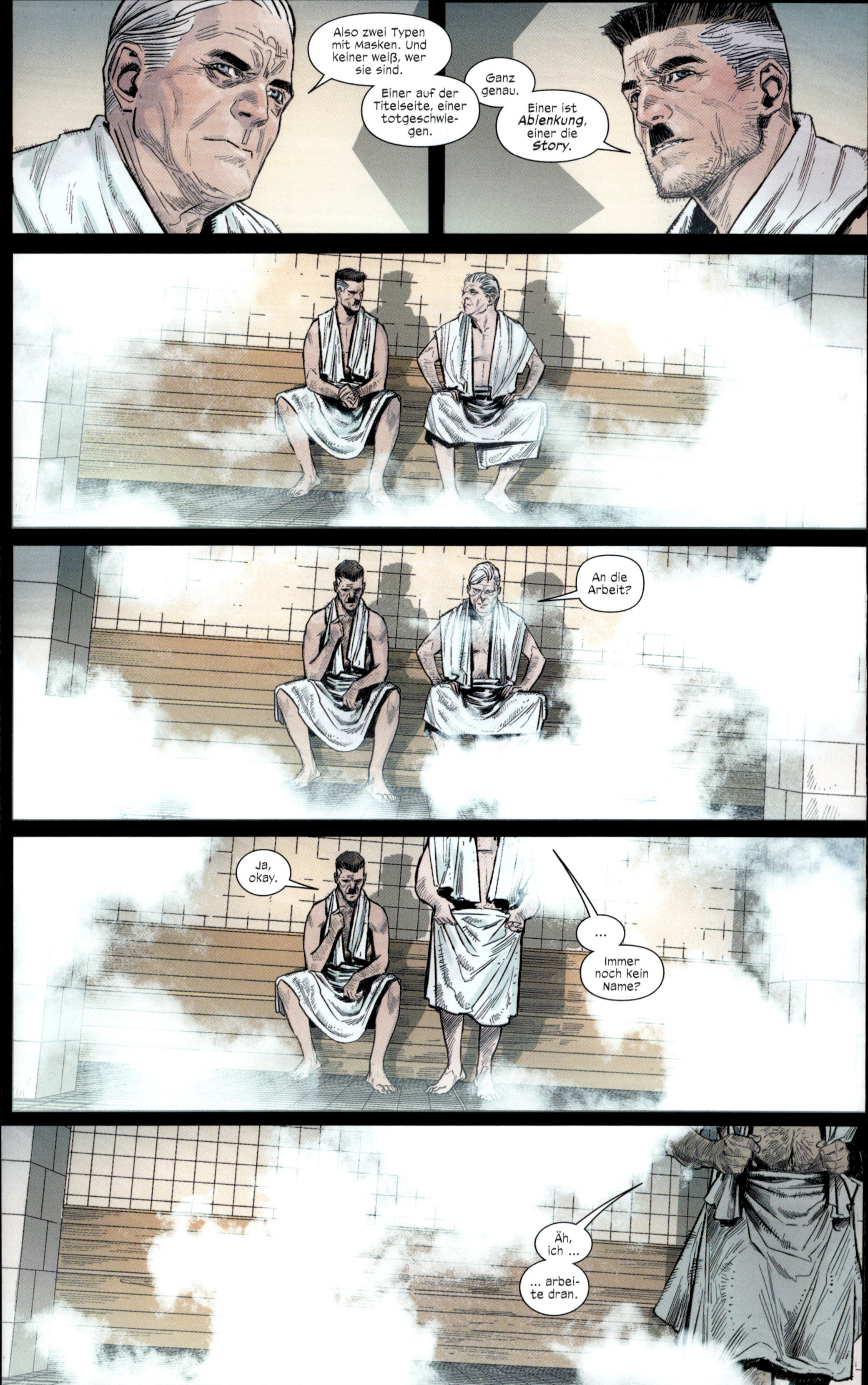
Also zwei Typen mit Masken. Und keiner weiß, wer sie sind.
Einer auf der Titelseite, einer totgeschwiegen.
Ganz genau.
Einer ist *Ablenkung*, einer die *Story*.
An die Arbeit?
Ja, okay.
...
Immer noch kein Name?
Äh, ich ...
... arbeite dran.

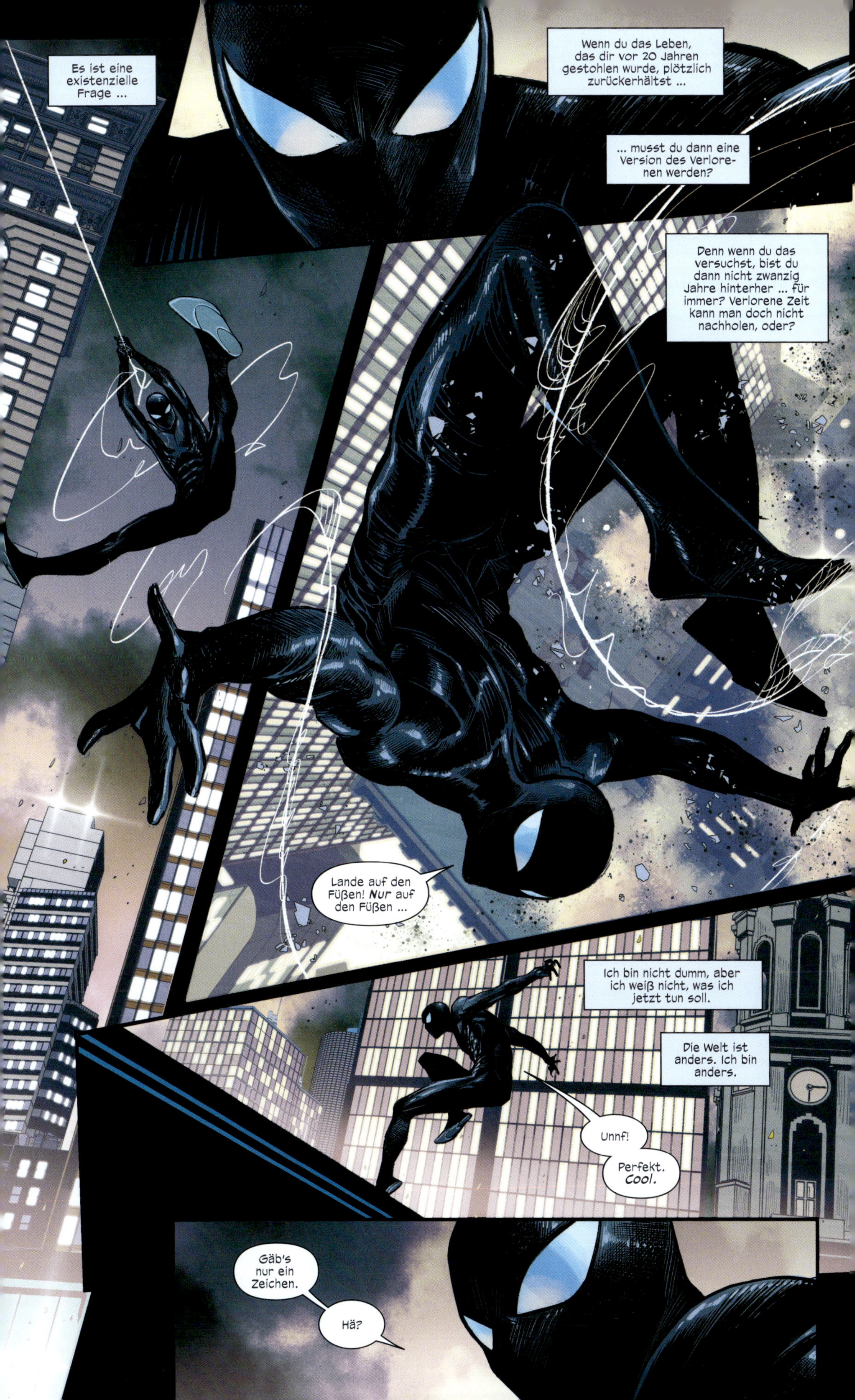
Es ist eine existenzielle Frage ...
Wenn du das Leben, das dir vor 20 Jahren gestohlen wurde, plötzlich zurückerhältst ...
... musst du dann eine Version des Verlorenen werden?
Denn wenn du das versuchst, bist du dann nicht zwanzig Jahre hinterher ... für immer? Verlorene Zeit kann man doch nicht nachholen, oder?
Lande auf den Füßen! Nur auf den Füßen ...
Ich bin nicht dumm, aber ich weiß nicht, was ich jetzt tun soll.
Die Welt ist anders. Ich bin anders.
Unnf!
Perfekt. Cool.
Gäb's nur ein Zeichen.
Hä?

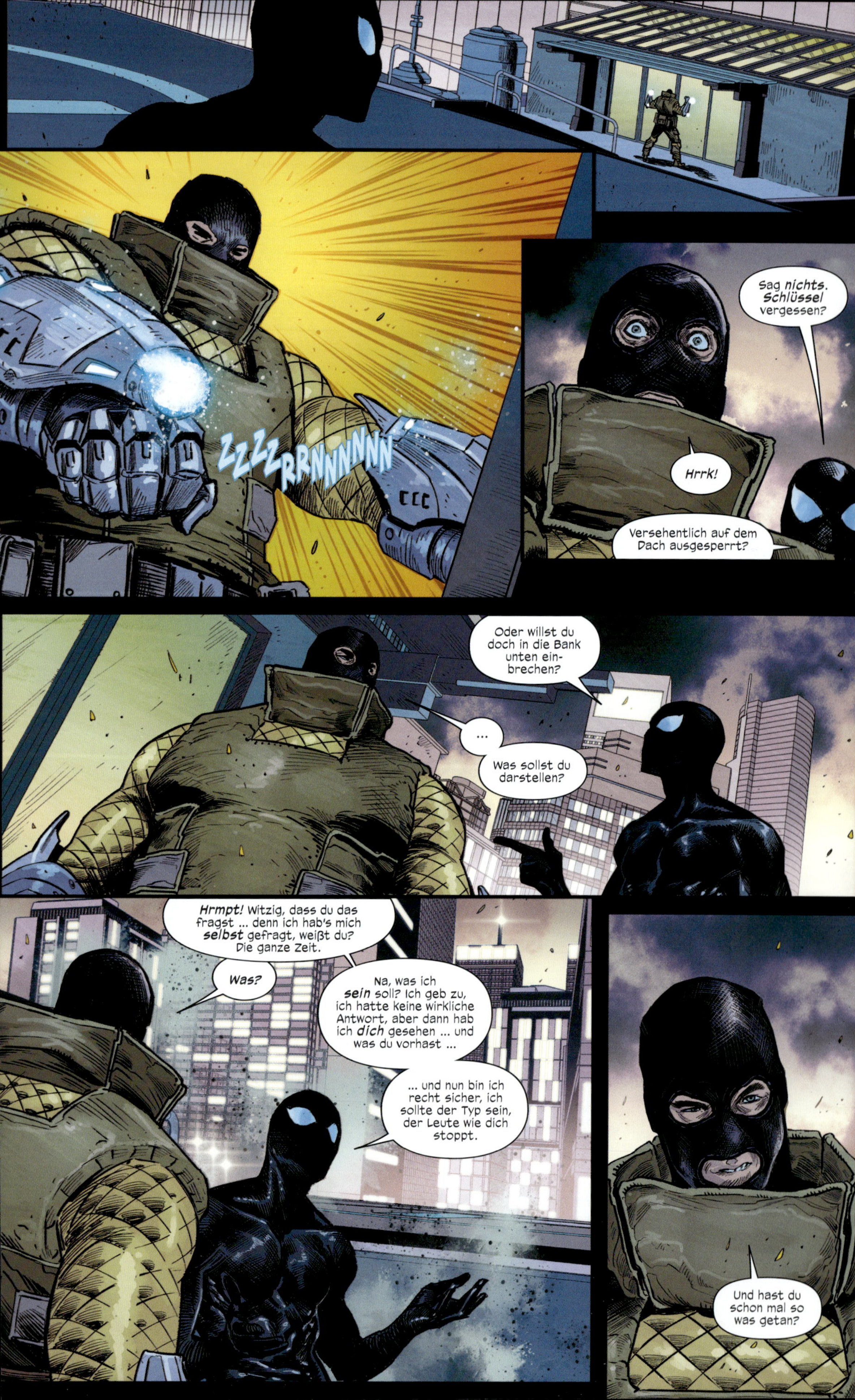
ZZZZRRNNNNNN
Sag nichts. Schlüssel vergessen?
Hrrk!
Versehentlich auf dem Dach ausgesperrt?
Oder willst du doch in die Bank unten einbrechen?
...
Was sollst du darstellen?
Hrmpt! Witzig, dass du das fragst ... denn ich hab's mich selbst gefragt, weißt du? Die ganze Zeit.
Was?
Na, was ich sein soll? Ich geb zu, ich hatte keine wirkliche Antwort, aber dann hab ich dich gesehen ... und was du vorhast ...
... und nun bin ich recht sicher, ich sollte der Typ sein, der Leute wie dich stoppt.
Und hast du schon mal so was getan?

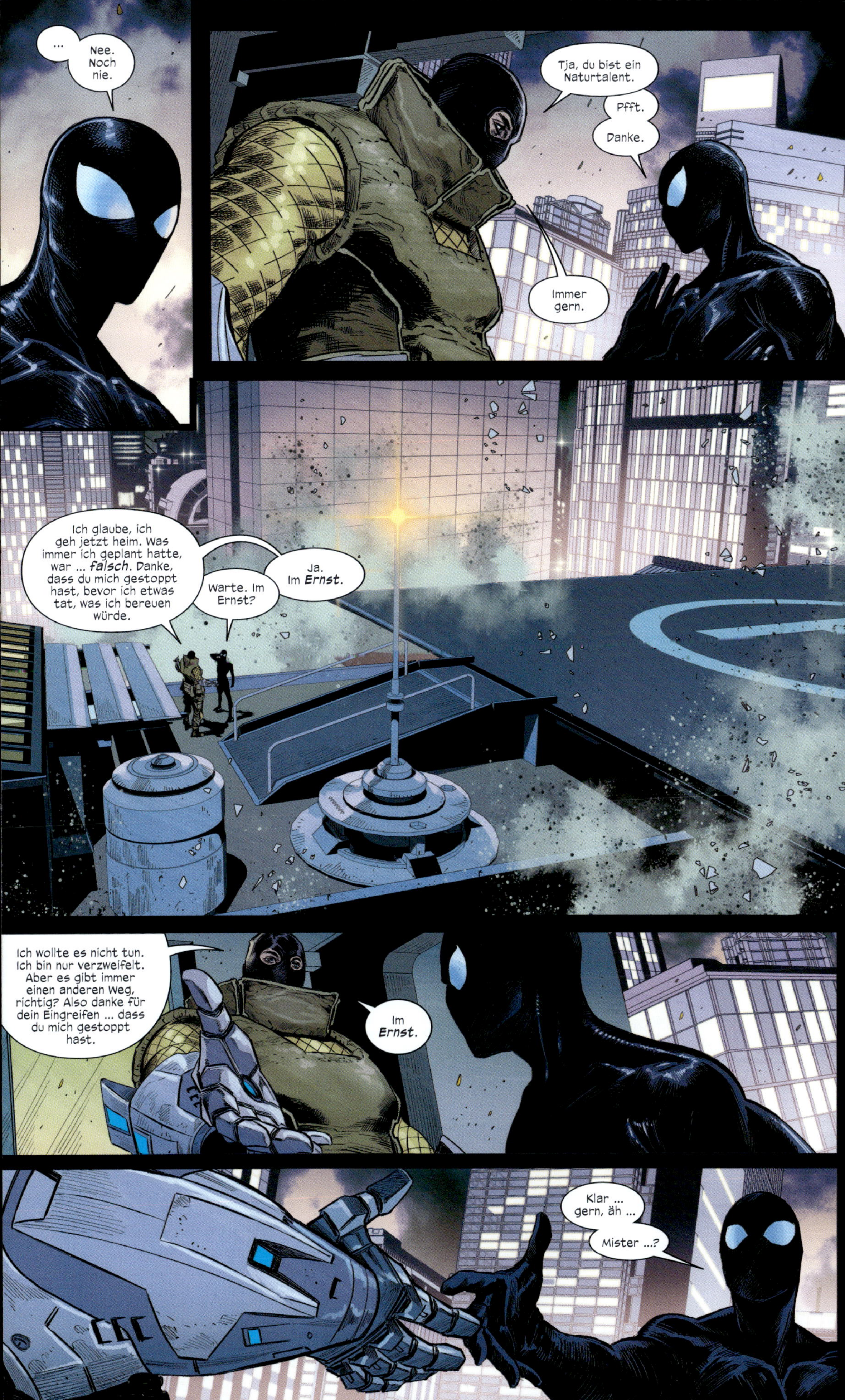
...
Nee. Noch nie.
Tja, du bist ein Naturtalent.
Pfft.
Danke.
Immer gern.
Ich glaube, ich geh jetzt heim. Was immer ich geplant hatte, war ... falsch. Danke, dass du mich gestoppt hast, bevor ich etwas tat, was ich bereuen würde.
Warte. Im Ernst?
Ja. Im Ernst.
Ich wollte es nicht tun. Ich bin nur verzweifelt. Aber es gibt immer einen anderen Weg, richtig? Also danke für dein Eingreifen ... dass du mich gestoppt hast.
Im Ernst.
Klar ... gern, äh ...
Mister ...?

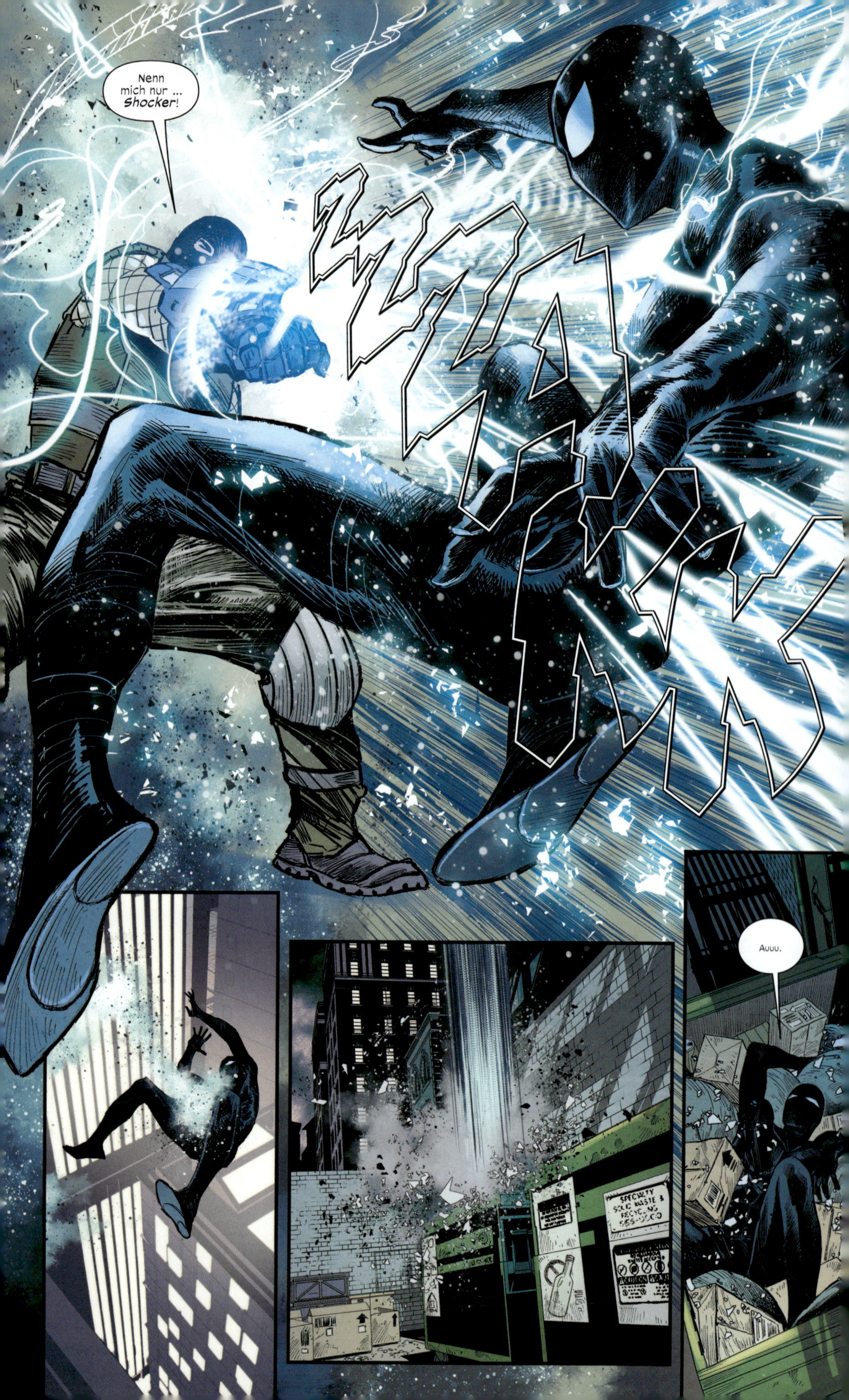
Nenn mich nur ... *Shocker*!
Auuu.

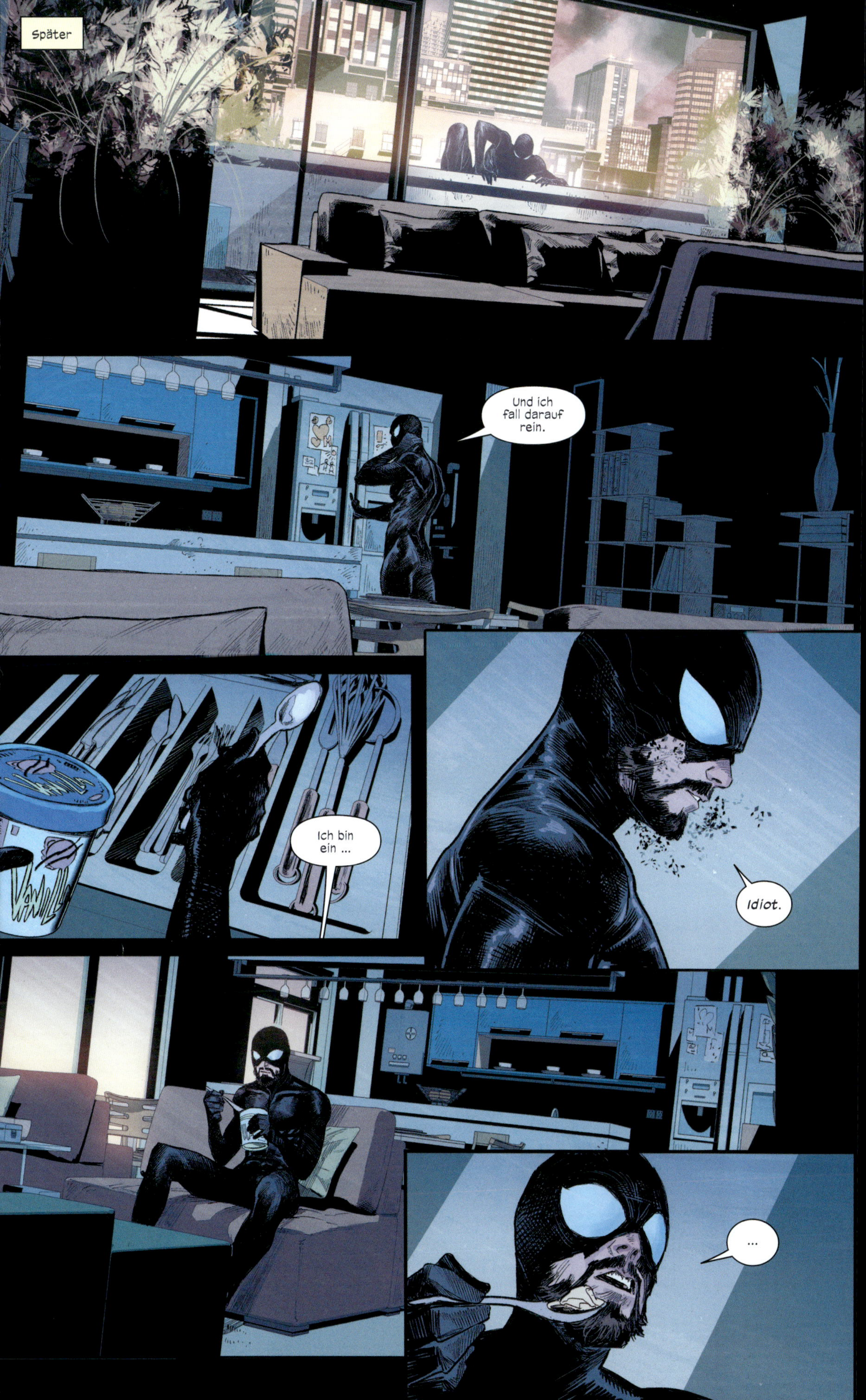
Später
Und ich fall darauf rein.
Ich bin ein …
Idiot.
…

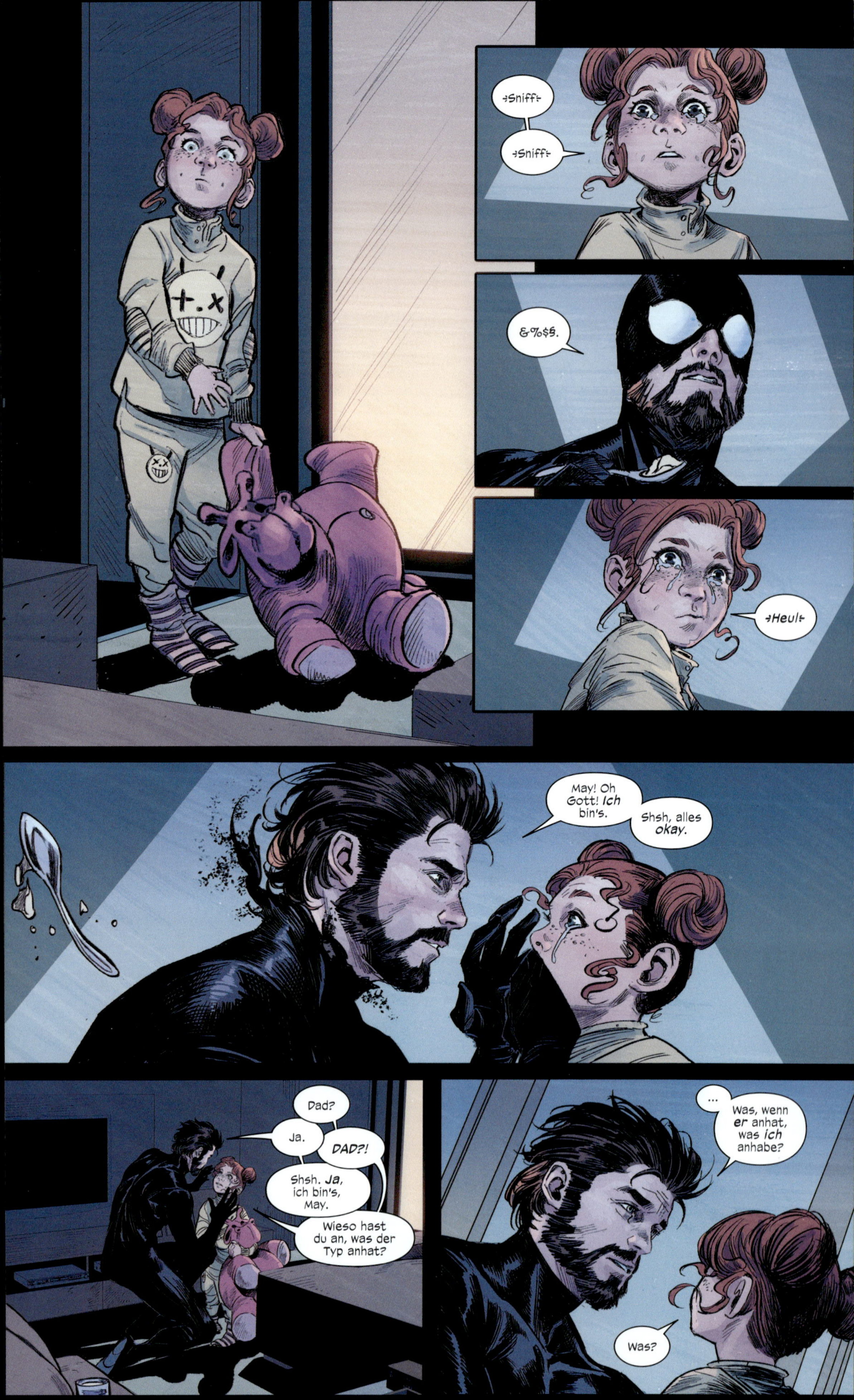

-Sniff-
-Sniff-
&%$§.
-Heul-
May! Oh Gott! Ich bin's.
Shsh, alles okay.
Dad?
Ja.
DAD?!
Shsh. Ja, ich bin's, May.
Wieso hast du an, was der Typ anhat?
...
Was, wenn er anhat, was ich anhabe?
Was?

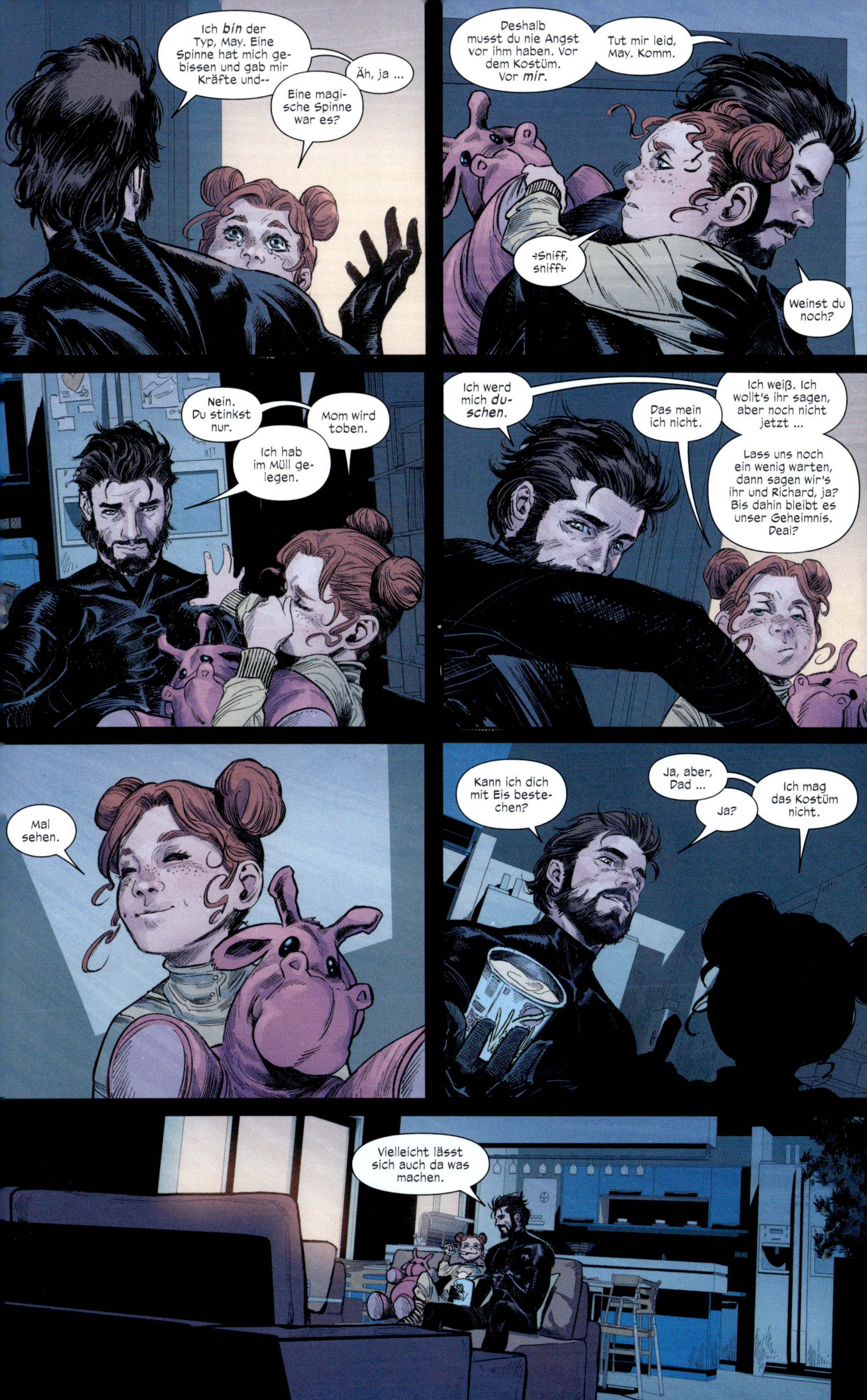
Ich *bin* der Typ, May. Eine Spinne hat mich gebissen und gab mir Kräfte und--
Äh, ja ...
Eine magische Spinne war es?
Deshalb musst du nie Angst vor ihm haben. Vor dem Kostüm. Vor *mir*.
Tut mir leid, May. Komm.
Sniff, sniff
Weinst du noch?
Nein. Du stinkst nur.
Mom wird toben.
Ich hab im Müll gelegen.
Ich werd mich *duschen*.
Das mein ich nicht.
Ich weiß. Ich wollt's ihr sagen, aber noch nicht jetzt ...
Lass uns noch ein wenig warten, dann sagen wir's ihr und Richard, ja? Bis dahin bleibt es unser Geheimnis. Deal?
Mal sehen.
Kann ich dich mit Eis bestechen?
Ja, aber, Dad ...
Ja?
Ich mag das Kostüm nicht.
Vielleicht lässt sich auch da was machen.

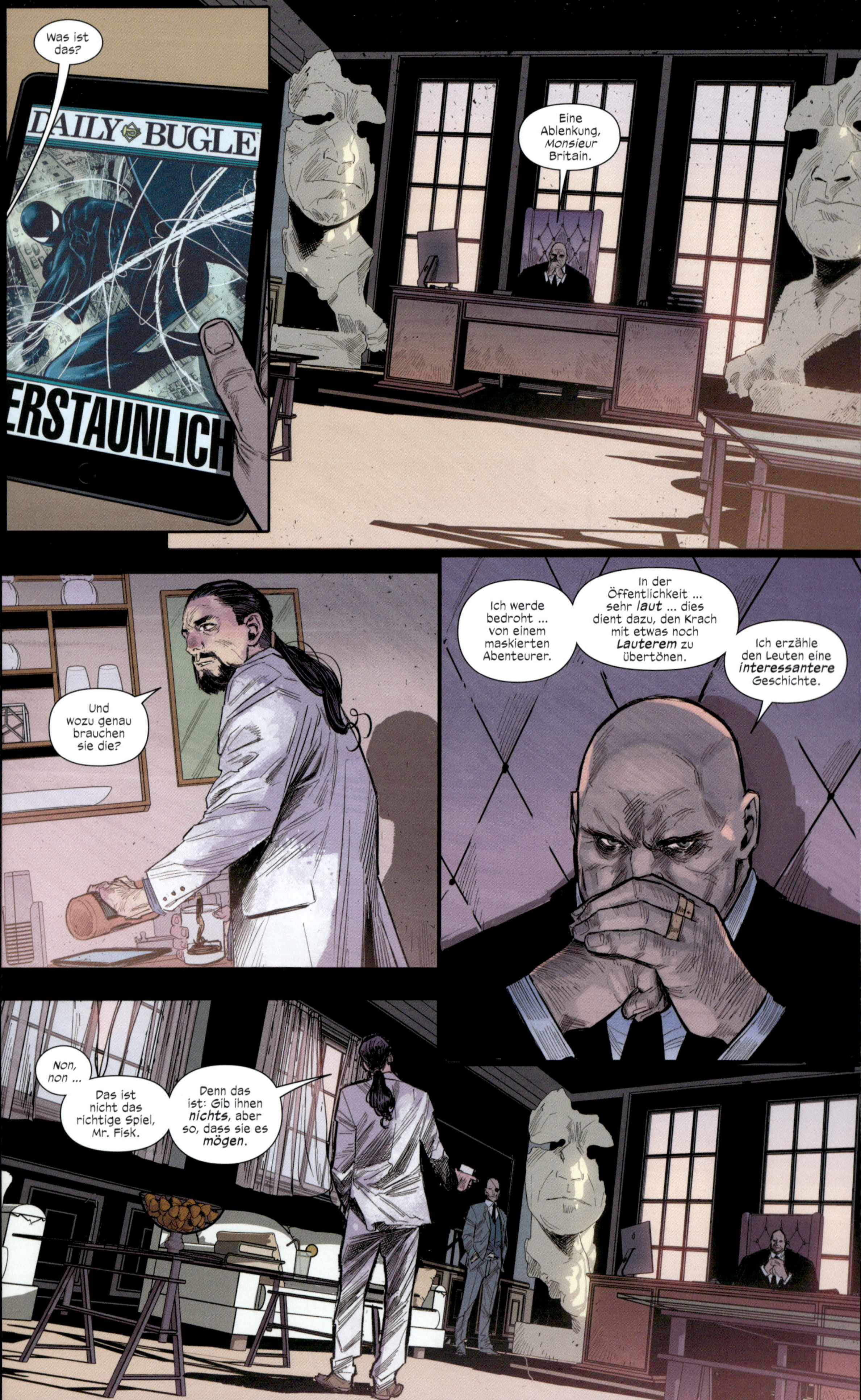
Was ist das?
DAILY BUGLE
ERSTAUNLICH
Eine Ablenkung, *Monsieur* Britain.
Und wozu genau brauchen sie die?
Ich werde bedroht … von einem maskierten Abenteurer.
In der Öffentlichkeit … sehr *laut* … dies dient dazu, den Krach mit etwas noch ***Lauterem*** zu übertönen.
Ich erzähle den Leuten eine ***interessantere*** Geschichte.
Non, non …
Das ist nicht das richtige Spiel, Mr. Fisk.
Denn das ist: Gib ihnen ***nichts***, aber so, dass sie es ***mögen***.

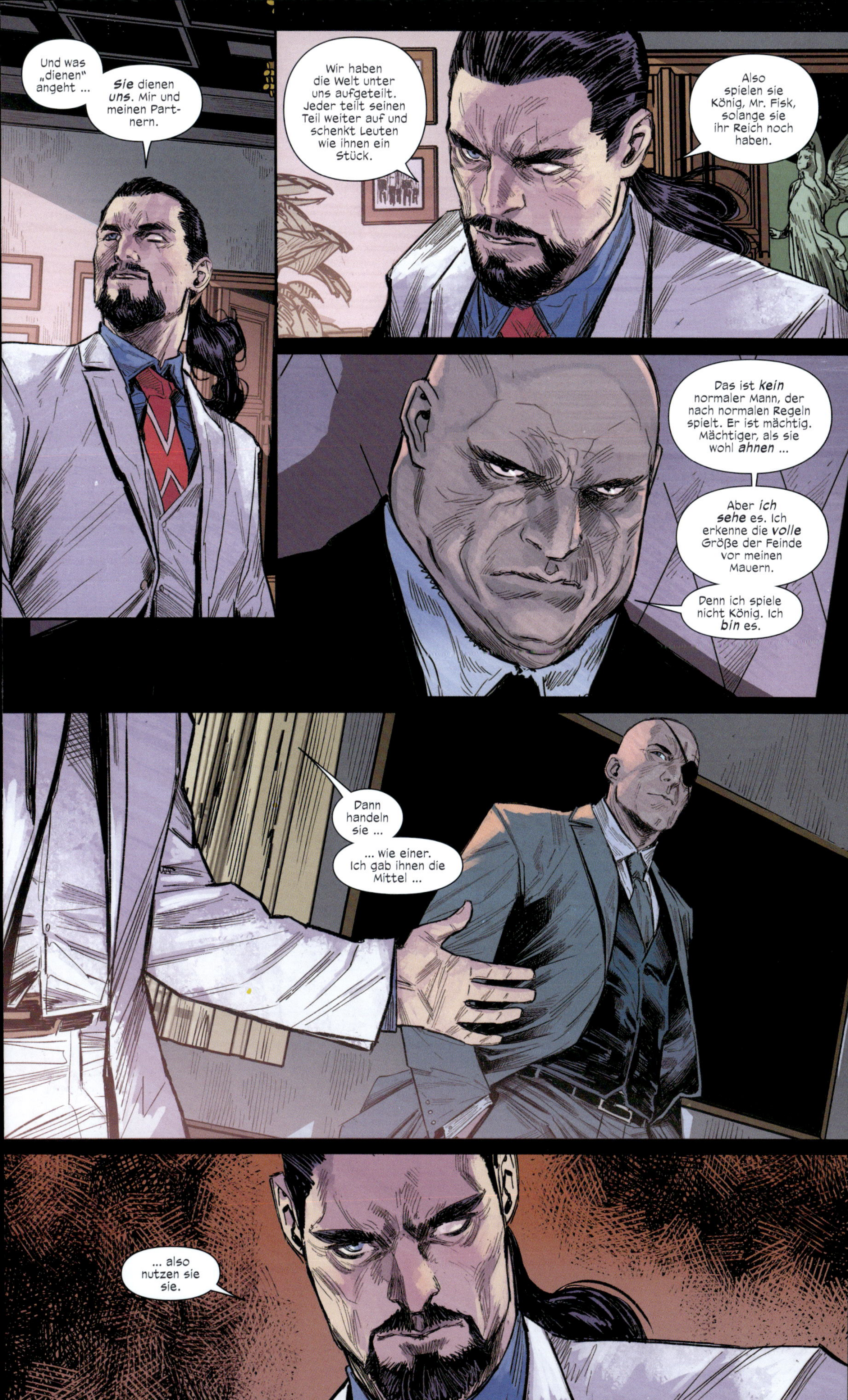
Und was „dienen" angeht ...
Sie dienen uns. Mir und meinen Partnern.
Wir haben die Welt unter uns aufgeteilt. Jeder teilt seinen Teil weiter auf und schenkt Leuten wie ihnen ein Stück.
Also spielen sie König, Mr. Fisk, solange sie ihr Reich noch haben.
Das ist kein normaler Mann, der nach normalen Regeln spielt. Er ist mächtig. Mächtiger, als sie wohl ahnen ...
Aber ich sehe es. Ich erkenne die volle Größe der Feinde vor meinen Mauern.
Denn ich spiele nicht König. Ich bin es.
Dann handeln sie ...
... wie einer. Ich gab ihnen die Mittel ...
... also nutzen sie sie.

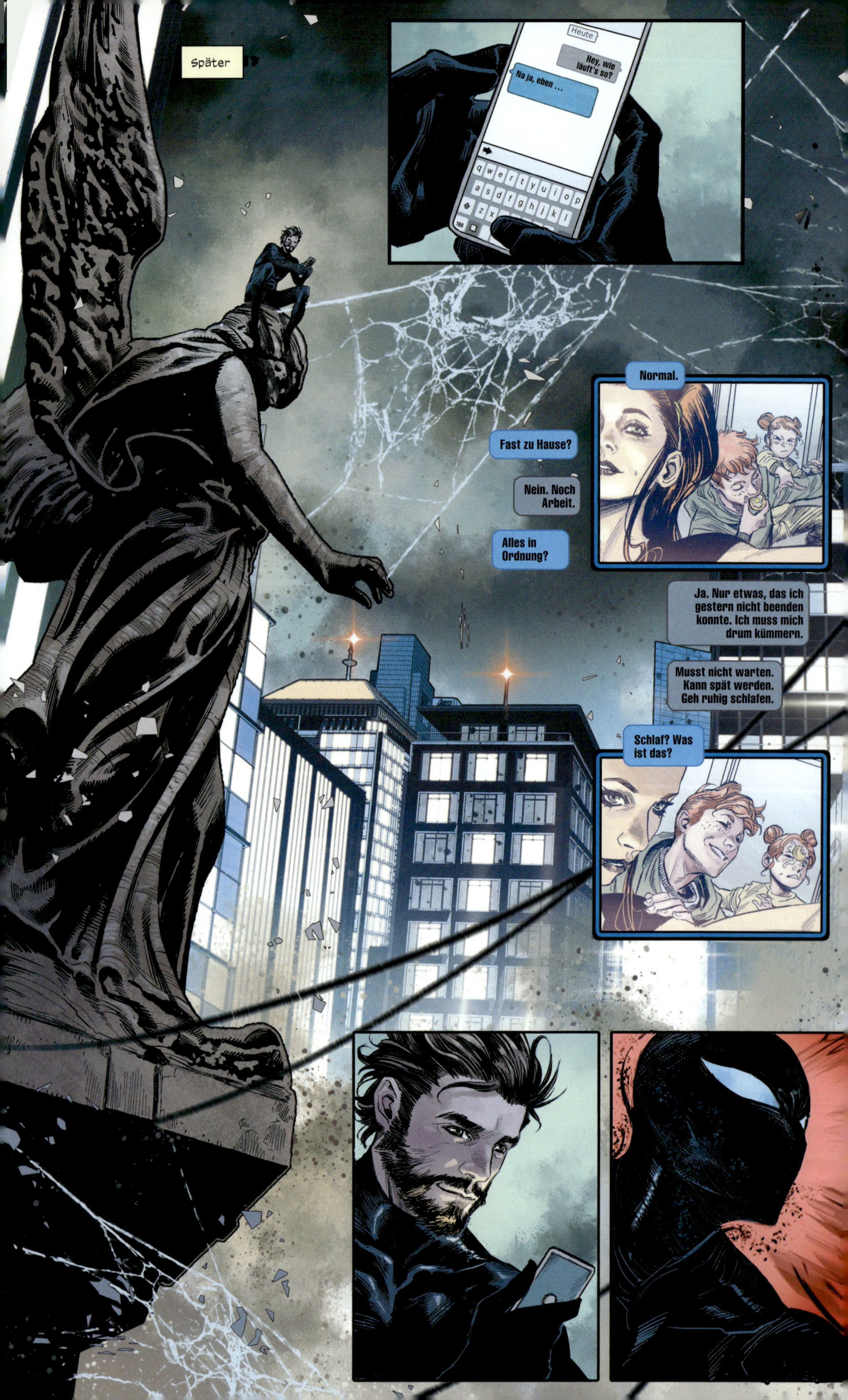
Später
Heute
Hey, wie läuft's so?
Na ja, eben ...
Normal.
Fast zu Hause?
Nein. Noch Arbeit.
Alles in Ordnung?
Ja. Nur etwas, das ich gestern nicht beenden konnte. Ich muss mich drum kümmern.
Musst nicht warten. Kann spät werden. Geh ruhig schlafen.
Schlaf? Was ist das?

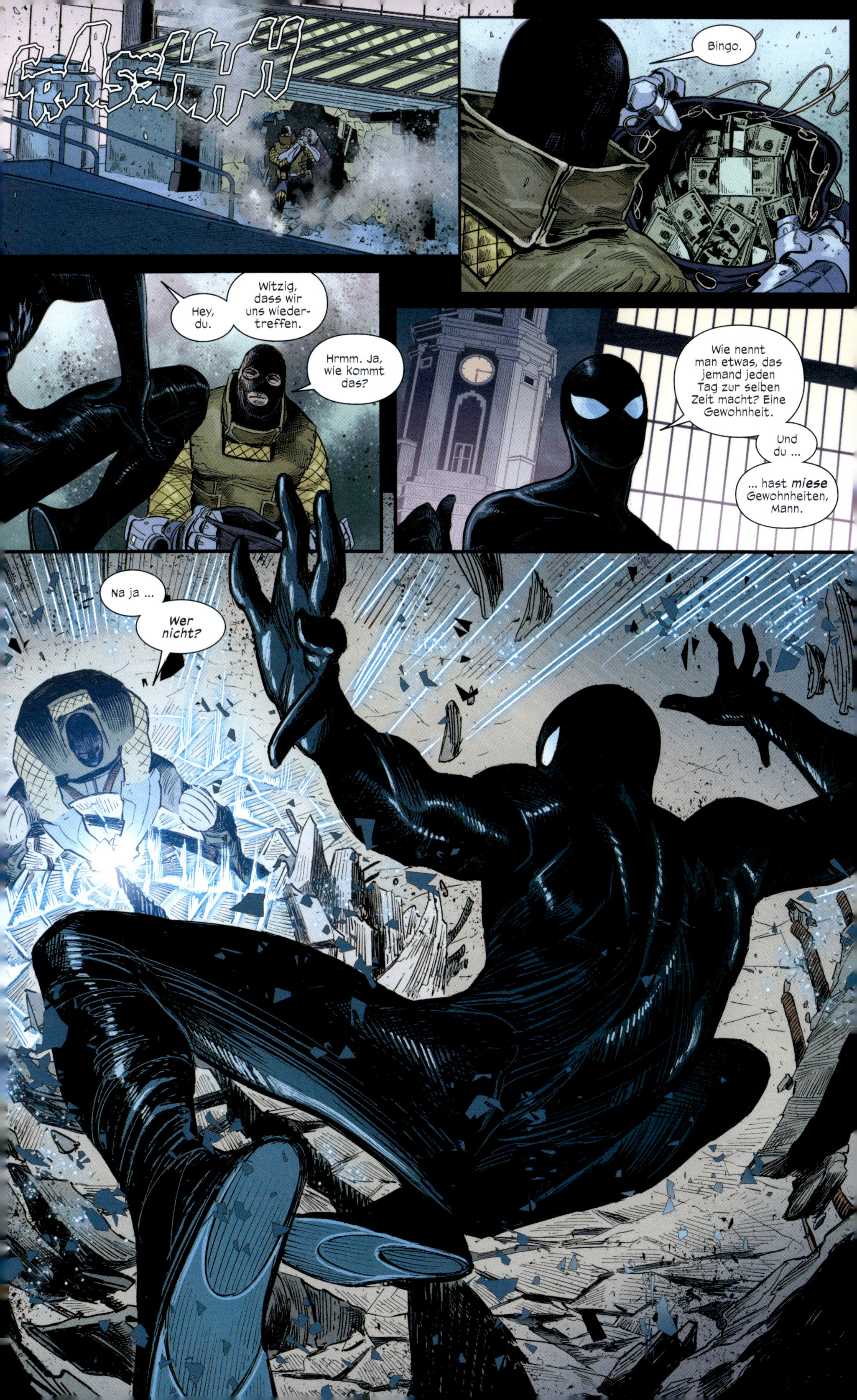
Bingo.
Hey, du.
Witzig, dass wir uns wieder-treffen.
Hrmm. Ja, wie kommt das?
Wie nennt man etwas, das jemand jeden Tag zur selben Zeit macht? Eine Gewohnheit.
Und du ...
... hast *miese* Gewohnheiten, Mann.
Na ja ...
Wer nicht?

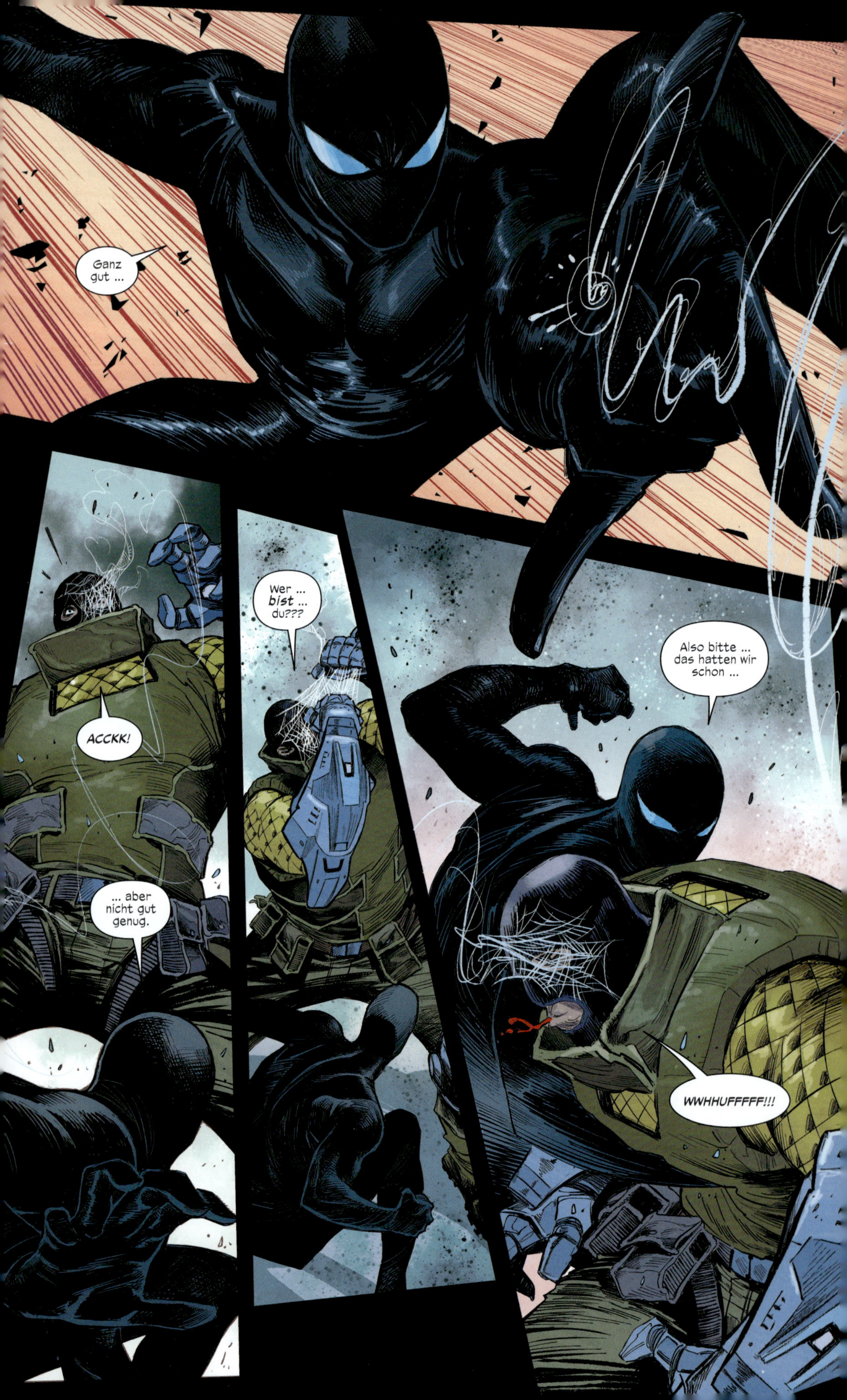
Ganz gut ...
ACCKK!
... aber nicht gut genug.
Wer ... *bist* ... du???
Also bitte ... das hatten wir schon ...
WWHHUFFFFF!!!

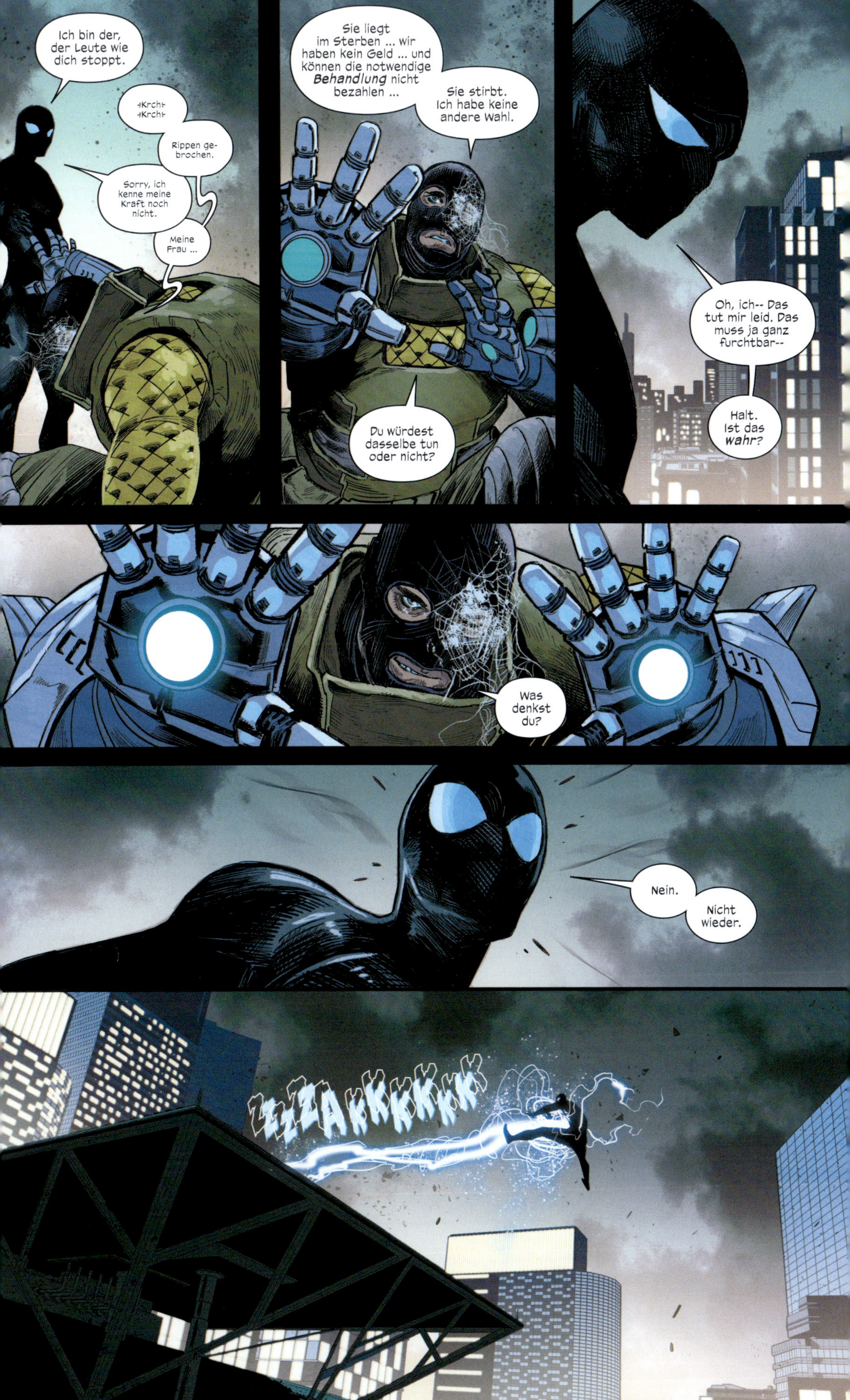
Ich bin der, der Leute wie dich stoppt.
‡Krch‡ ‡Krch‡
Rippen gebrochen.
Sorry, ich kenne meine Kraft noch nicht.
Meine Frau ...
Sie liegt im Sterben ... wir haben kein Geld ... und können die notwendige *Behandlung* nicht bezahlen ...
Sie stirbt. Ich habe keine andere Wahl.
Du würdest dasselbe tun oder nicht?
Oh, ich-- Das tut mir leid. Das muss ja ganz furchtbar--
Halt. Ist das *wahr?*
Was denkst du?
Nein.
Nicht wieder.
ZZZZAKKKKKKK

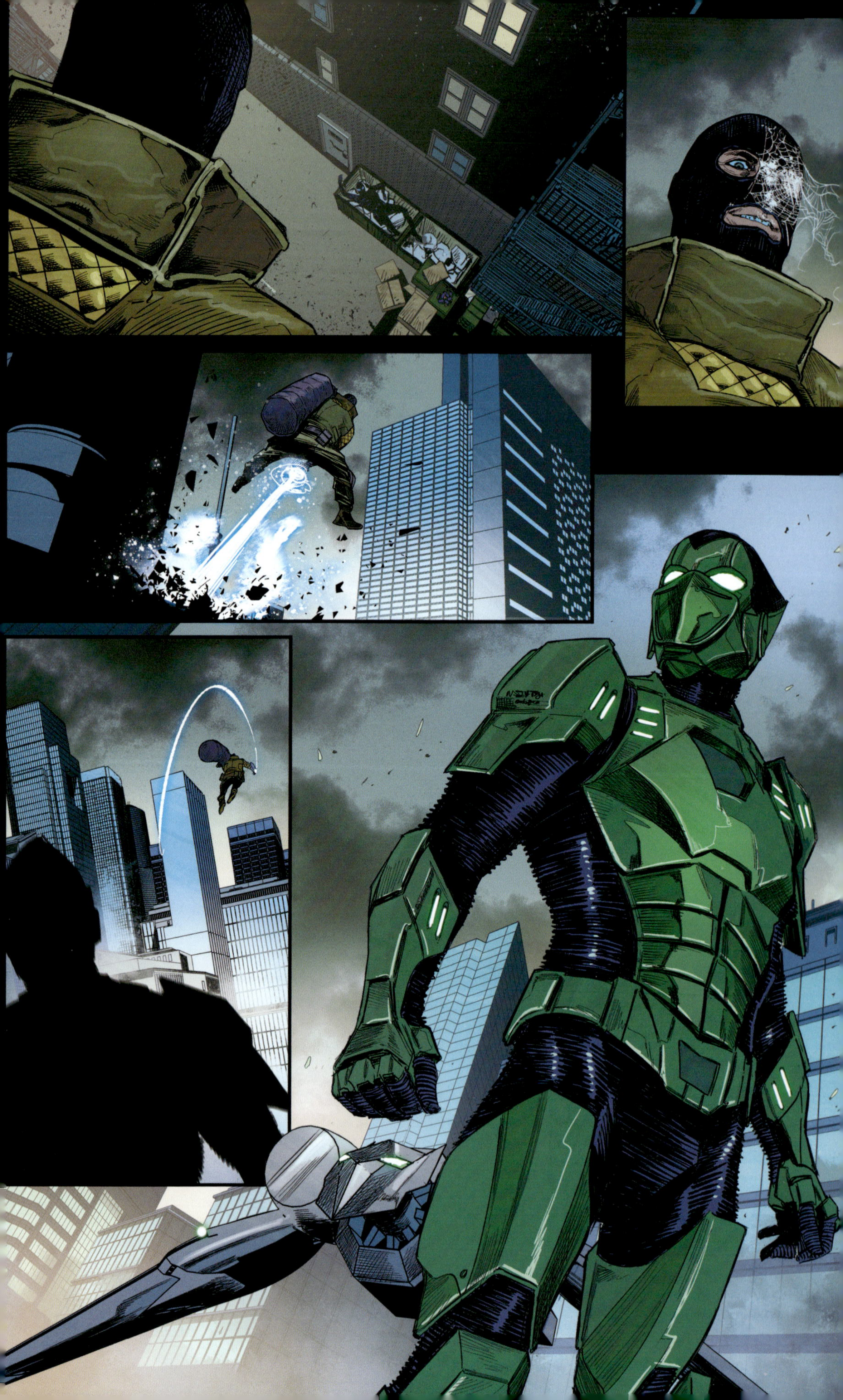

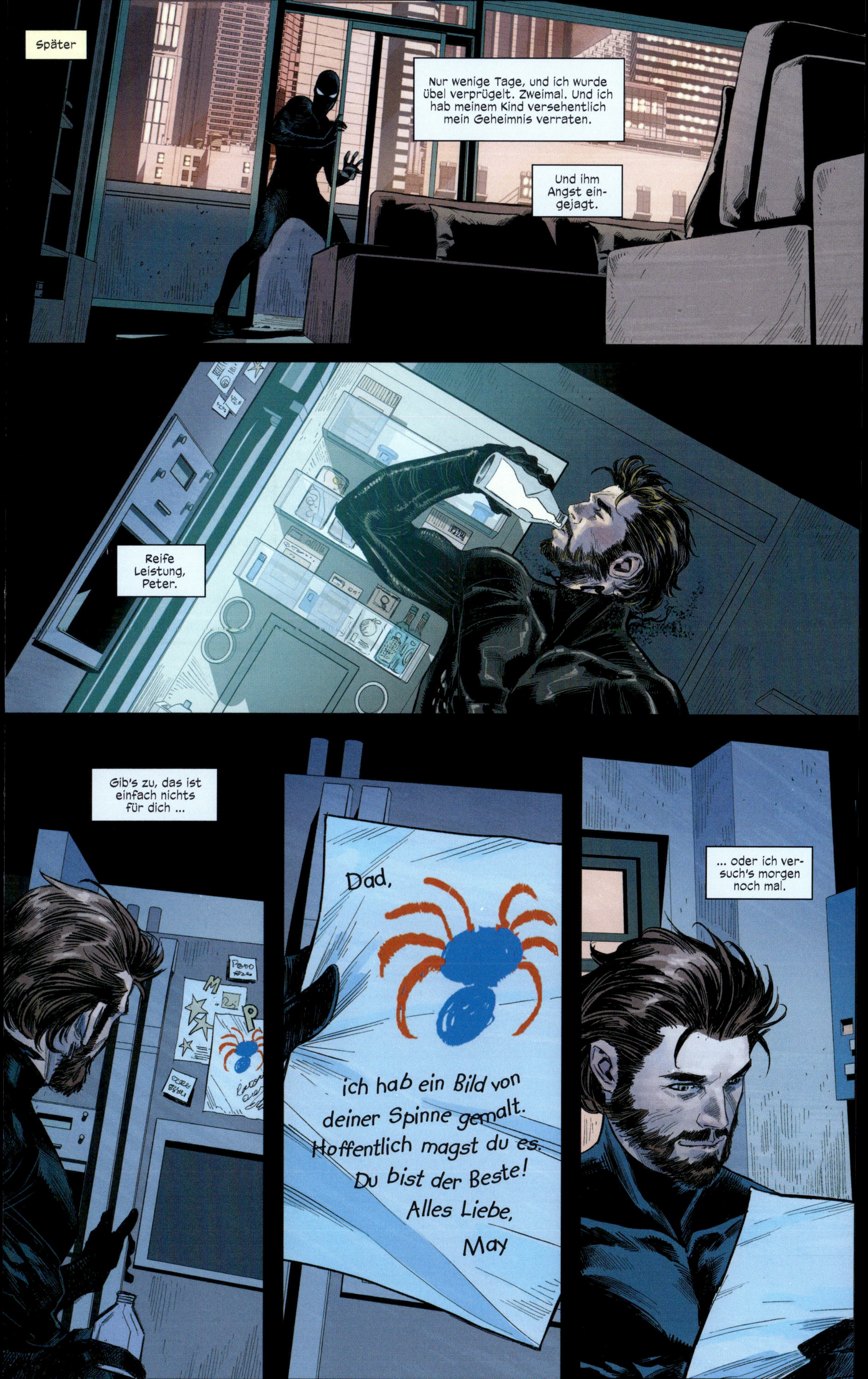

Später

Nur wenige Tage, und ich wurde übel verprügelt. Zweimal. Und ich hab meinem Kind versehentlich mein Geheimnis verraten.

Und ihm Angst eingejagt.

Reife Leistung, Peter.

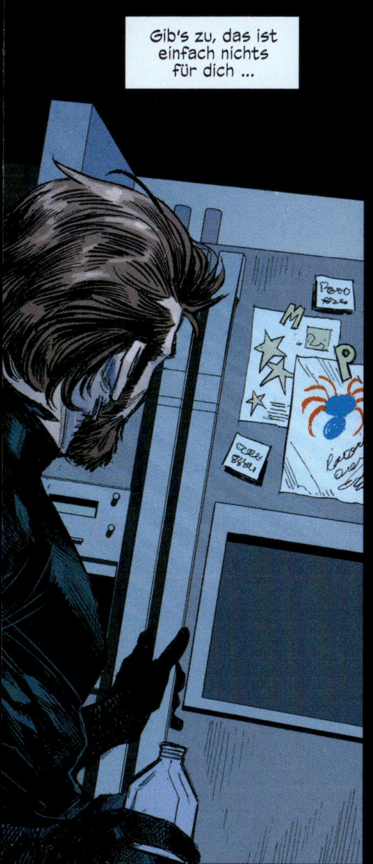

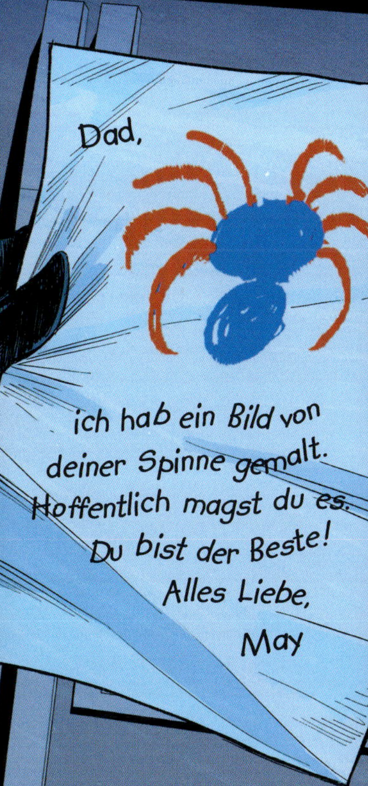

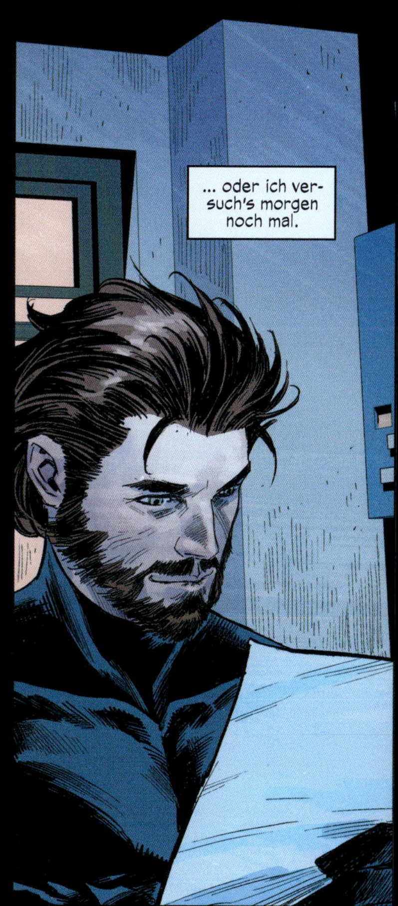

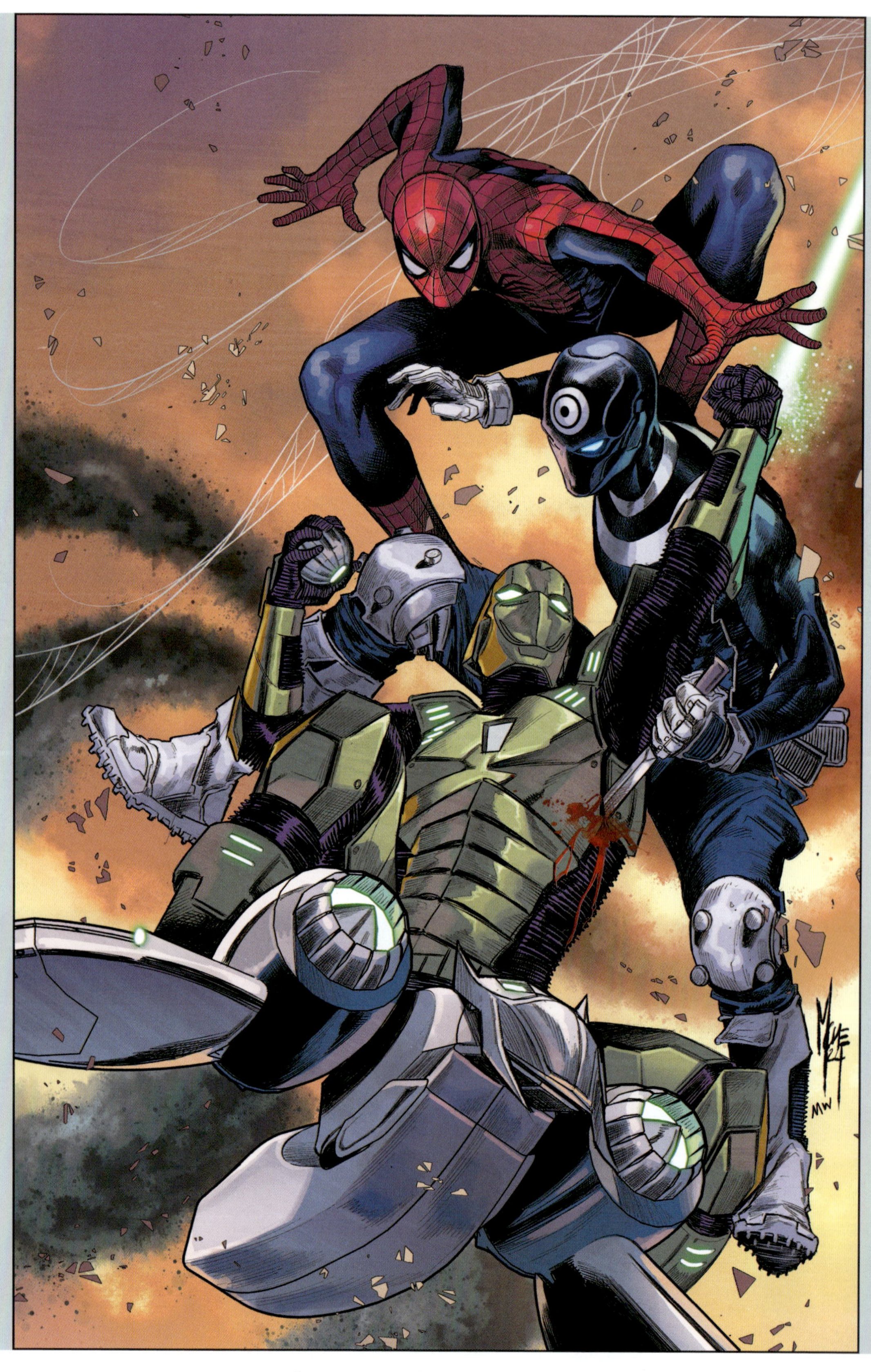

Ultimate Spider-Man (2024) 3
Cover von **MARCO CHECCHETTO**

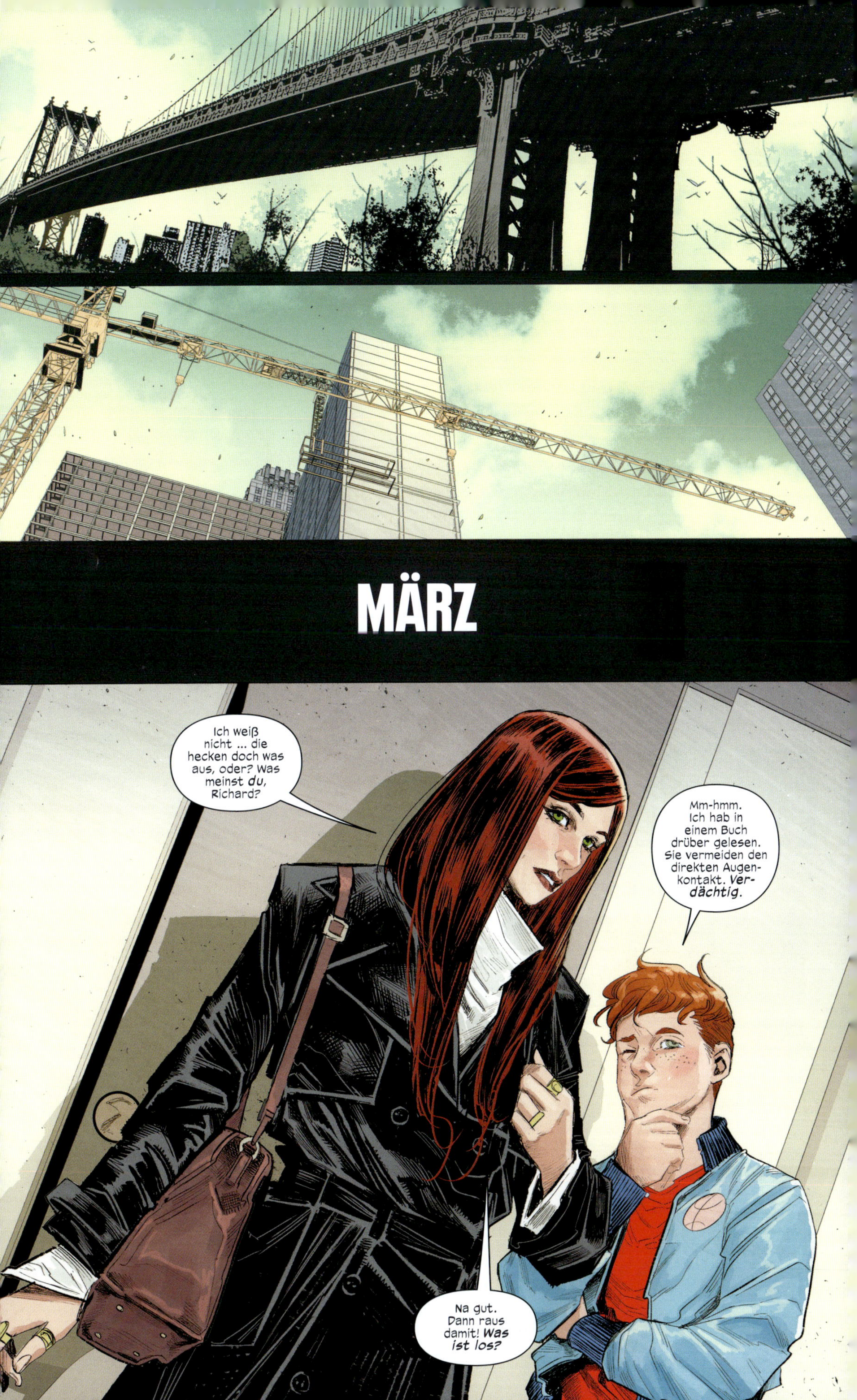
MÄRZ
Ich weiß nicht ... die hecken doch was aus, oder? Was meinst *du*, Richard?
Mm-hmm. Ich hab in einem Buch drüber gelesen. Sie vermeiden den direkten Augenkontakt. *Verdächtig*.
Na gut. Dann raus damit! *Was ist los?*

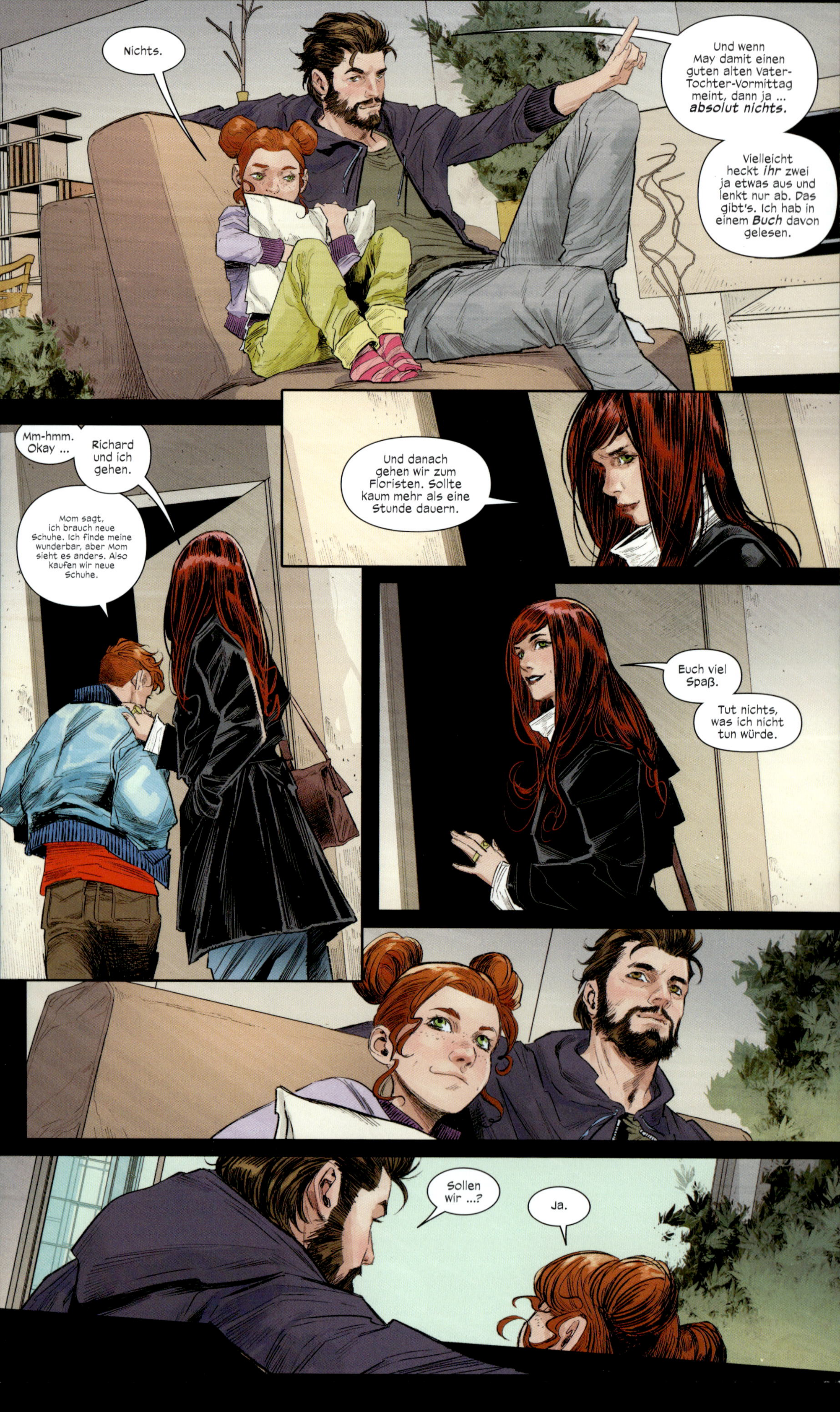
Nichts.
Und wenn May damit einen guten alten Vater-Tochter-Vormittag meint, dann ja ... *absolut nichts.*
Vielleicht heckt *ihr* zwei ja etwas aus und lenkt nur ab. Das gibt's. Ich hab in einem *Buch* davon gelesen.
Mm-hmm. Okay ...
Richard und ich gehen.
Mom sagt, ich brauch neue Schuhe. Ich finde meine wunderbar, aber Mom sieht es anders. Also kaufen wir neue Schuhe.
Und danach gehen wir zum Floristen. Sollte kaum mehr als eine Stunde dauern.
Euch viel Spaß.
Tut nichts, was ich nicht tun würde.
Sollen wir ...?
Ja.

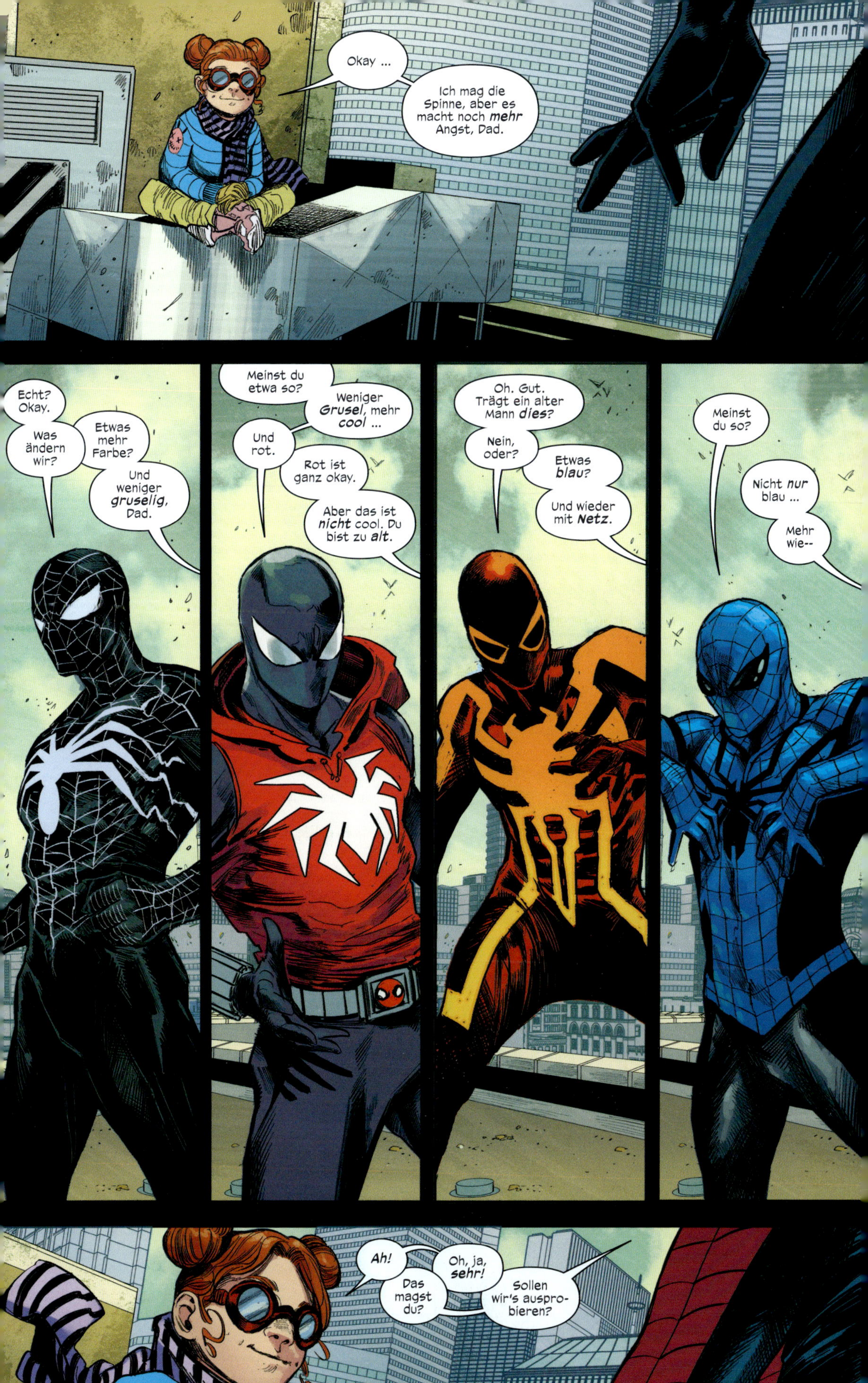
Okay ...
Ich mag die Spinne, aber es macht noch *mehr* Angst, Dad.
Echt? Okay.
Was ändern wir?
Etwas mehr Farbe?
Und weniger *gruselig*, Dad.
Meinst du etwa so?
Weniger *Grusel*, mehr *cool* ...
Und rot.
Rot ist ganz okay.
Aber das ist *nicht* cool. Du bist zu *alt*.
Oh. Gut. Trägt ein alter Mann *dies*?
Nein, oder?
Etwas *blau*?
Und wieder mit *Netz*.
Meinst du so?
Nicht *nur* blau ...
Mehr wie--
Ah!
Das magst du?
Oh, ja, *sehr*!
Sollen wir's ausprobieren?

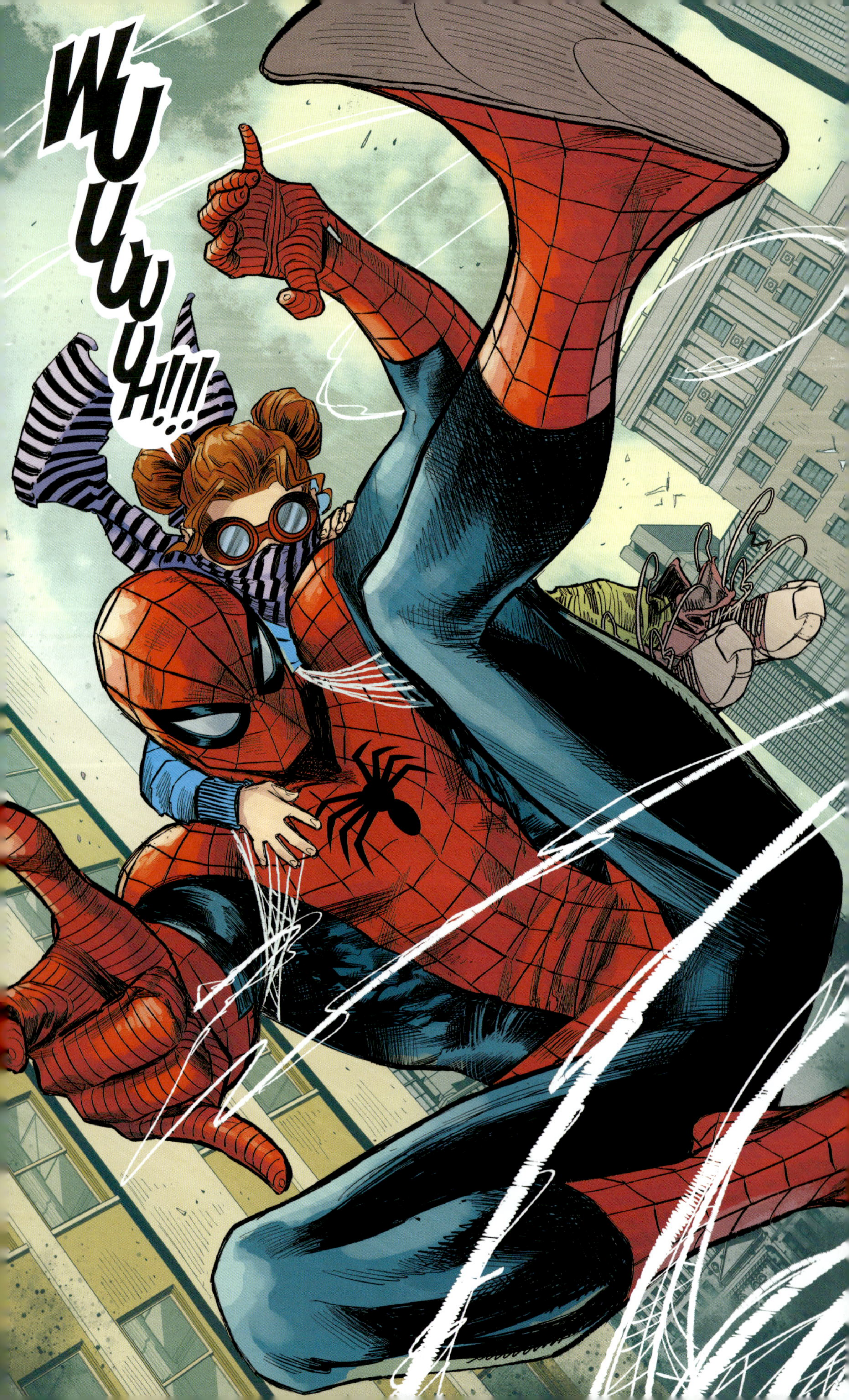
WUUUUH!!!

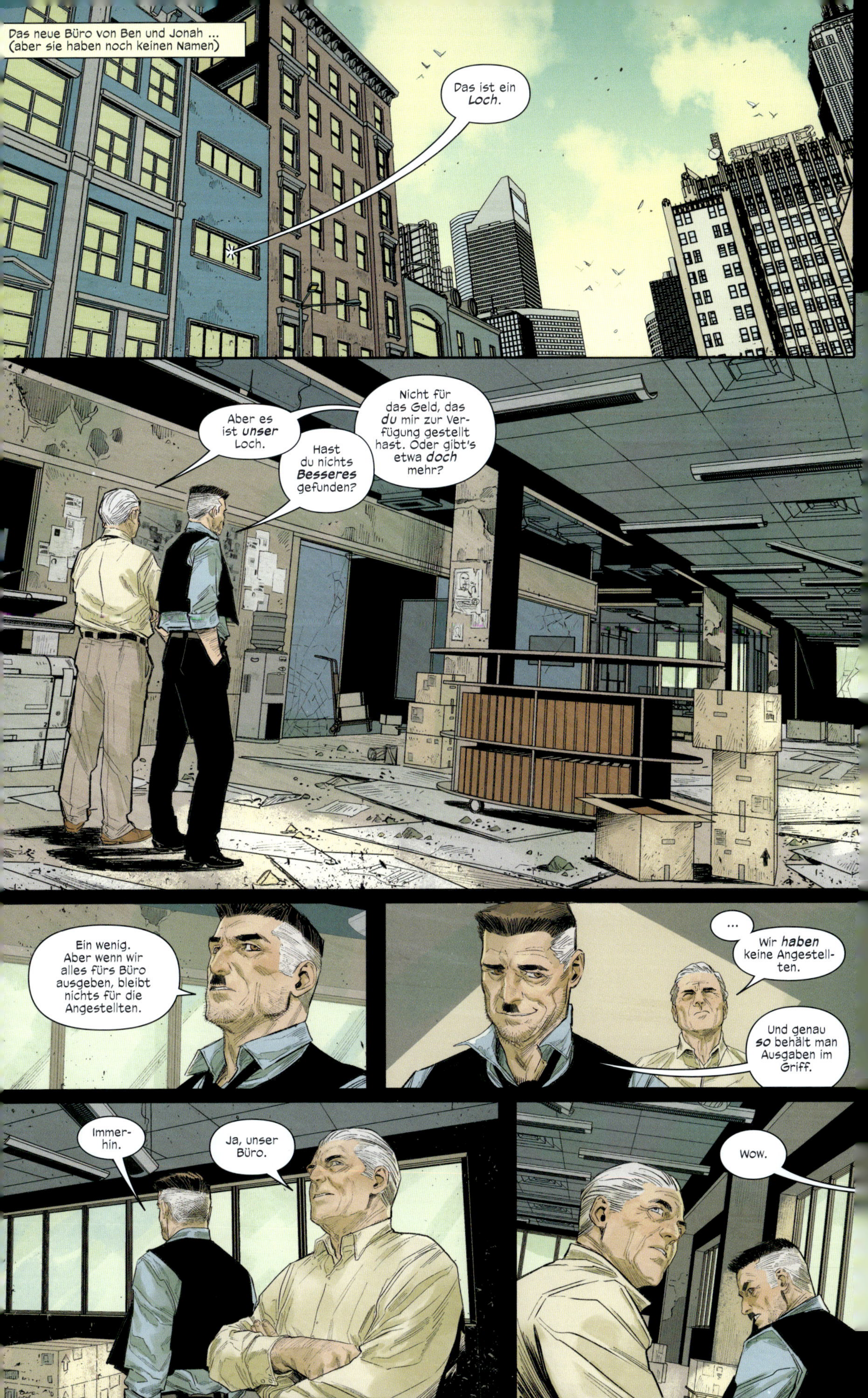
Das neue Büro von Ben und Jonah ...
(aber sie haben noch keinen Namen)
Das ist ein Loch.
Aber es ist unser Loch.
Nicht für das Geld, das du mir zur Verfügung gestellt hast. Oder gibt's etwa doch mehr?
Hast du nichts Besseres gefunden?
Ein wenig. Aber wenn wir alles fürs Büro ausgeben, bleibt nichts für die Angestellten.
...
Wir haben keine Angestellten.
Und genau so behält man Ausgaben im Griff.
Immerhin.
Ja, unser Büro.
Wow.

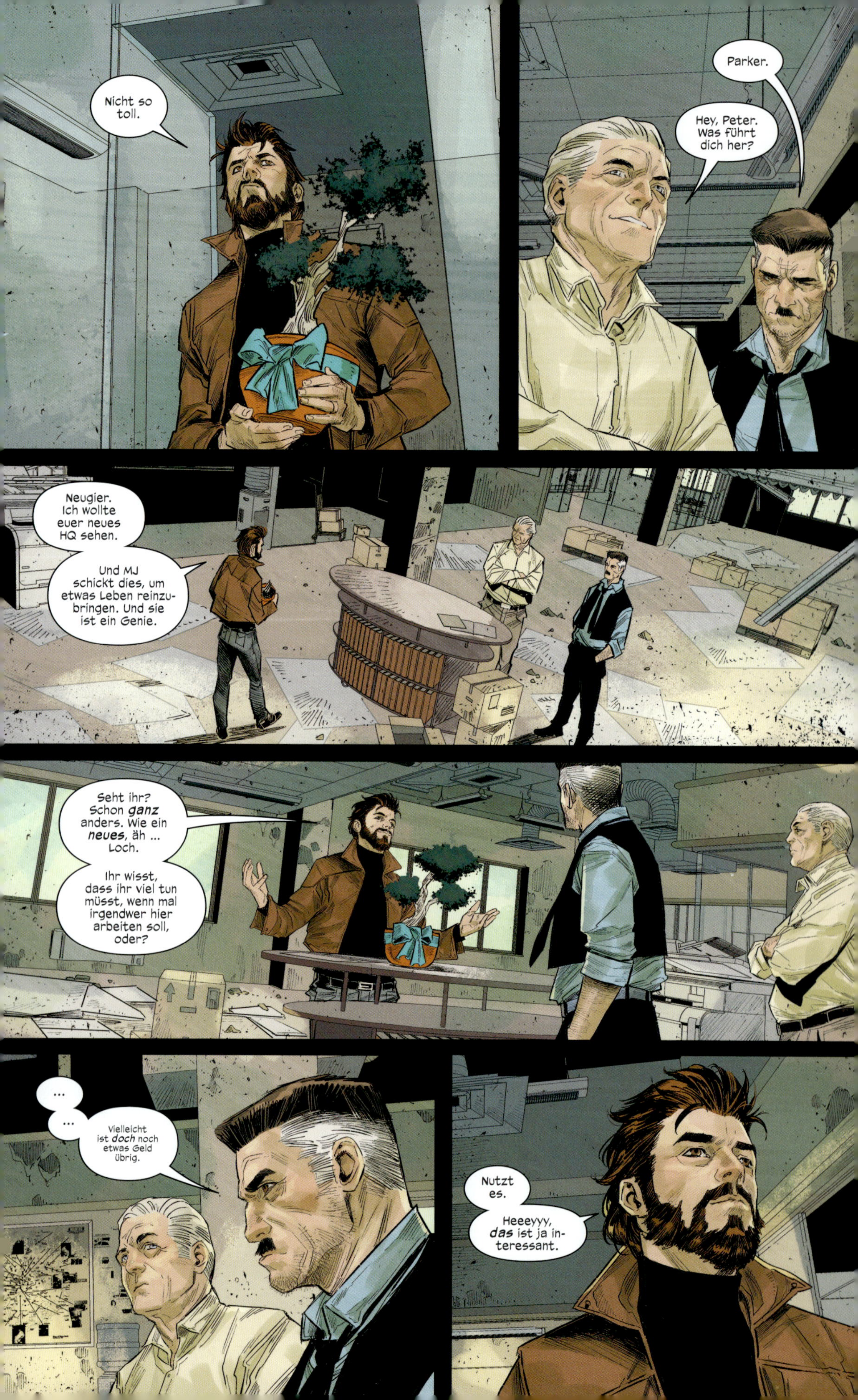
Nicht so toll.
Parker.
Hey, Peter. Was führt dich her?
Neugier. Ich wollte euer neues HQ sehen.
Und MJ schickt dies, um etwas Leben reinzubringen. Und sie ist ein Genie.
Seht ihr? Schon *ganz* anders. Wie ein *neues*, äh ... Loch.
Ihr wisst, dass ihr viel tun müsst, wenn mal irgendwer hier arbeiten soll, oder?
...
...
Vielleicht ist *doch* noch etwas Geld übrig.
Nutzt es.
Heeeyyy, *das* ist ja interessant.

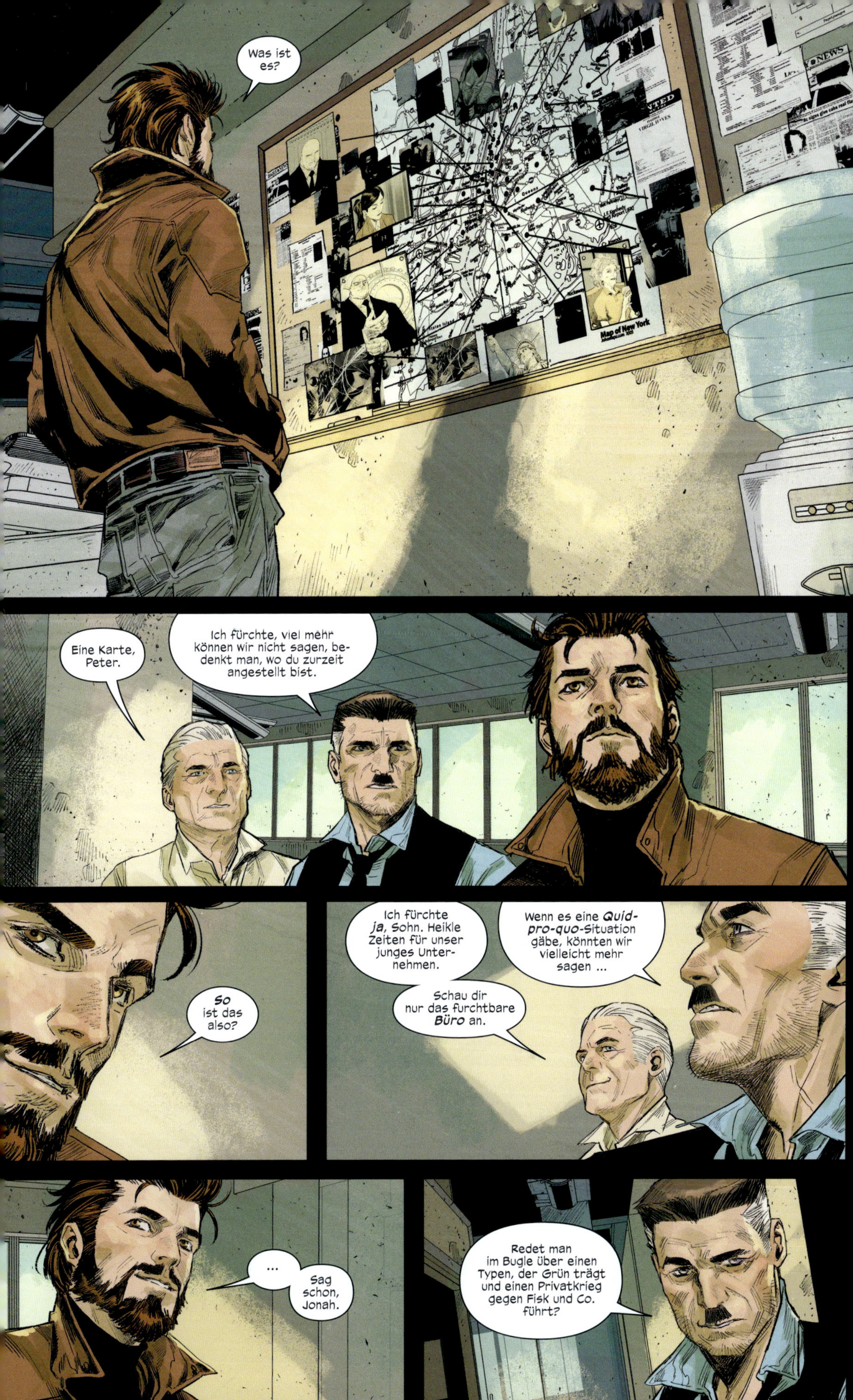
Was ist es?
Eine Karte, Peter.
Ich fürchte, viel mehr können wir nicht sagen, bedenkt man, wo du zurzeit angestellt bist.
So ist das also?
Ich fürchte ja, Sohn. Heikle Zeiten für unser junges Unternehmen.
Schau dir nur das furchtbare Büro an.
Wenn es eine Quid-pro-quo-Situation gäbe, könnten wir vielleicht mehr sagen ...
...
Sag schon, Jonah.
Redet man im Bugle über einen Typen, der Grün trägt und einen Privatkrieg gegen Fisk und Co. führt?

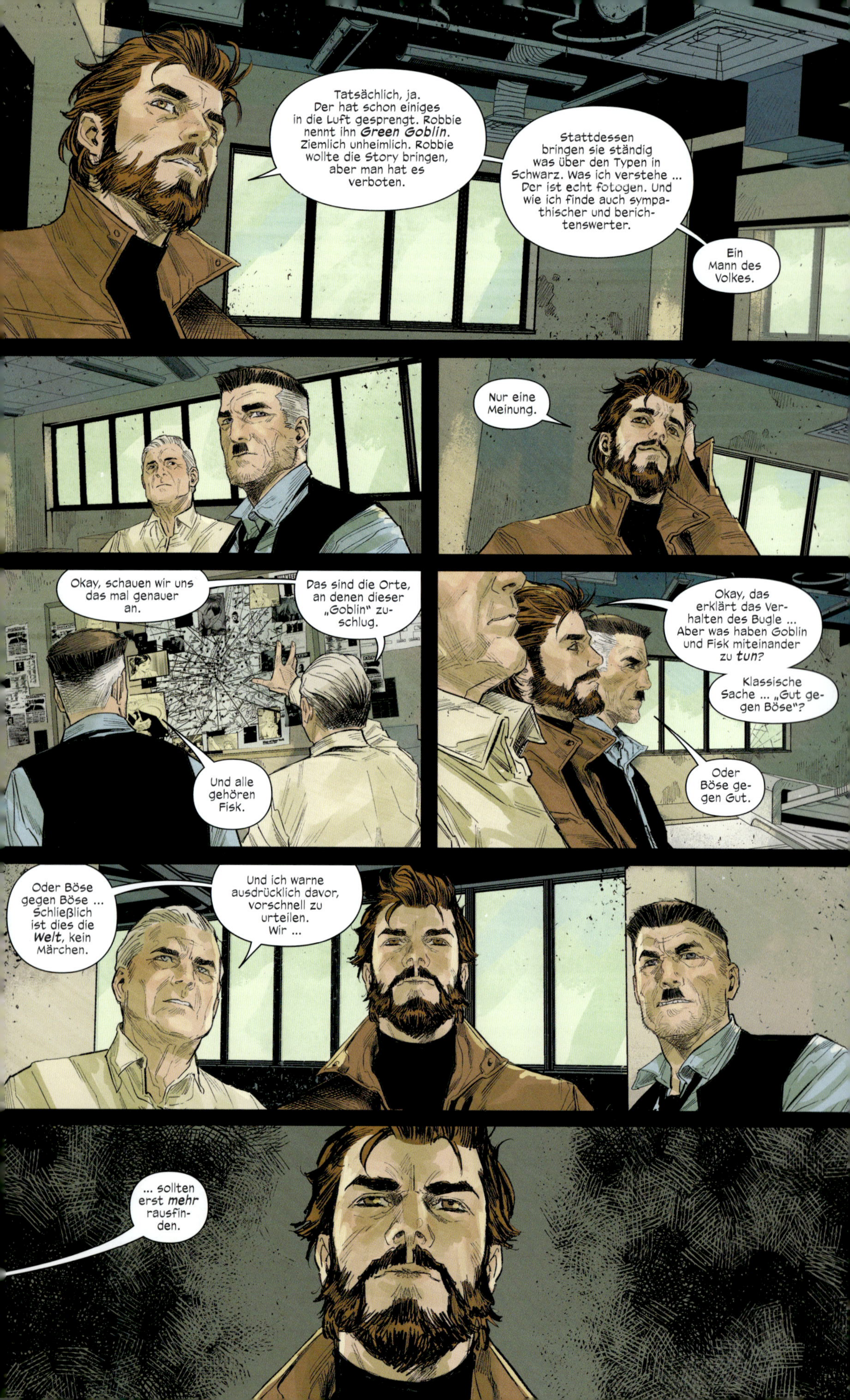
Tatsächlich, ja. Der hat schon einiges in die Luft gesprengt. Robbie nennt ihn *Green Goblin*. Ziemlich unheimlich. Robbie wollte die Story bringen, aber man hat es verboten.
Stattdessen bringen sie ständig was über den Typen in Schwarz. Was ich verstehe ... Der ist echt fotogen. Und wie ich finde auch sympathischer und berichtenswerter.
Ein Mann des Volkes.
Nur eine Meinung.
Okay, schauen wir uns das mal genauer an.
Das sind die Orte, an denen dieser „Goblin" zuschlug.
Und alle gehören Fisk.
Okay, das erklärt das Verhalten des Bugle ... Aber was haben Goblin und Fisk miteinander zu *tun*?
Klassische Sache ... „Gut gegen Böse"?
Oder Böse gegen Gut.
Oder Böse gegen Böse ... Schließlich ist dies die *Welt*, kein Märchen.
Und ich warne ausdrücklich davor, vorschnell zu urteilen. Wir ...
... sollten erst *mehr* rausfinden.

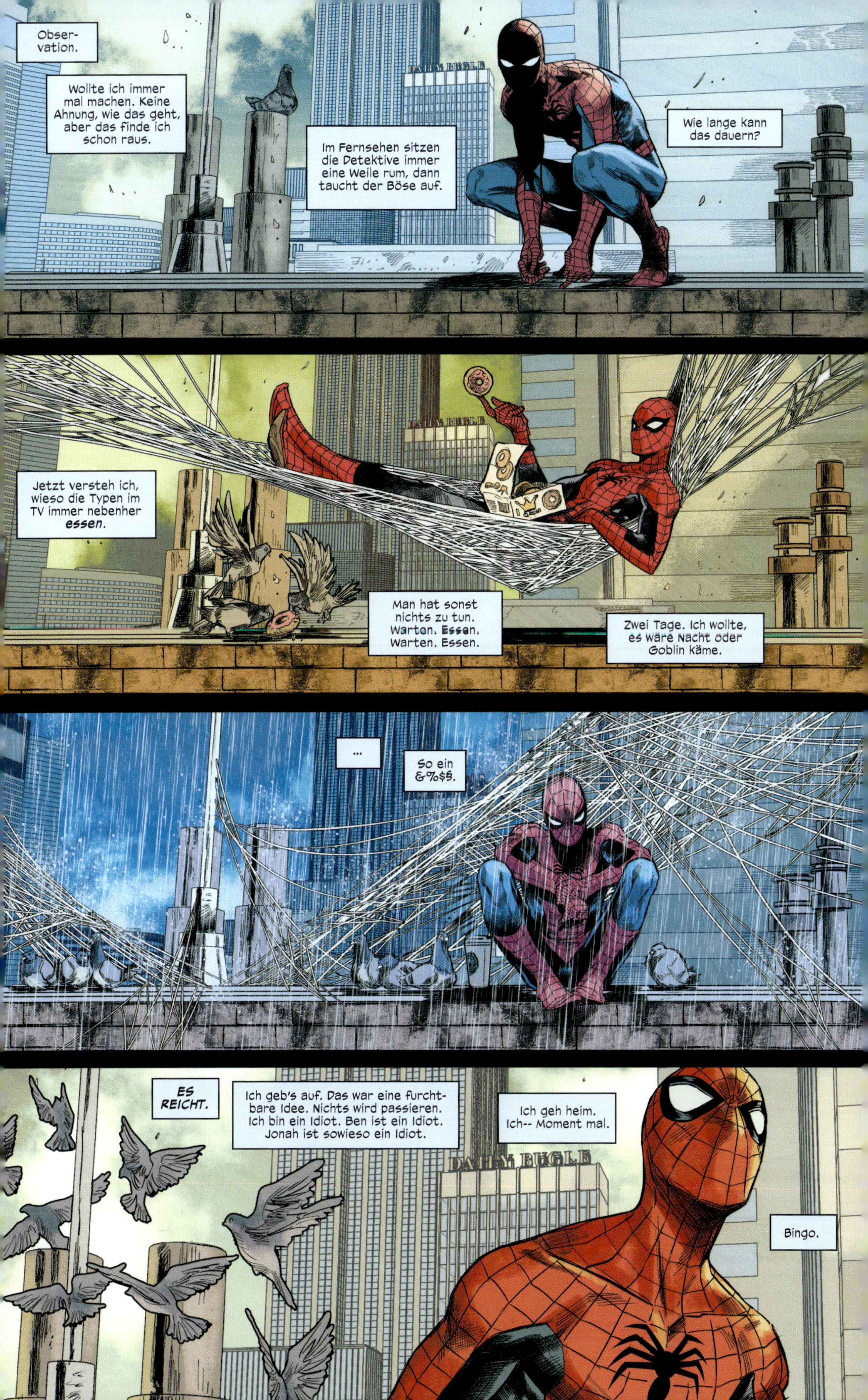
Obser-vation.
Wollte ich immer mal machen. Keine Ahnung, wie das geht, aber das finde ich schon raus.
Im Fernsehen sitzen die Detektive immer eine Weile rum, dann taucht der Böse auf.
Wie lange kann das dauern?
DAILY BUGLE
Jetzt versteh ich, wieso die Typen im TV immer nebenher *essen*.
Man hat sonst nichts zu tun. Warten. **Essen**. Warten. Essen.
Zwei Tage. Ich wollte, es wäre Nacht oder Goblin käme.
...
So ein &%$§.
ES REICHT.
Ich geb's auf. Das war eine furchtbare Idee. Nichts wird passieren. Ich bin ein Idiot. Ben ist ein Idiot. Jonah ist sowieso ein Idiot.
Ich geh heim. Ich-- Moment mal.
DAILY BUGLE
Bingo.

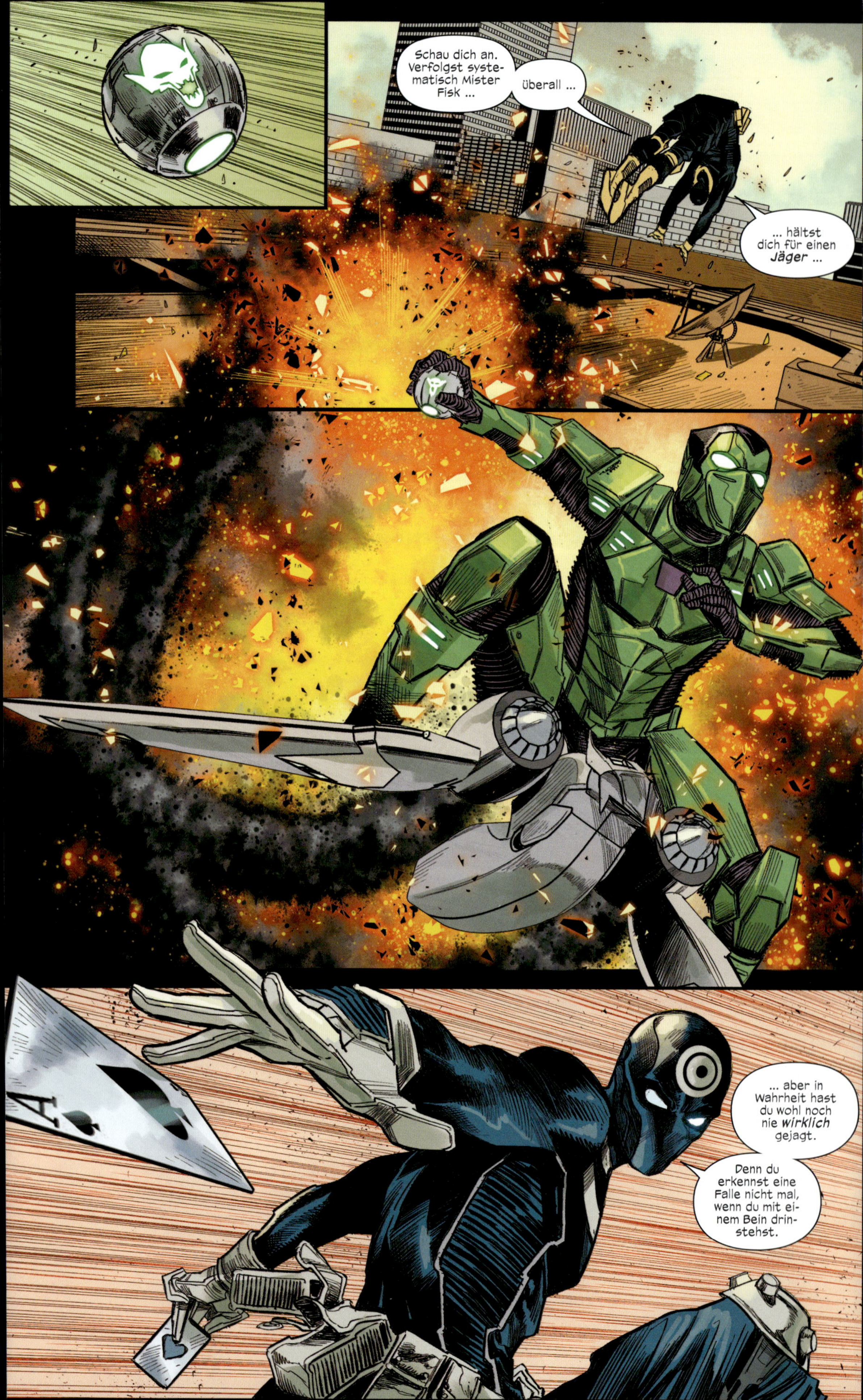
Schau dich an. Verfolgst systematisch Mister Fisk ...
überall ...
... hältst dich für einen *Jäger* ...
... aber in Wahrheit hast du wohl noch nie *wirklich* gejagt.
Denn du erkennst eine Falle nicht mal, wenn du mit einem Bein drinstehst.

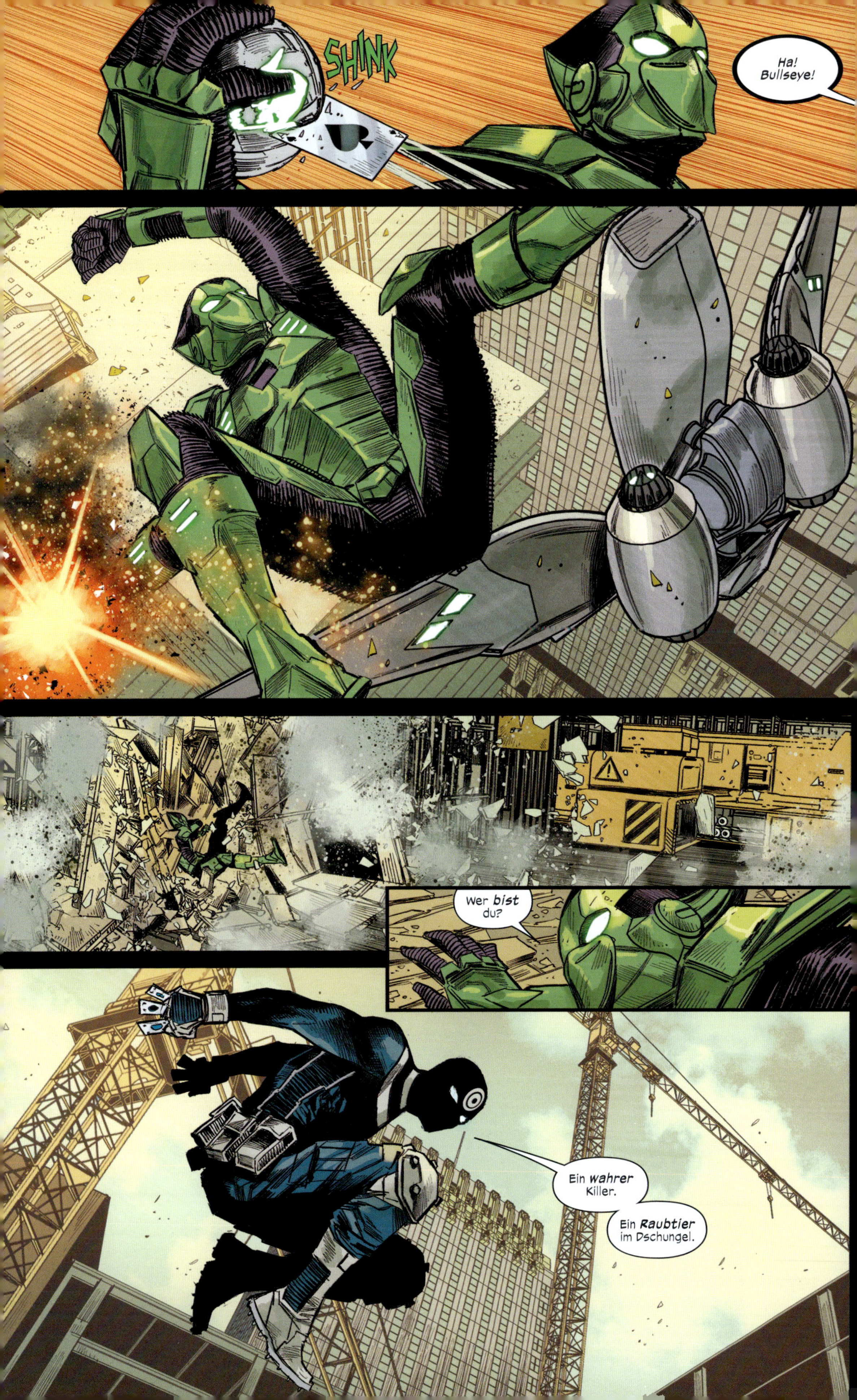
SHINK
Ha! Bullseye!
Wer bist du?
Ein wahrer Killer.
Ein Raubtier im Dschungel.

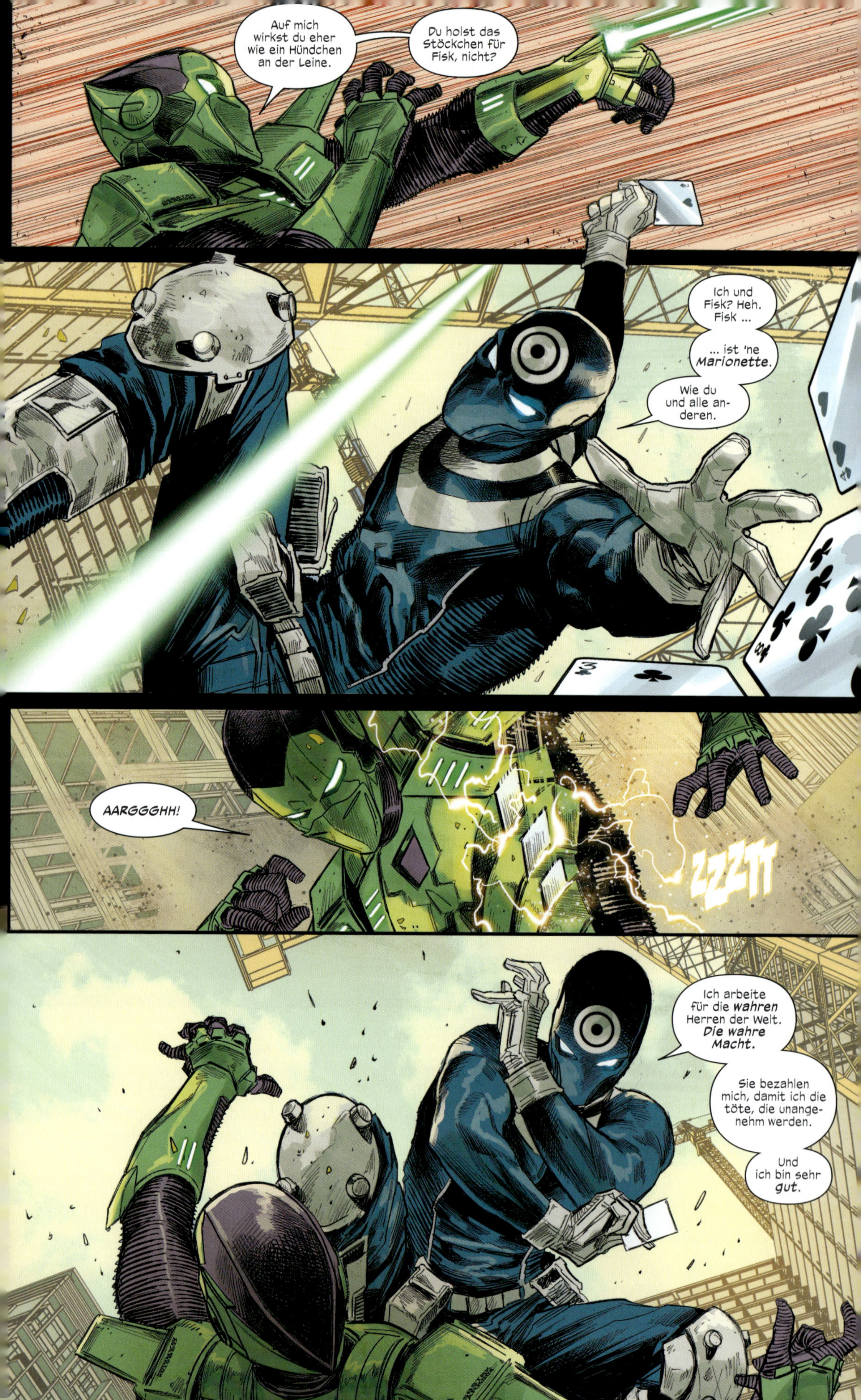
Du holst das Stöckchen für Fisk, nicht?
Auf mich wirkst du eher wie ein Hündchen an der Leine.
Ich und Fisk? Heh. Fisk ...
... ist 'ne *Marionette*.
Wie du und alle anderen.
AARGGGHH!
ZZZTT
Ich arbeite für die *wahren* Herren der Welt. *Die wahre Macht.*
Sie bezahlen mich, damit ich die töte, die unangenehm werden.
Und ich bin sehr *gut*.

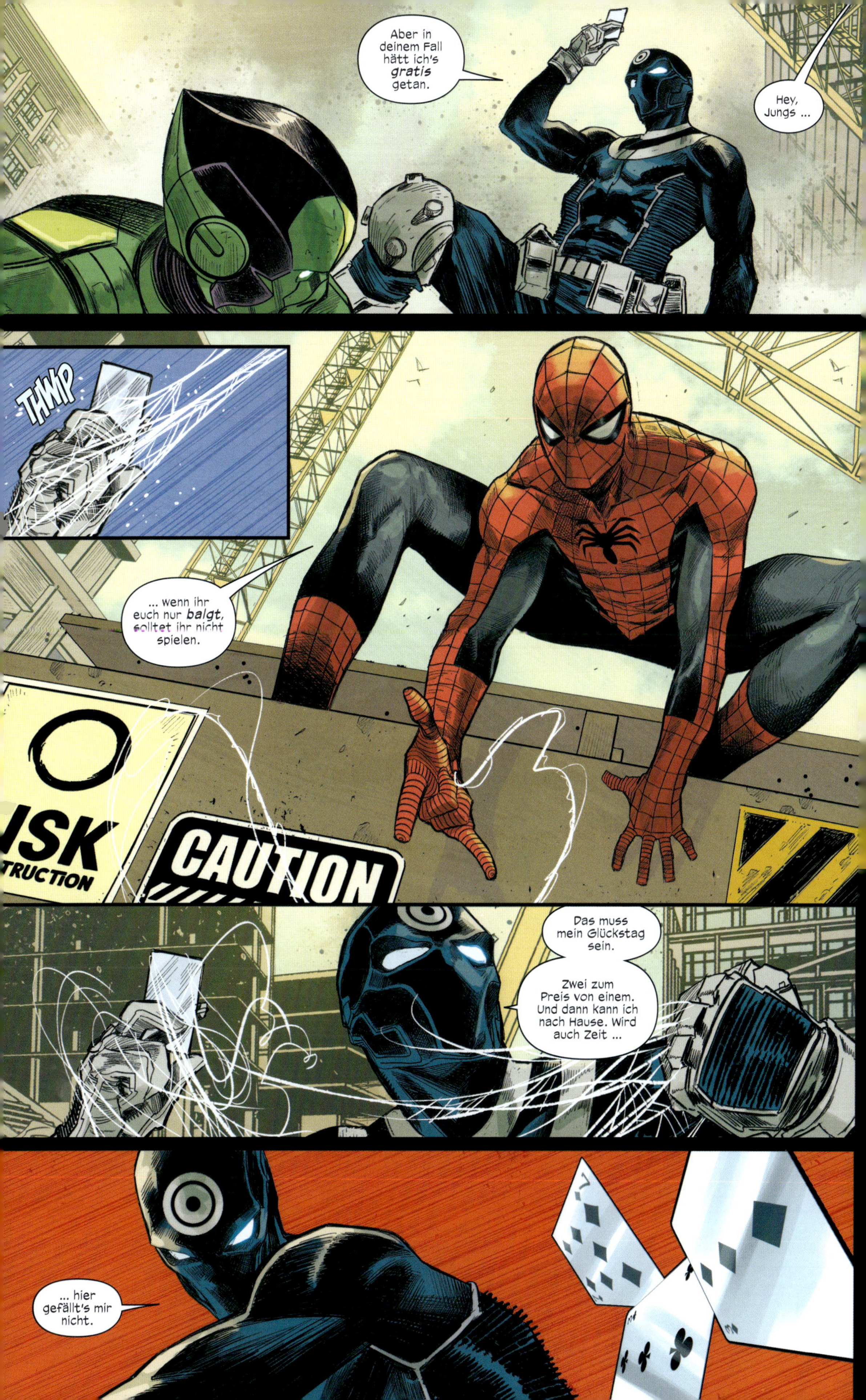
Aber in deinem Fall hätt ich's *gratis* getan.
Hey, Jungs ...
THWIP
... wenn ihr euch nur *balgt*, solltet ihr nicht spielen.
ISK
TRUCTION
CAUTION
Das muss mein Glückstag sein.
Zwei zum Preis von einem. Und dann kann ich nach Hause. Wird auch Zeit ...
... hier gefällt's mir nicht.

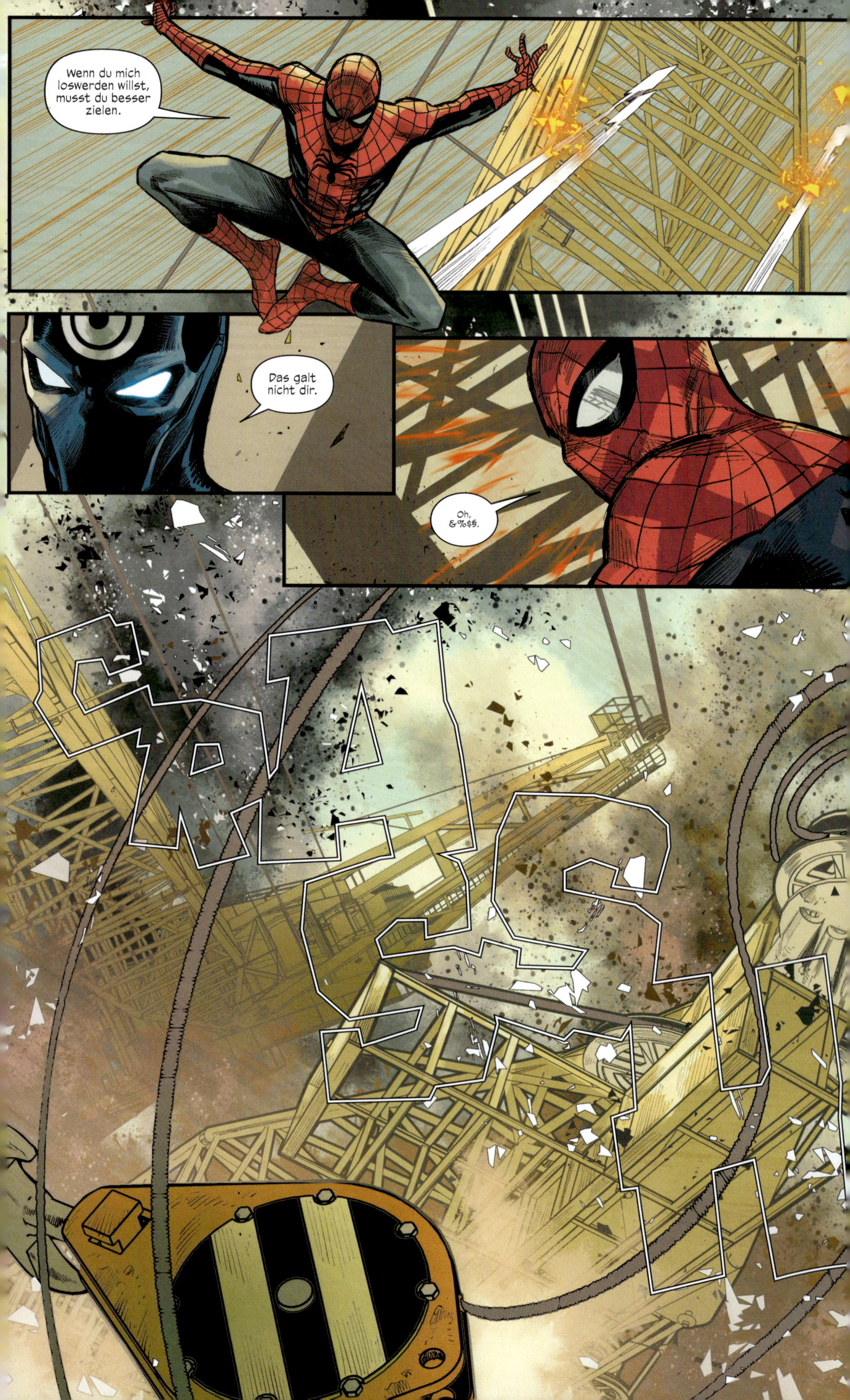
Wenn du mich loswerden willst, musst du besser zielen.
Das galt nicht dir.
Oh, &%$$.
CRASSH

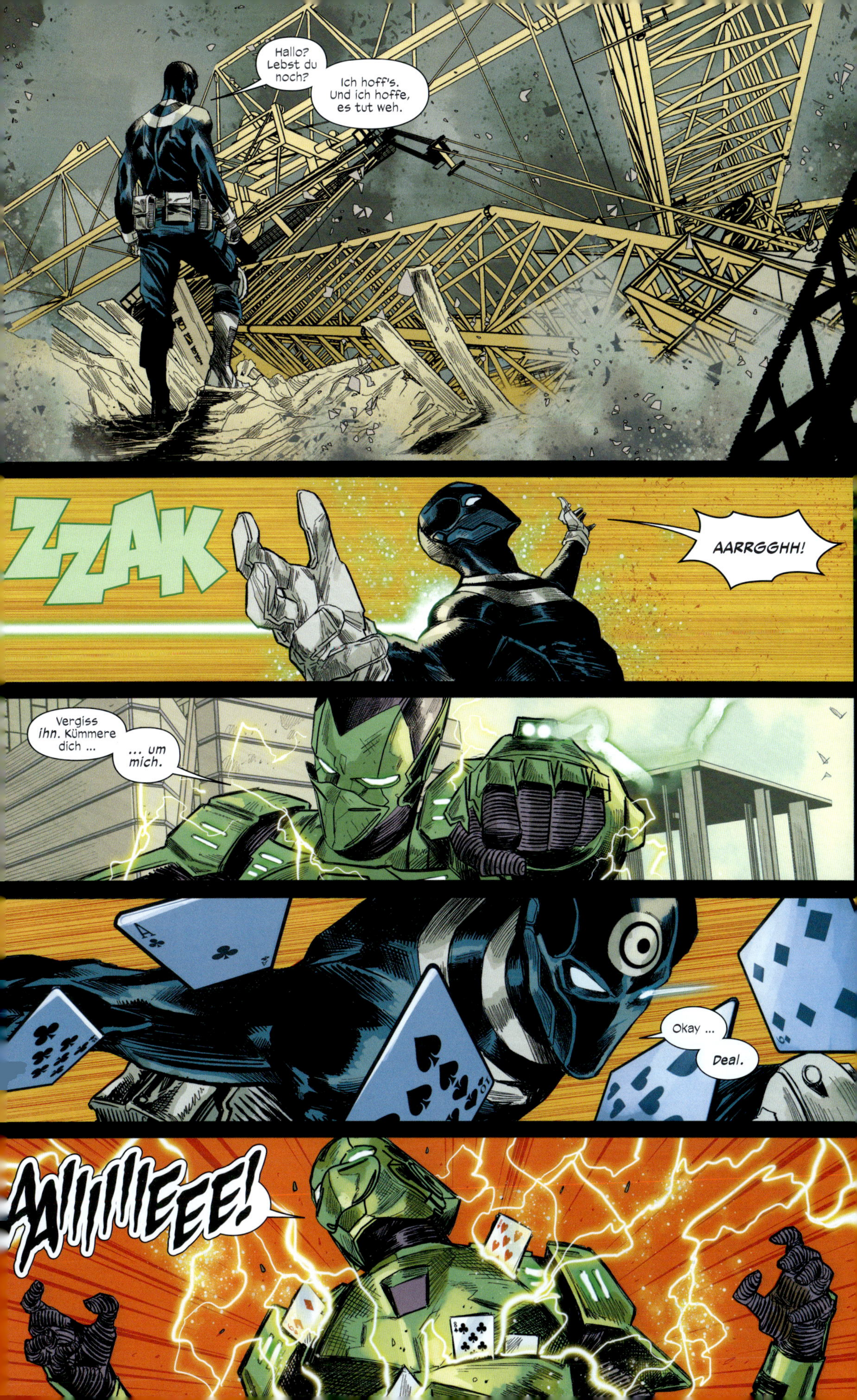
Hallo? Lebst du noch?
Ich hoff's. Und ich hoffe, es tut weh.
ZZAK
AARRGGHH!
Vergiss *ihn*. Kümmere dich ...
... um *mich*.
Okay ...
Deal.
AAIIIIIEEEE!

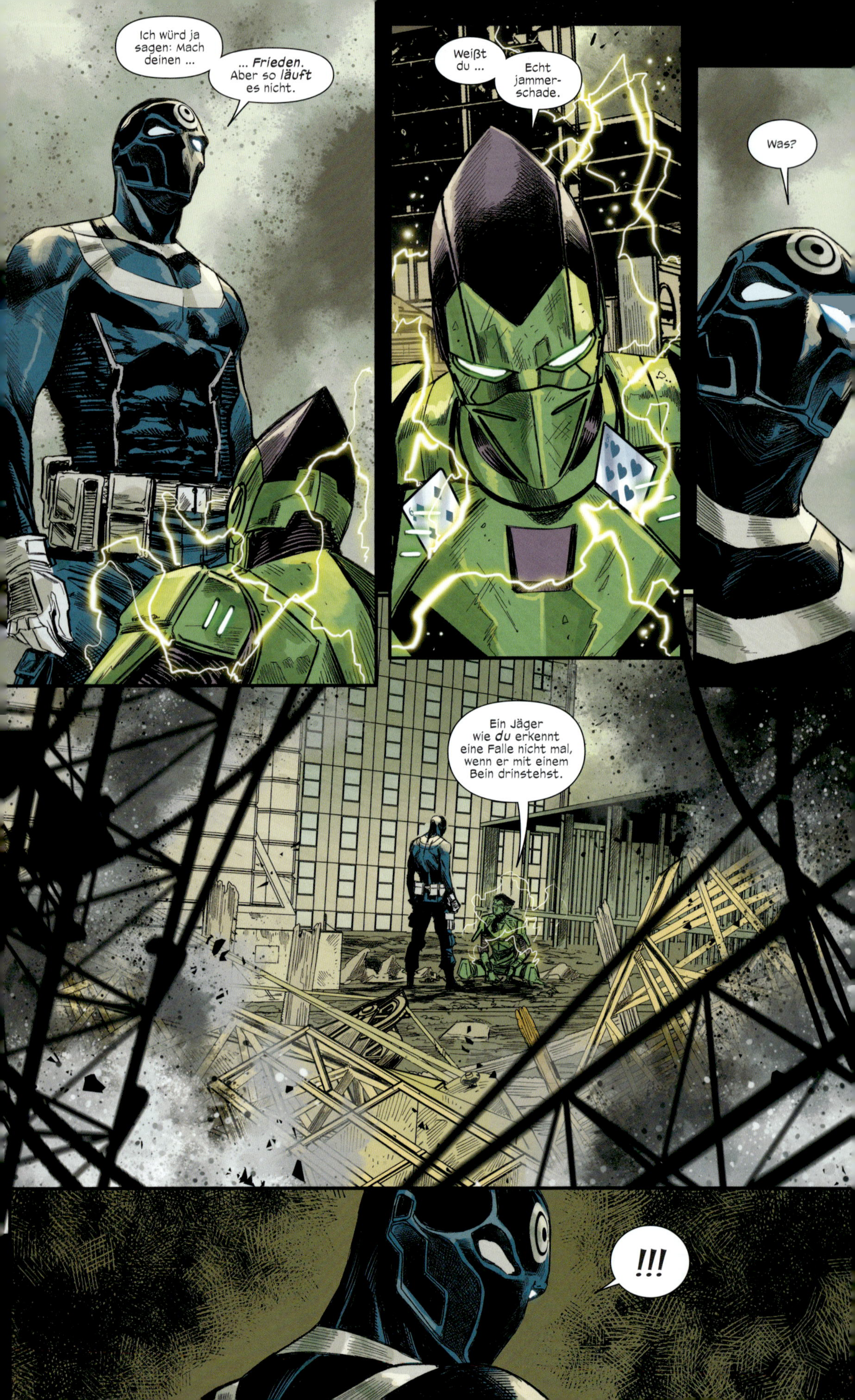
Ich würd ja sagen: Mach deinen ...
... *Frieden*. Aber so *läuft* es nicht.
Weißt du ...
Echt jammerschade.
Was?
Ein Jäger wie *du* erkennt eine Falle nicht mal, wenn er mit einem Bein drinstehst.
!!!

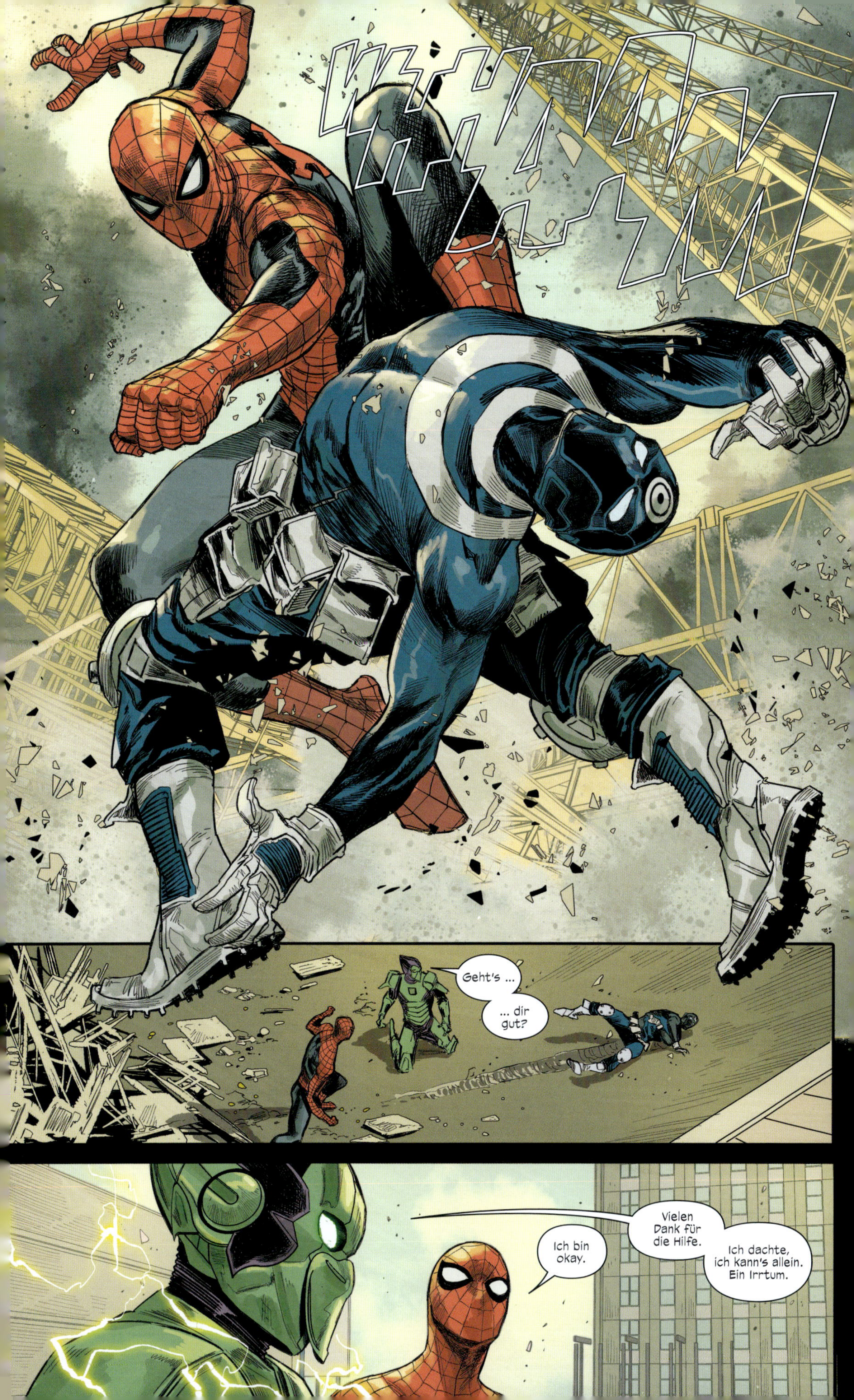
Geht's ...
... dir gut?
Ich bin okay.
Vielen Dank für die Hilfe.
Ich dachte, ich kann's allein. Ein Irrtum.

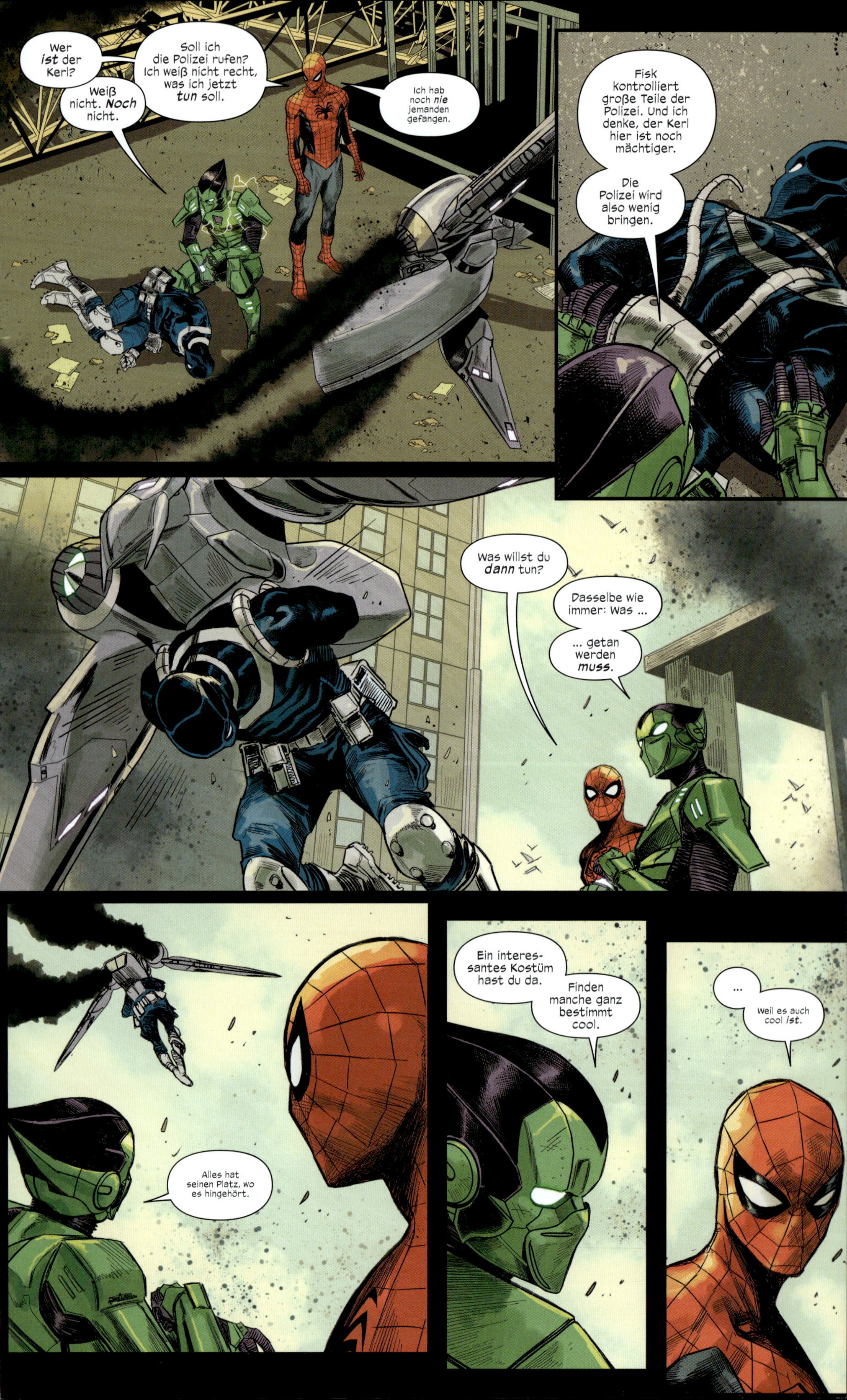

Wer *ist* der Kerl?
Soll ich die Polizei rufen? Ich weiß nicht recht, was ich jetzt *tun* soll.
Weiß nicht. *Noch* nicht.
Ich hab noch *nie* jemanden gefangen.
Fisk kontrolliert große Teile der Polizei. Und ich denke, der Kerl hier ist noch mächtiger.
Die Polizei wird also wenig bringen.
Was willst du *dann* tun?
Dasselbe wie immer: Was ...
... getan werden *muss*.

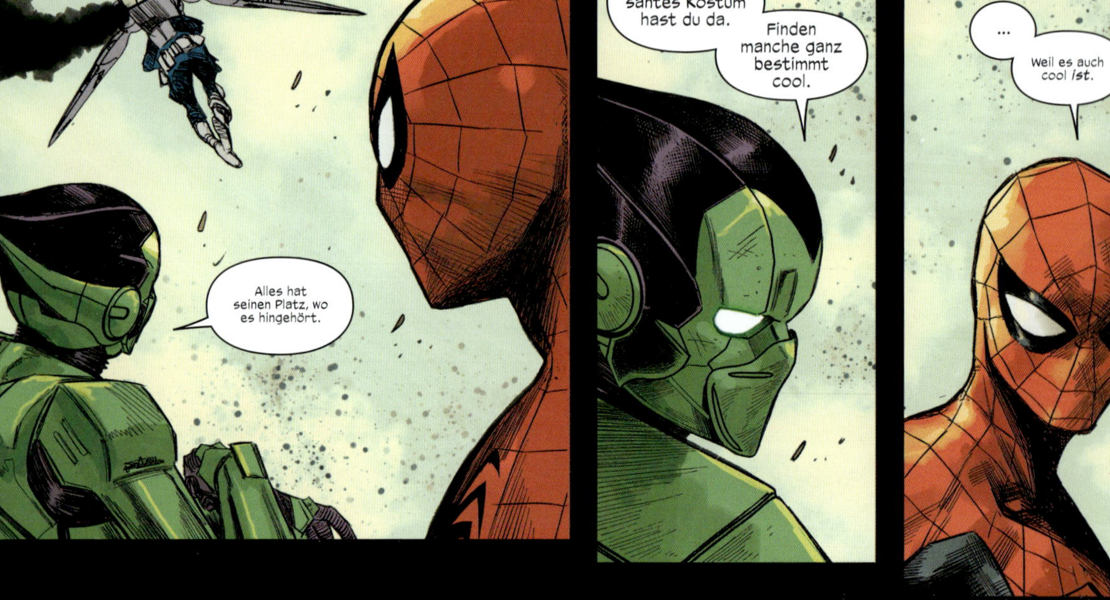

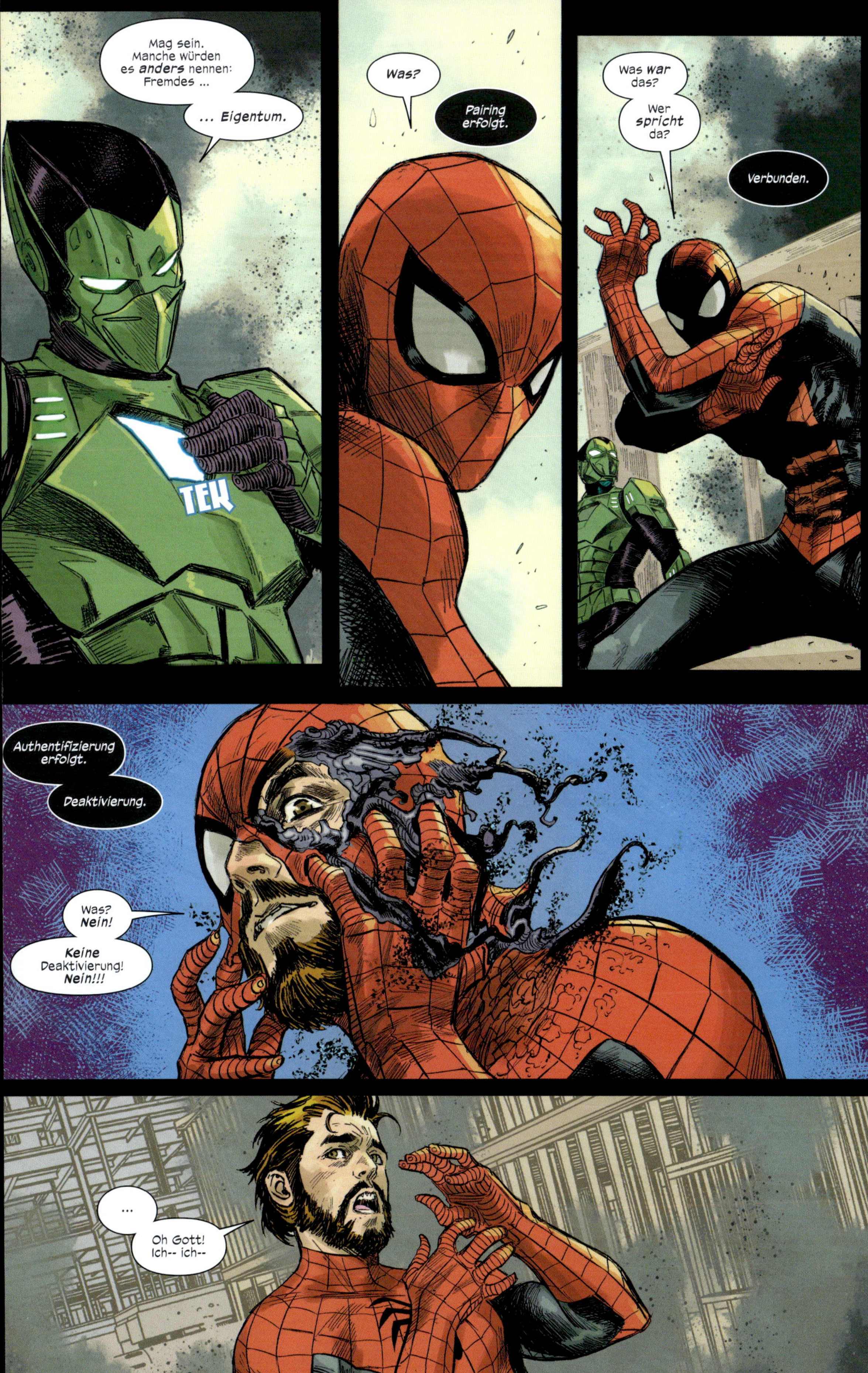
Mag sein. Manche würden es anders nennen: Fremdes ...
... Eigentum.
Was?
Pairing erfolgt.
Was war das?
Wer spricht da?
Verbunden.
Authentifizierung erfolgt.
Deaktivierung.
Was? Nein!
Keine Deaktivierung! Nein!!!
...
Oh Gott! Ich-- ich--

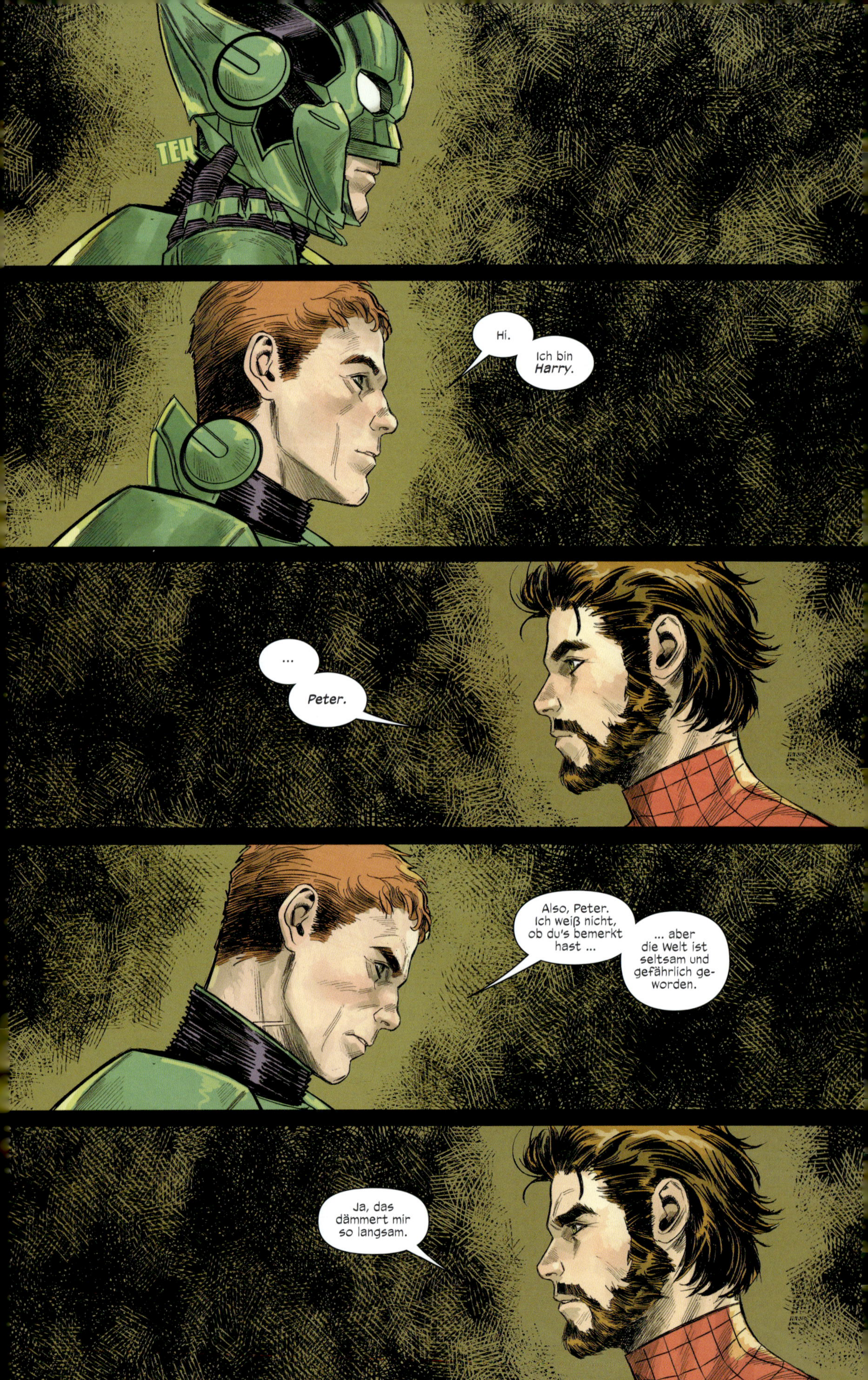
TEK
Hi.
Ich bin *Harry*.
...
Peter.
Also, Peter. Ich weiß nicht, ob du's bemerkt hast ...
... aber die Welt ist seltsam und gefährlich geworden.
Ja, das dämmert mir so langsam.

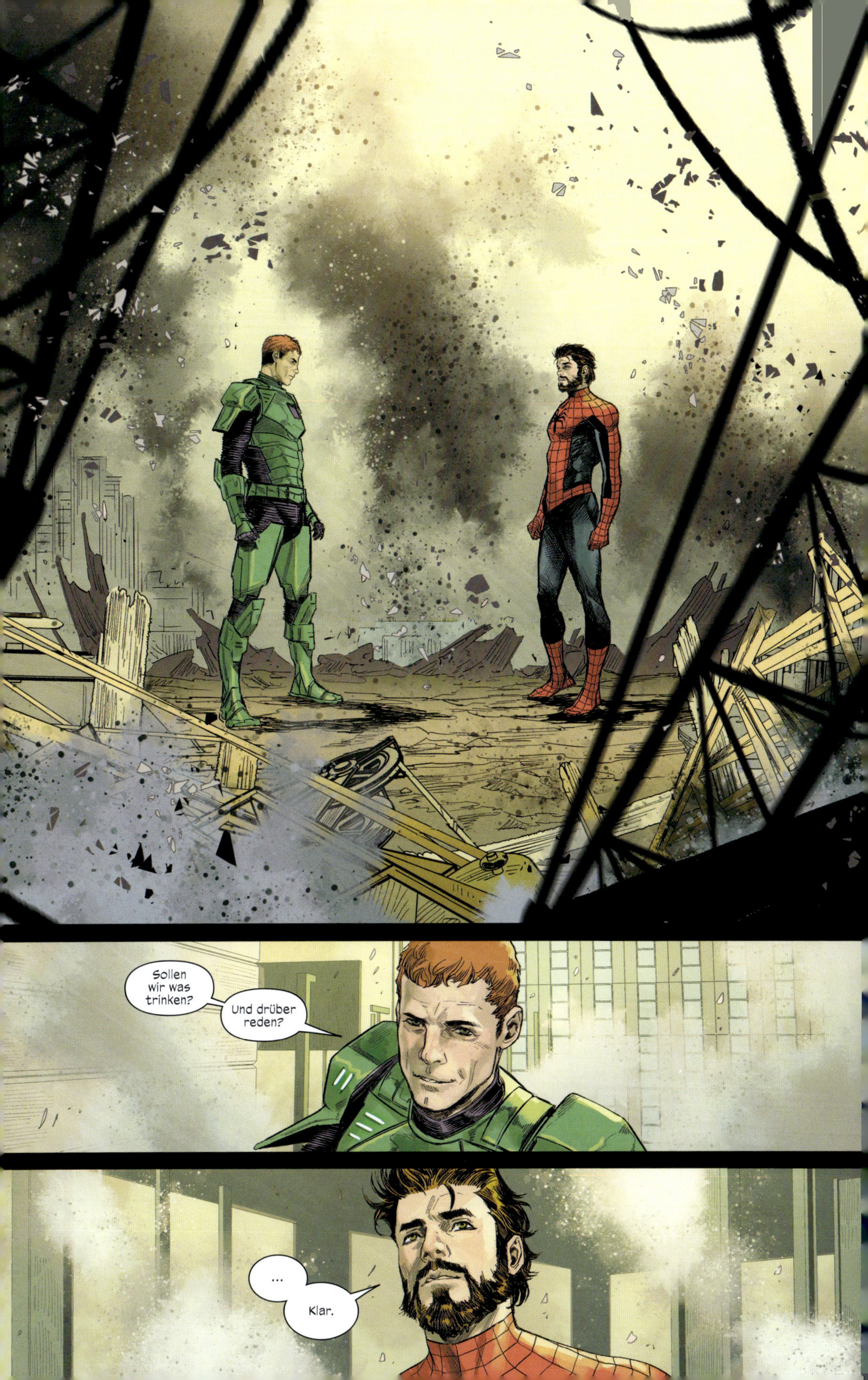
Sollen wir was trinken?
Und drüber reden?
...
Klar.

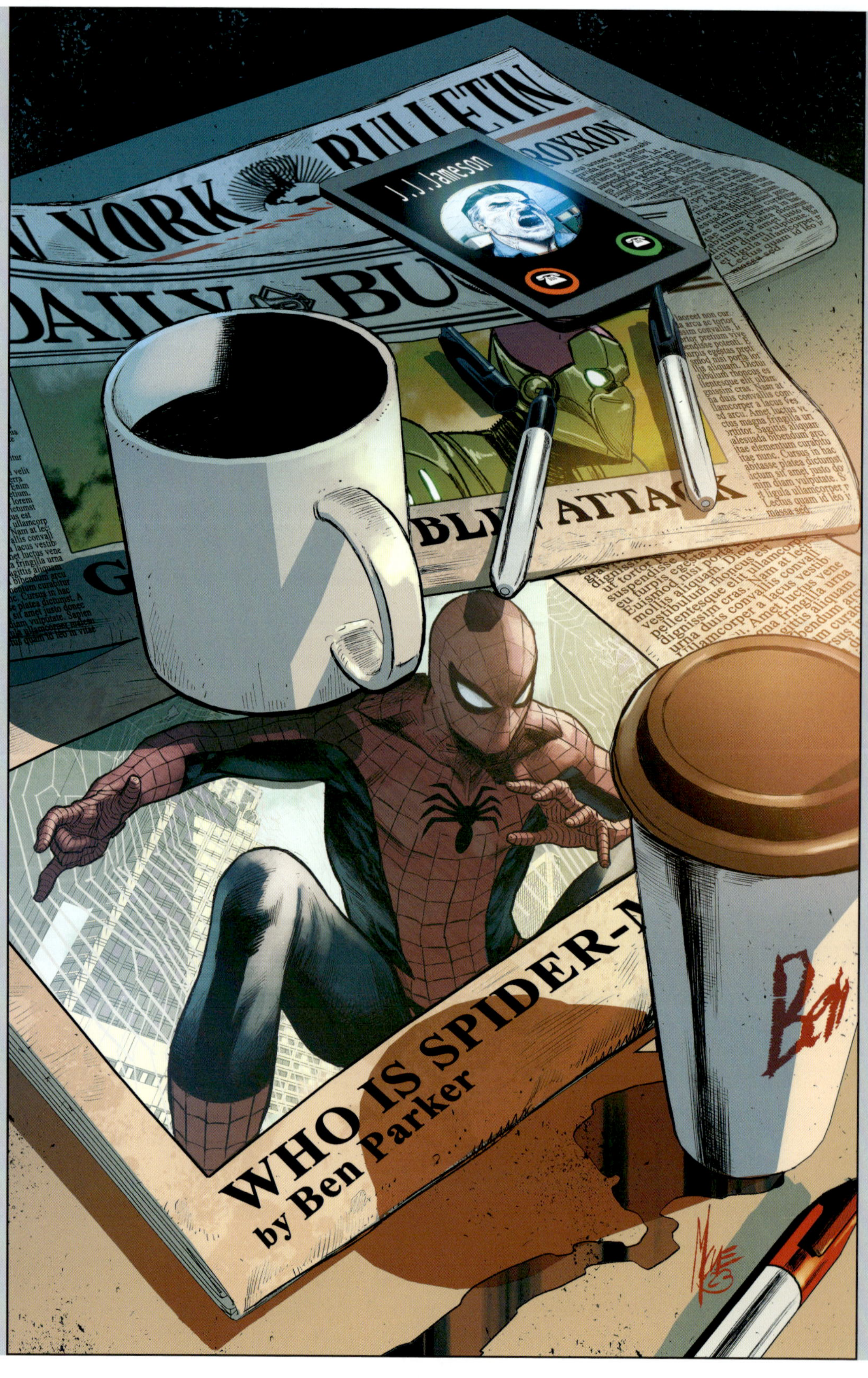

Ultimate Spider-Man (2024) 4
Cover von **MARCO CHECCHETTO**

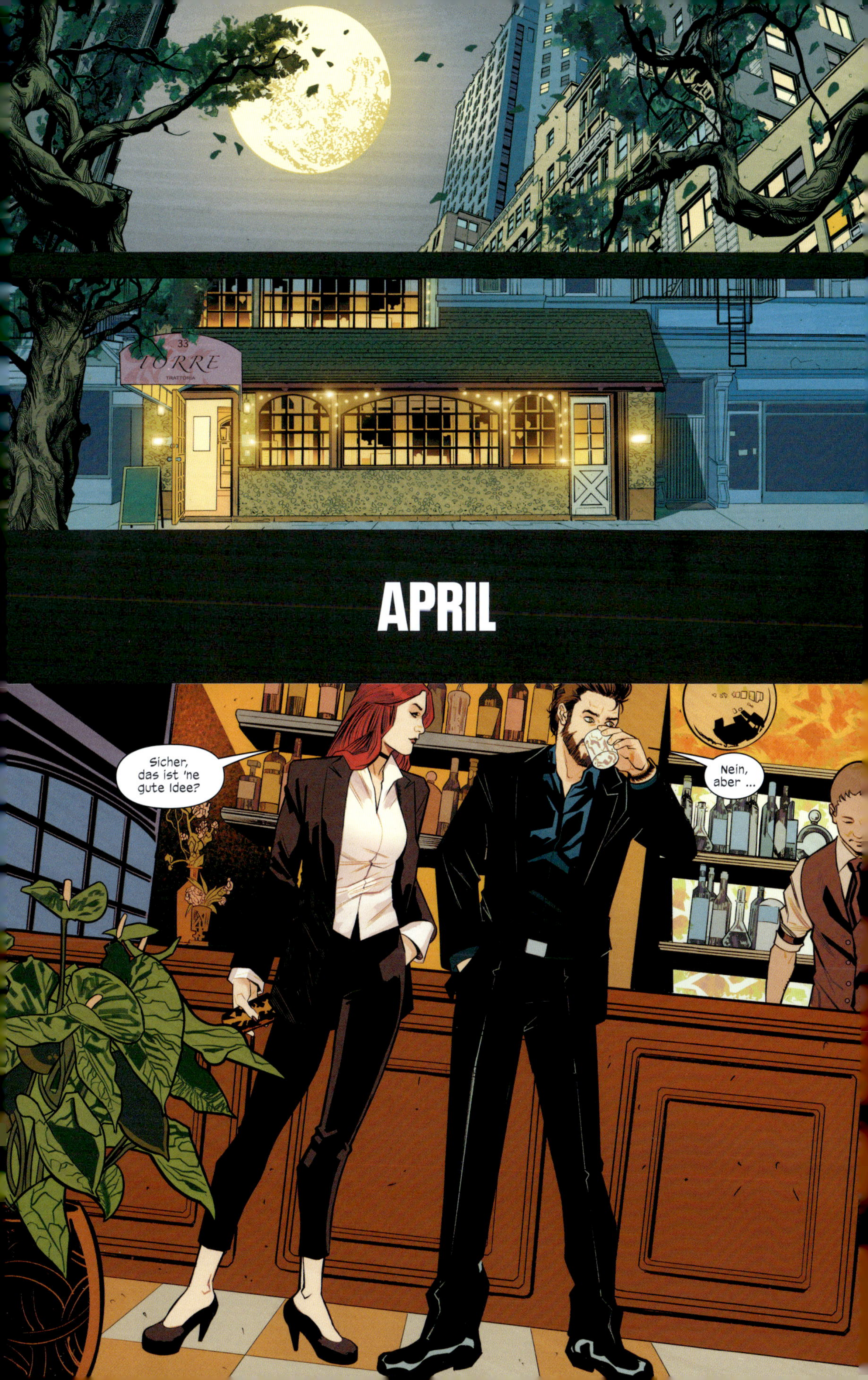
33
TORRE
TRATTORIA
APRIL
Sicher, das ist 'ne gute Idee?
Nein, aber ...

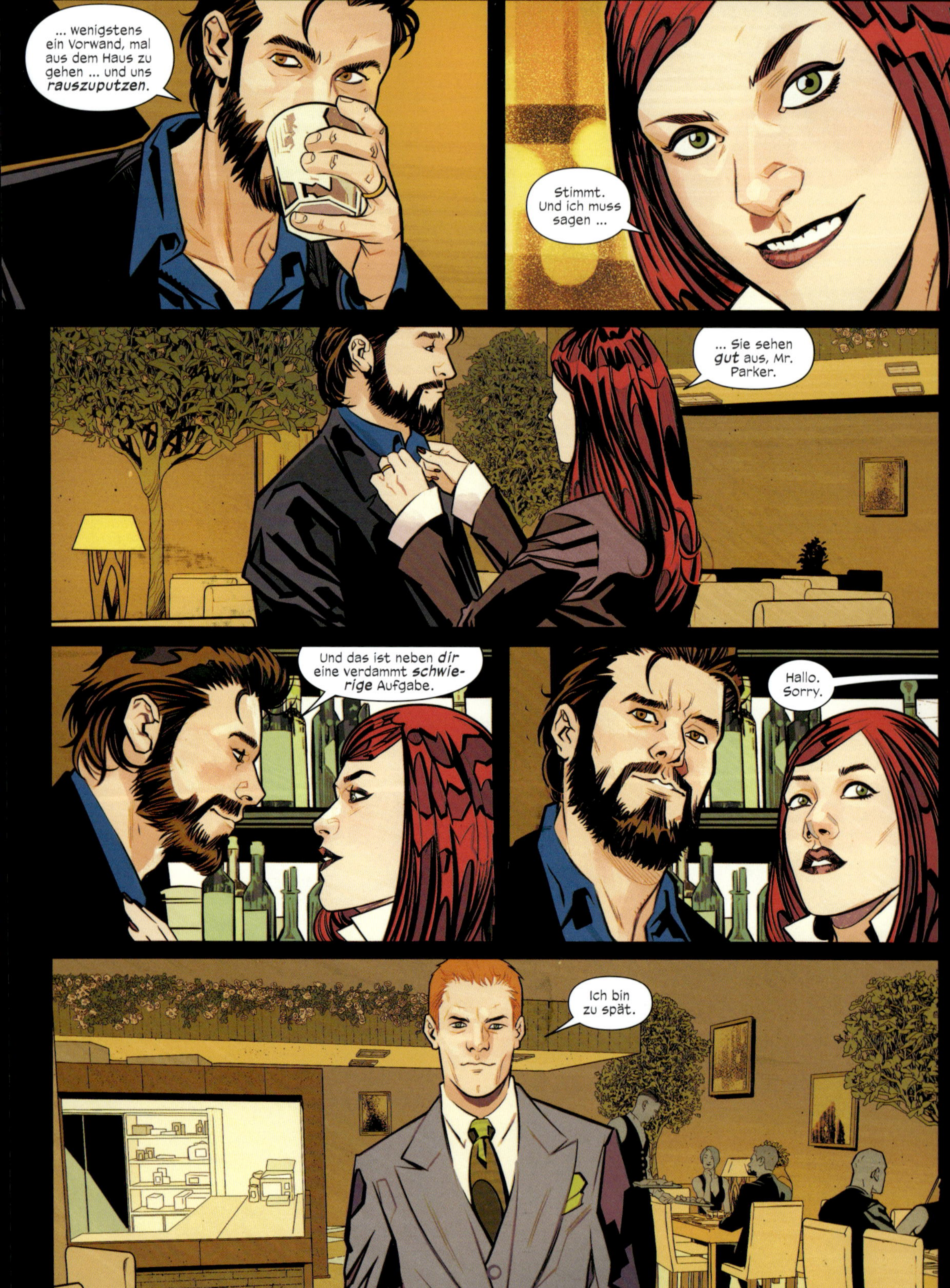
... wenigstens ein Vorwand, mal aus dem Haus zu gehen ... und uns rauszuputzen.
Stimmt. Und ich muss sagen ...
... Sie sehen gut aus, Mr. Parker.
Und das ist neben dir eine verdammt schwierige Aufgabe.
Hallo. Sorry.
Ich bin zu spät.

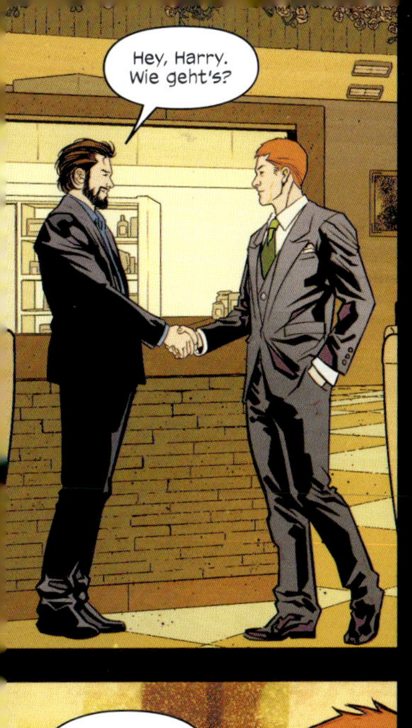
Hey, Harry.
Wie geht's?

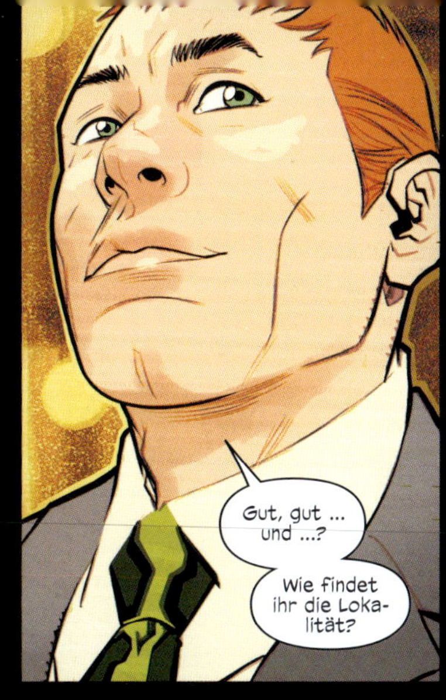
Gut, gut ...
und ...?
Wie findet ihr die Lokalität?

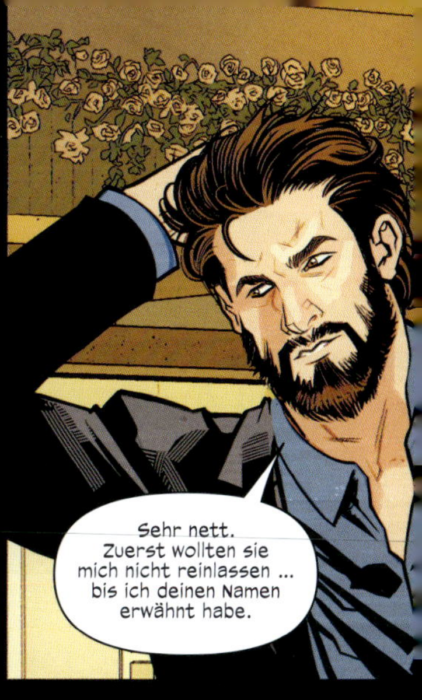
Sehr nett.
Zuerst wollten sie mich nicht reinlassen ... bis ich deinen Namen erwähnt habe.

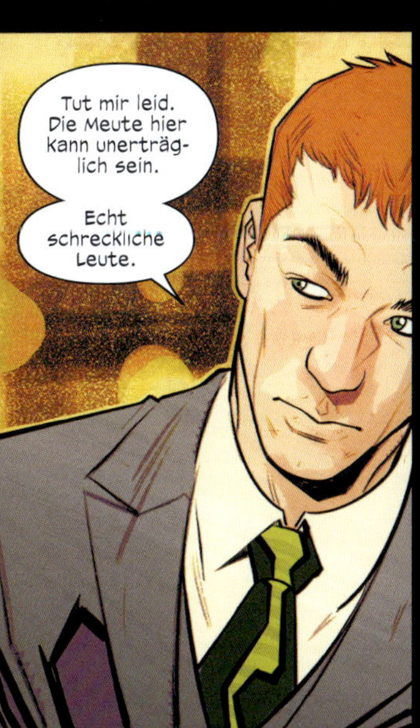
Tut mir leid. Die Meute hier kann unerträglich sein.
Echt schreckliche Leute.

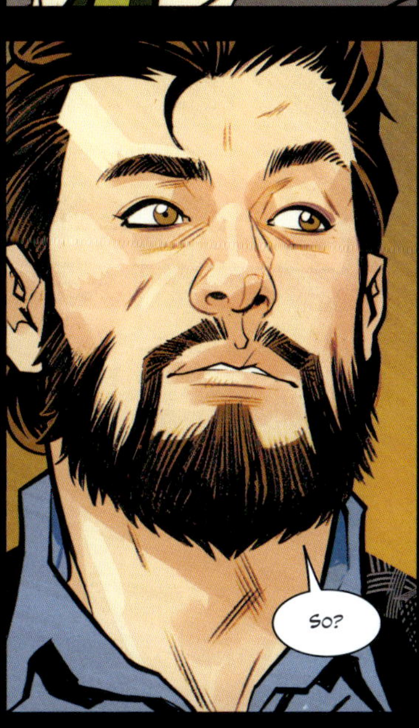
So?

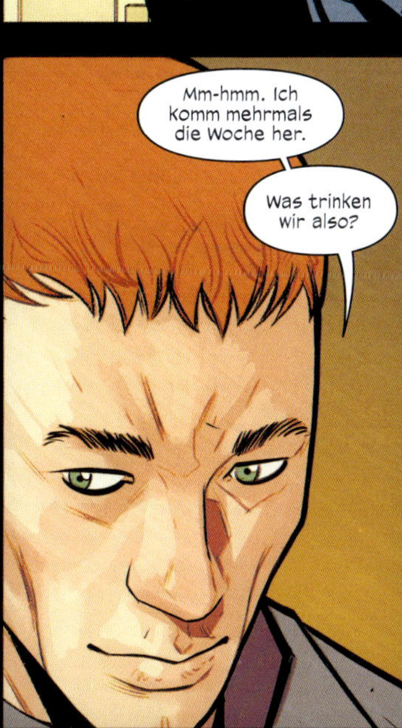
Mm-hmm. Ich komm mehrmals die Woche her.
Was trinken wir also?

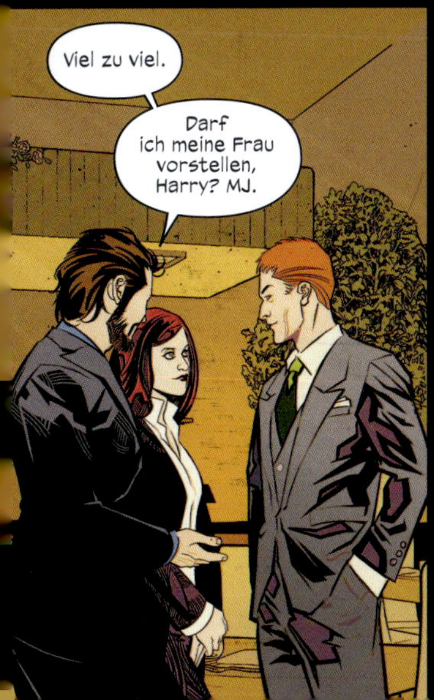
Viel zu viel.
Darf ich meine Frau vorstellen, Harry? MJ.

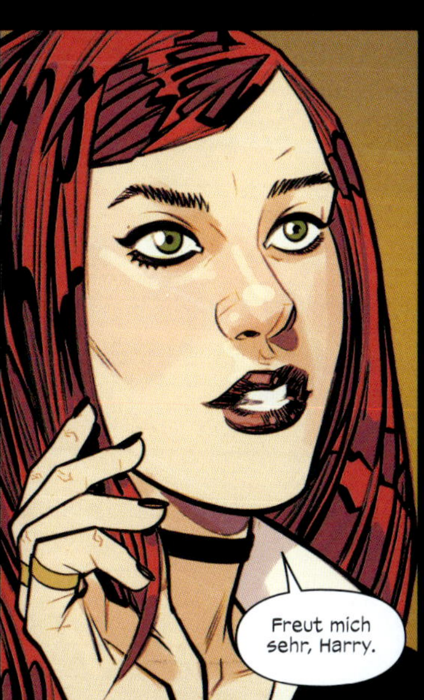
Freut mich sehr, Harry.

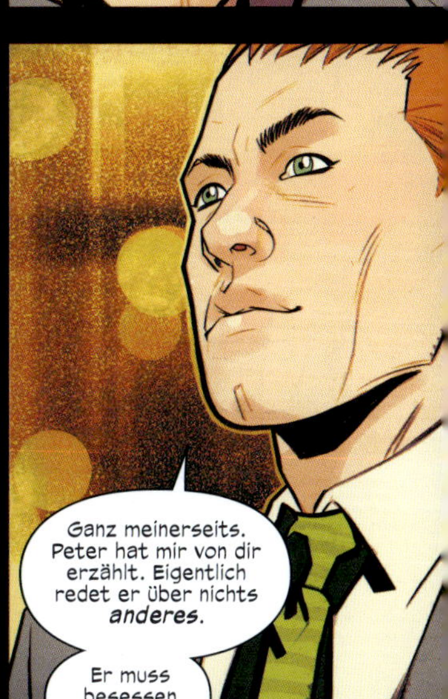
Ganz meinerseits. Peter hat mir von dir erzählt. Eigentlich redet er über nichts *anderes*.
Er muss besessen sein.

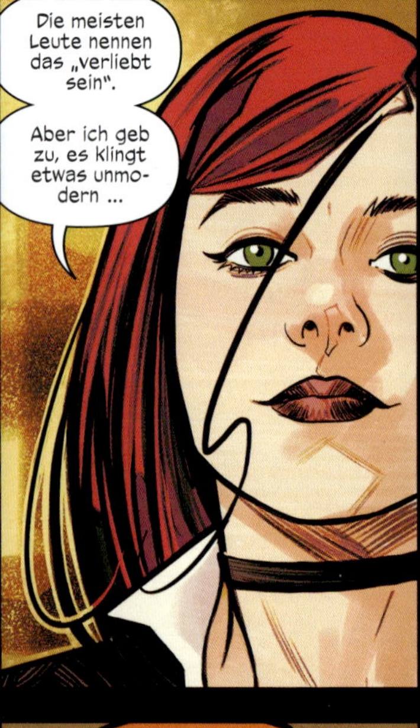
Die meisten Leute nennen das „verliebt sein".
Aber ich geb zu, es klingt etwas unmodern ...

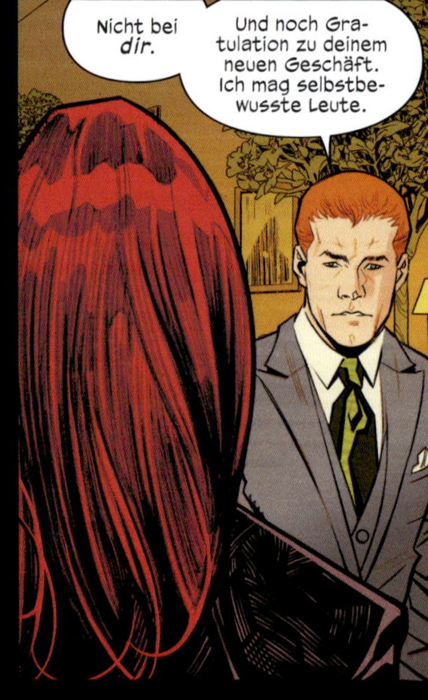
Nicht bei *dir.*
Und noch Gratulation zu deinem neuen Geschäft. Ich mag selbstbewusste Leute.

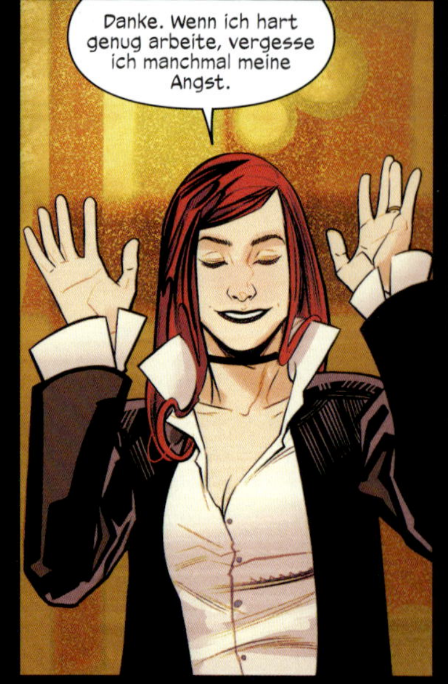
Danke. Wenn ich hart genug arbeite, vergesse ich manchmal meine Angst.

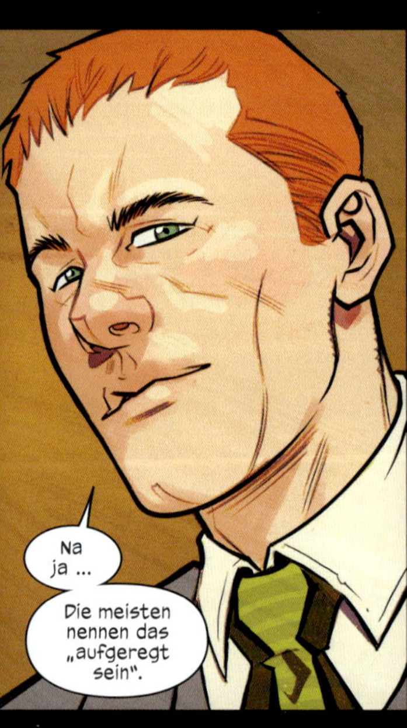
Na ja ...
Die meisten nennen das „aufgeregt sein".

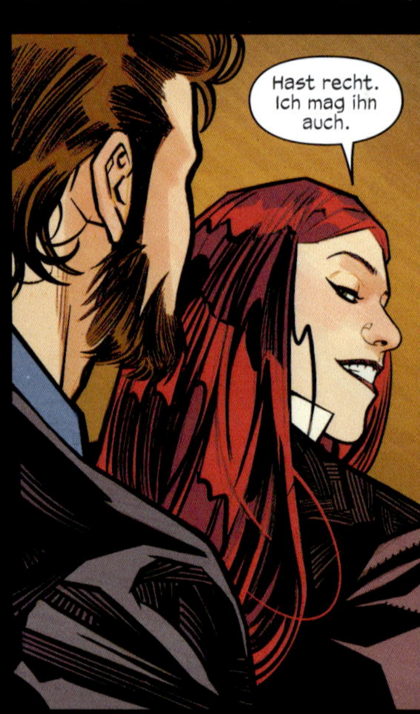
Hast recht. Ich mag ihn auch.

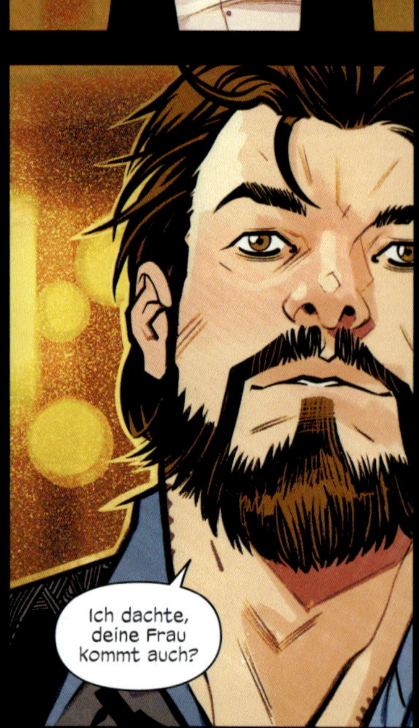
Ich dachte, deine Frau kommt auch?

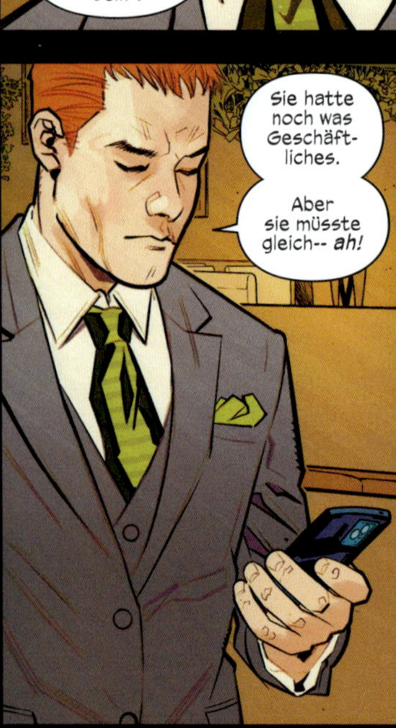
Sie hatte noch was Geschäftliches.
Aber sie müsste gleich-- *ah!*

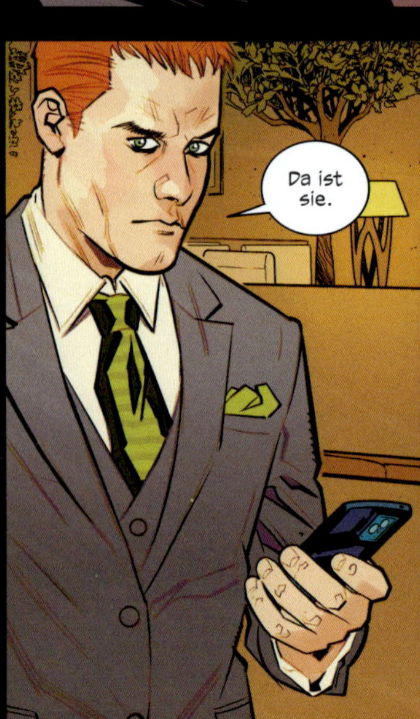
Da ist sie.

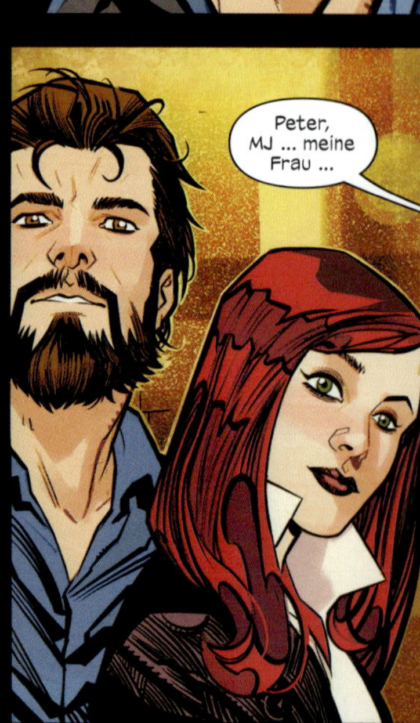
Peter, MJ ... meine Frau ...

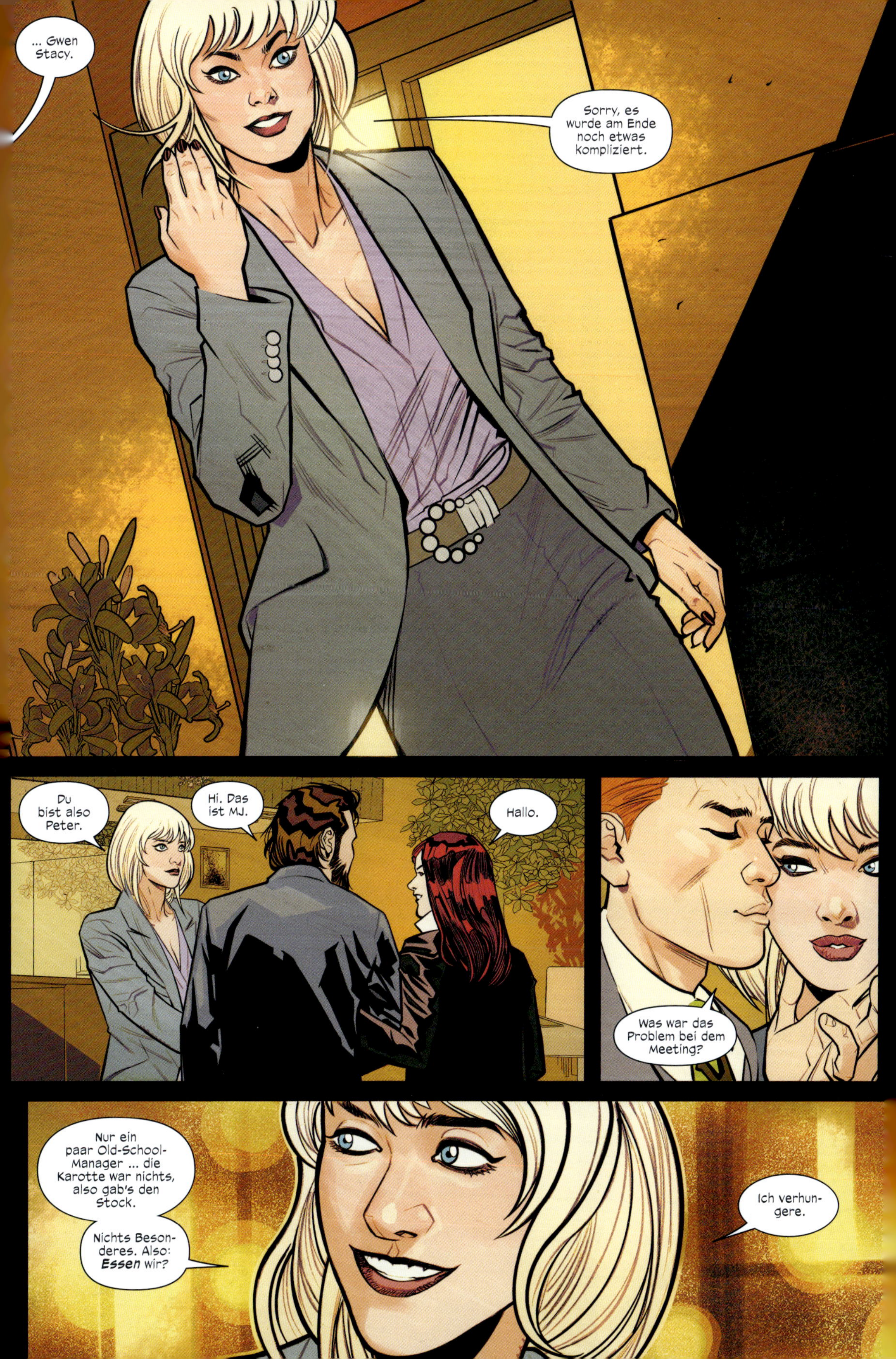
... Gwen Stacy.
Sorry, es wurde am Ende noch etwas kompliziert.
Du bist also Peter.
Hi. Das ist MJ.
Hallo.
Was war das Problem bei dem Meeting?
Nur ein paar Old-School-Manager ... die Karotte war nichts, also gab's den Stock.
Nichts Besonderes. Also: *Essen* wir?
Ich verhungere.

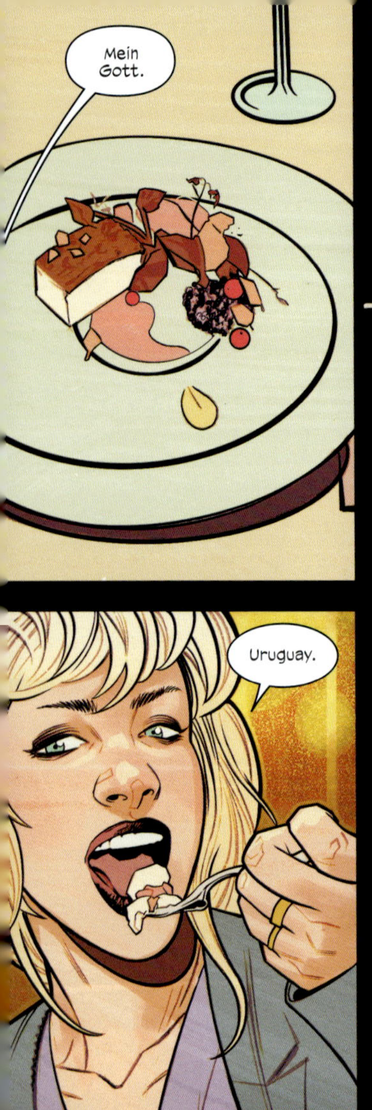
Mein Gott.
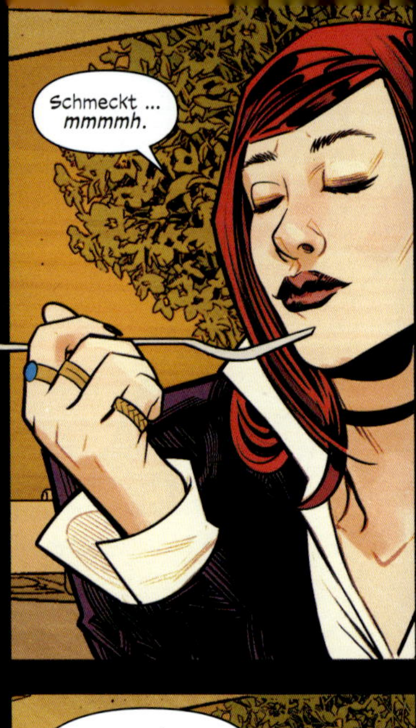
Schmeckt ... *mmmmh.*
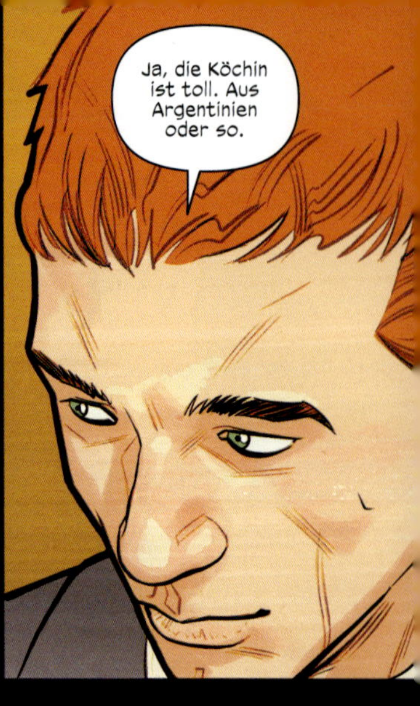
Ja, die Köchin ist toll. Aus Argentinien oder so.
Uruguay.
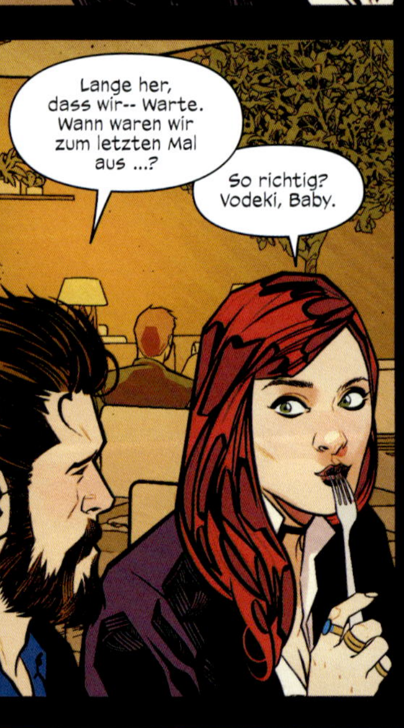
Lange her, dass wir-- Warte. Wann waren wir zum letzten Mal aus ...?
So richtig? Vodeki, Baby.
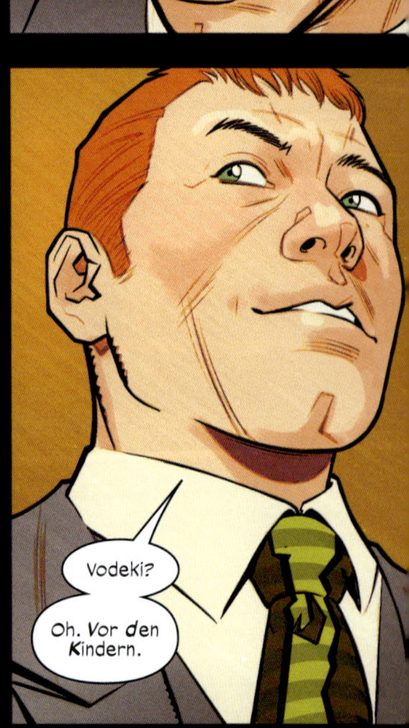
Vodeki?
Oh. Vor den Kindern.
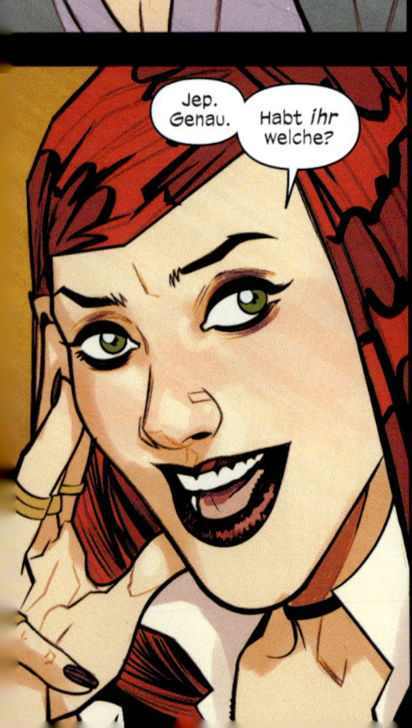
Jep. Genau.
Habt *ihr* welche?
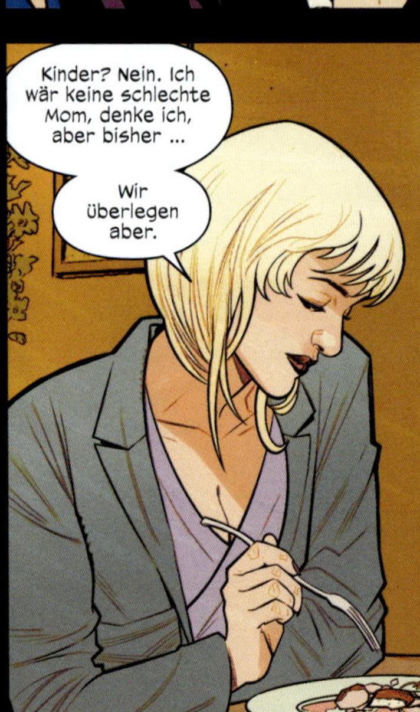
Kinder? Nein. Ich wär keine schlechte Mom, denke ich, aber bisher ...
Wir überlegen aber.
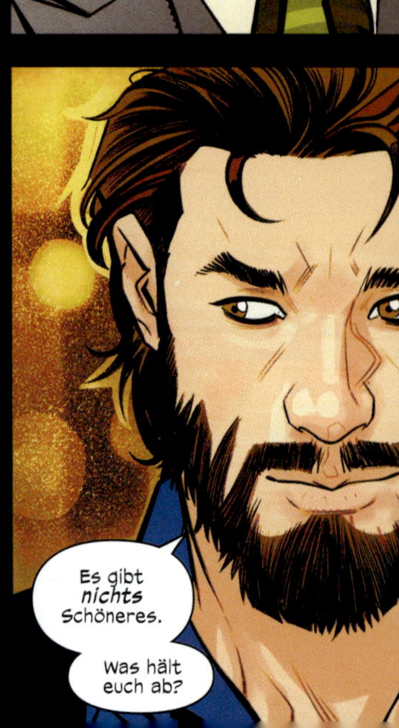
Es gibt *nichts* Schöneres.
Was hält euch ab?

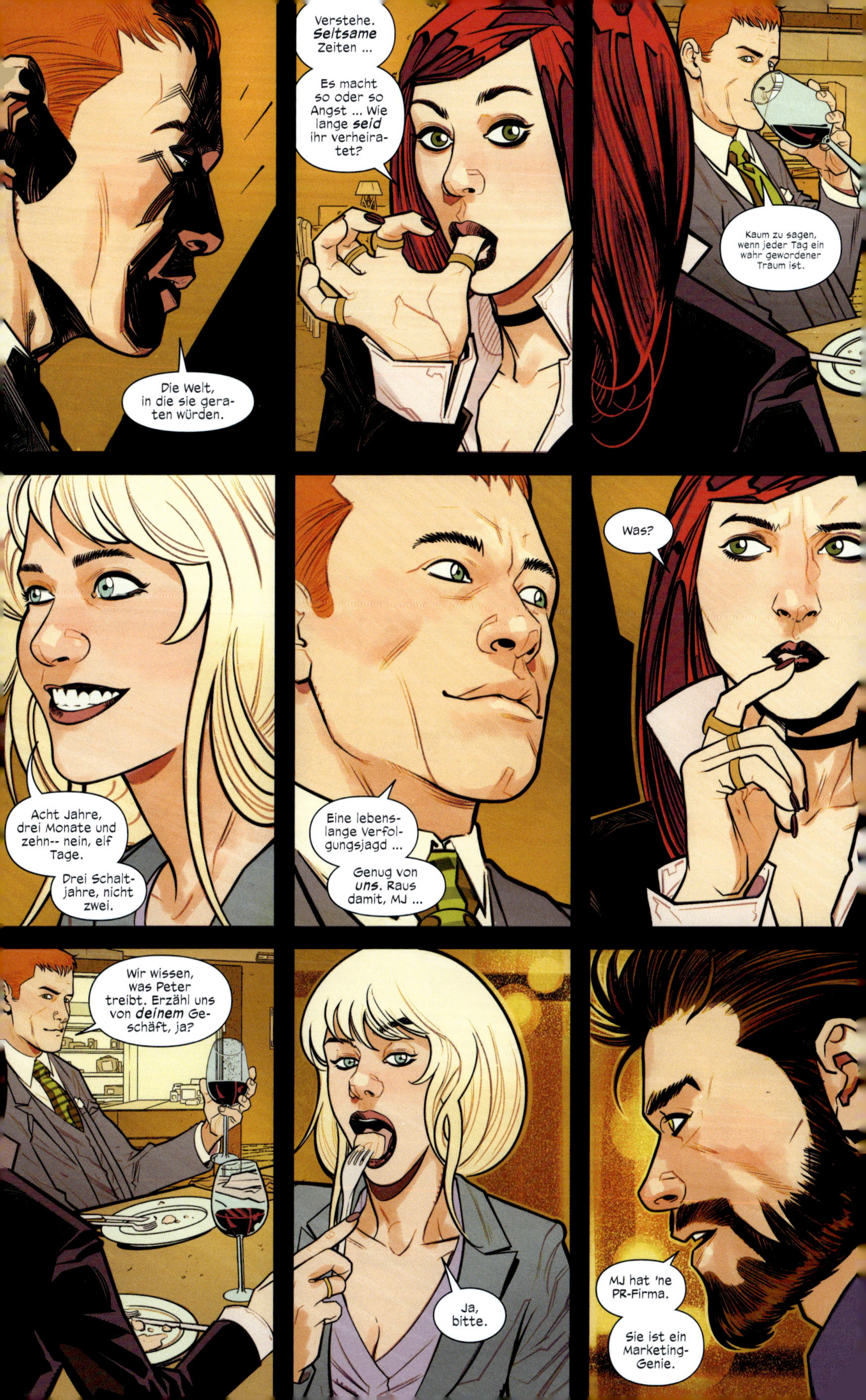

Die Welt, in die sie geraten würden.

Verstehe. *Seltsame* Zeiten ...

Es macht so oder so Angst ... Wie lange *seid* ihr verheiratet?

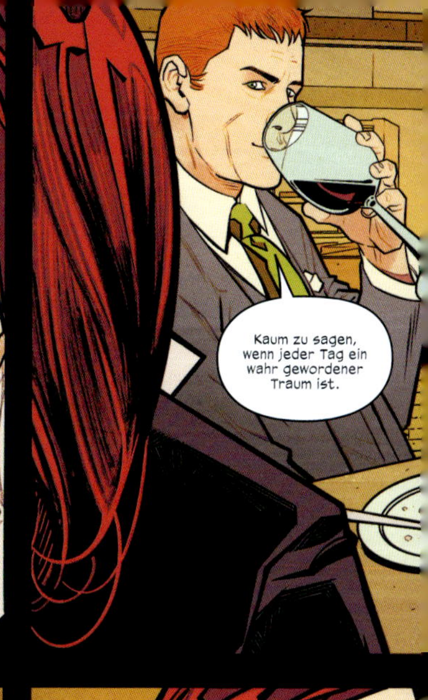

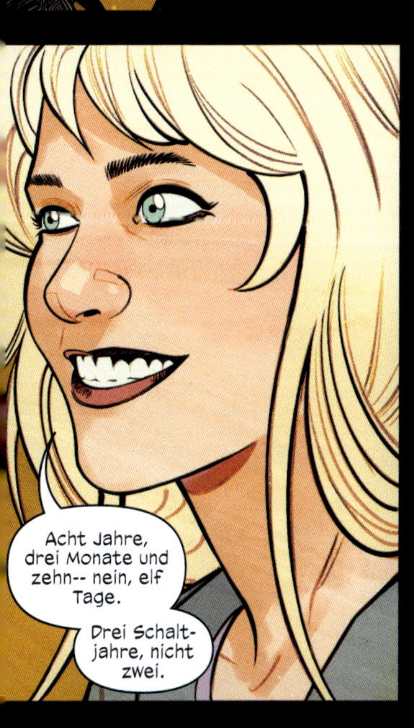

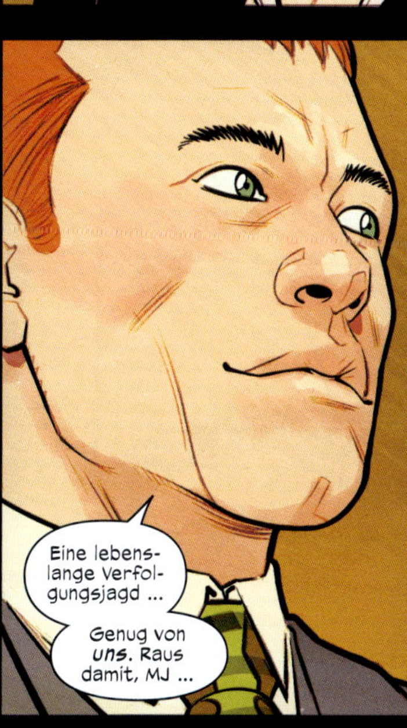

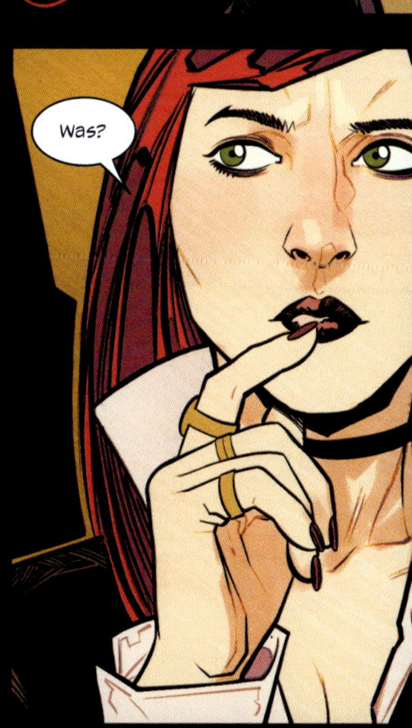

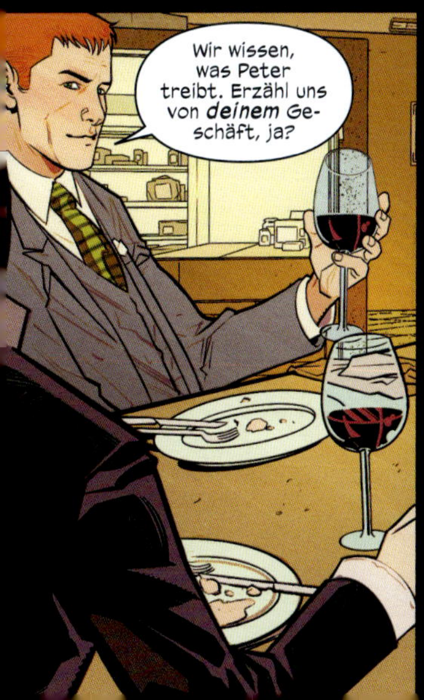

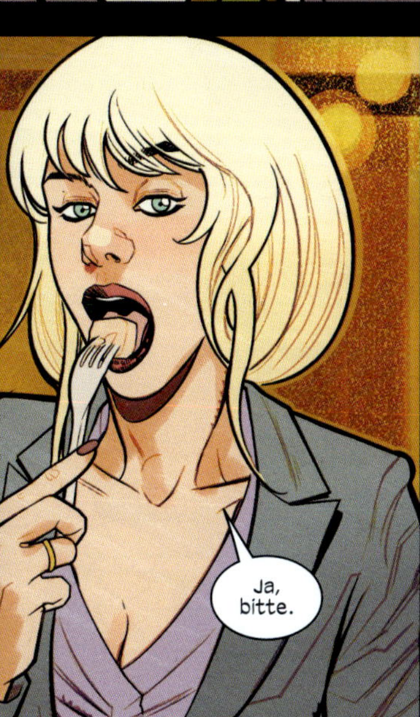

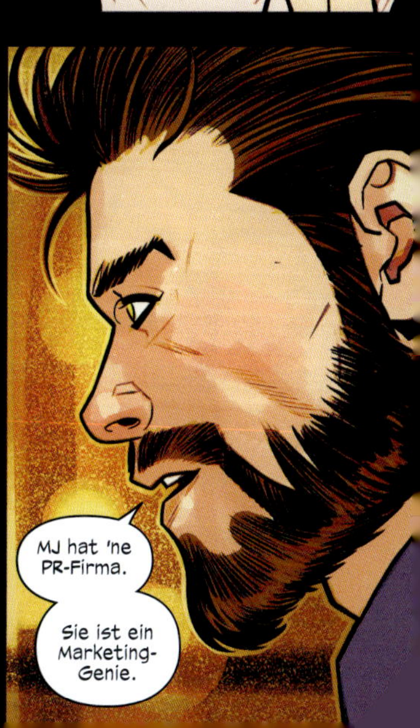

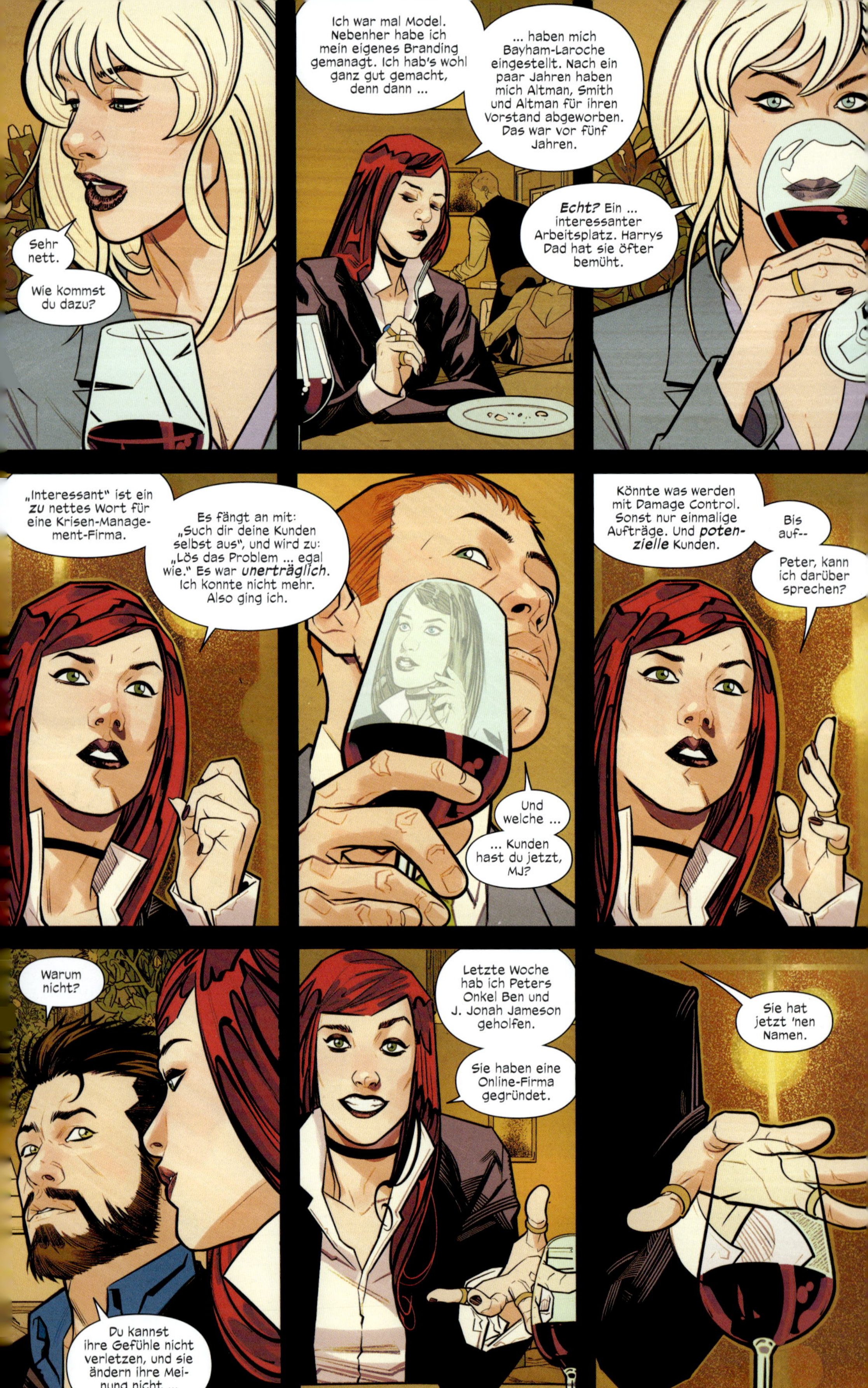
Sehr nett.
Wie kommst du dazu?
Ich war mal Model. Nebenher habe ich mein eigenes Branding gemanagt. Ich hab's wohl ganz gut gemacht, denn dann ...
... haben mich Bayham-Laroche eingestellt. Nach ein paar Jahren haben mich Altman, Smith und Altman für ihren Vorstand abgeworben. Das war vor fünf Jahren.
Echt? Ein ... interessanter Arbeitsplatz. Harrys Dad hat sie öfter bemüht.
„Interessant" ist ein zu nettes Wort für eine Krisen-Management-Firma.
Es fängt an mit: „Such dir deine Kunden selbst aus", und wird zu: „Lös das Problem ... egal wie." Es war unerträglich. Ich konnte nicht mehr. Also ging ich.
Und welche ...
... Kunden hast du jetzt, MJ?
Könnte was werden mit Damage Control. Sonst nur einmalige Aufträge. Und potenzielle Kunden.
Bis auf--
Peter, kann ich darüber sprechen?
Warum nicht?
Du kannst ihre Gefühle nicht verletzen, und sie ändern ihre Meinung nicht ...
Letzte Woche hab ich Peters Onkel Ben und J. Jonah Jameson geholfen.
Sie haben eine Online-Firma gegründet.
Sie hat jetzt 'nen Namen.

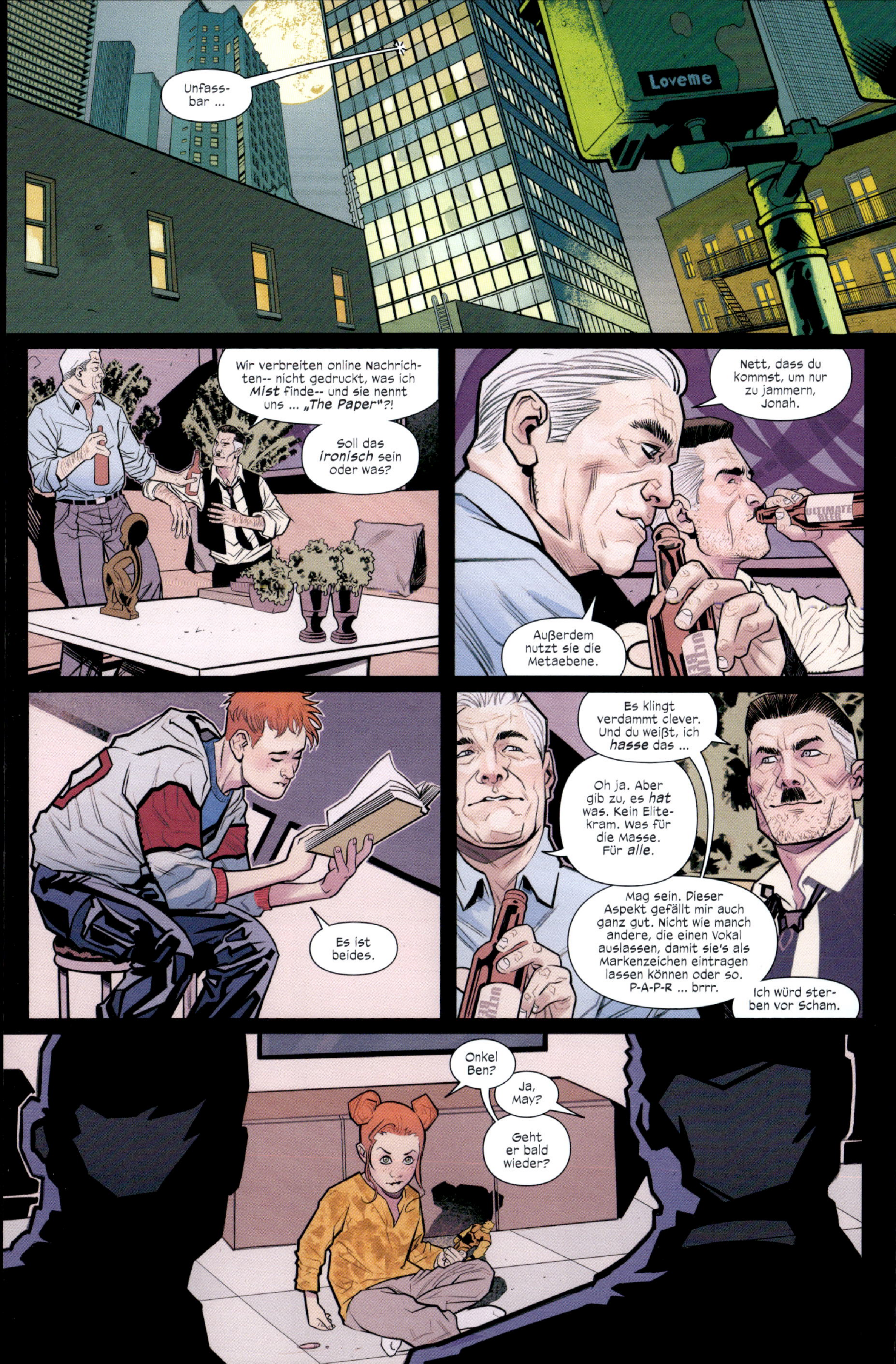
Unfass-
bar ...
Loveme
Wir verbreiten online Nachrichten-- nicht gedruckt, was ich *Mist* finde-- und sie nennt uns ... „*The Paper*"?!
Soll das *ironisch* sein oder was?
Nett, dass du kommst, um nur zu jammern, Jonah.
Außerdem nutzt sie die Metaebene.
Es ist beides.
Es klingt verdammt clever. Und du weißt, ich *hasse* das ...
Oh ja. Aber gib zu, es *hat* was. Kein Elite-Kram. Was für die Masse. Für *alle*.
Mag sein. Dieser Aspekt gefällt mir auch ganz gut. Nicht wie manch andere, die einen Vokal auslassen, damit sie's als Markenzeichen eintragen lassen können oder so. P-A-P-R ... brrr.
Ich würd sterben vor Scham.
Onkel Ben?
Ja, May?
Geht er bald wieder?

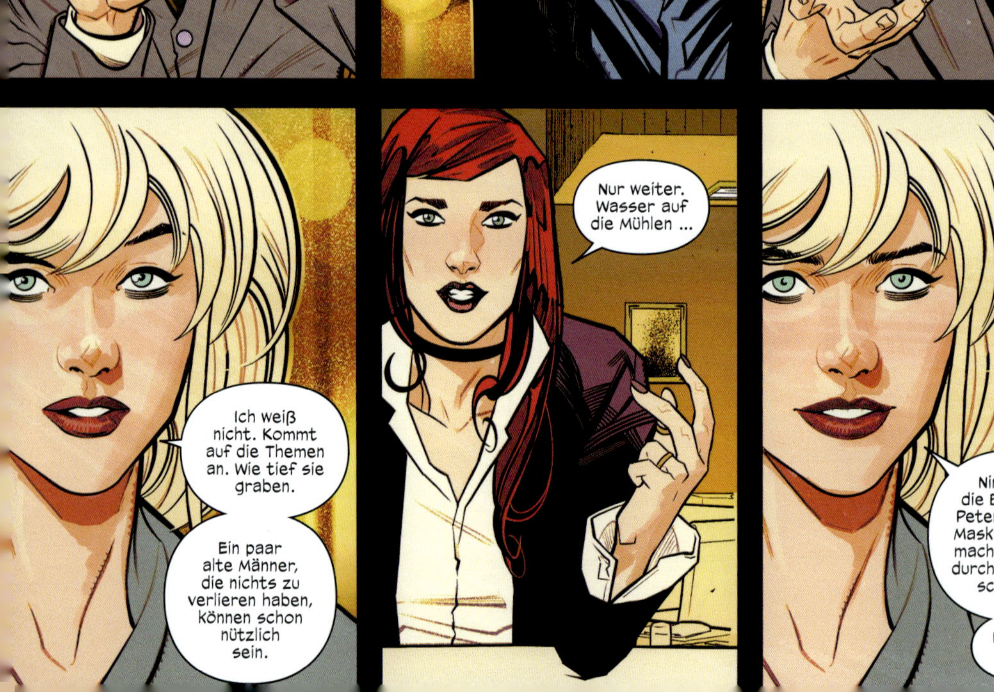
„The Paper". Klingt super.
Ich denke jeden Morgen, wenn ich aufwache ...
„Ich brauche *mehr* Nachrichten." Ich liebe Nachrichten einfach so sehr.
Du bist unhöflich, Harry.
Nur ein Witz.
Dad sagte immer, Ben sei das Salz der Erde. Ich hoffe, sie haben Erfolg. Aber in *dem* Markt?
Zu kompetitiv?
Geschlossenes ...
... System.
Ich weiß nicht. Kommt auf die Themen an. Wie tief sie graben.
Ein paar alte Männer, die nichts zu verlieren haben, können schon nützlich sein.
Nur weiter. Wasser auf die Mühlen ...
Nimm nur die Bilder, die Peter von dem Maskierten gemacht hat, der durch die Stadt schwingt.
Killer-Auge übrigens.

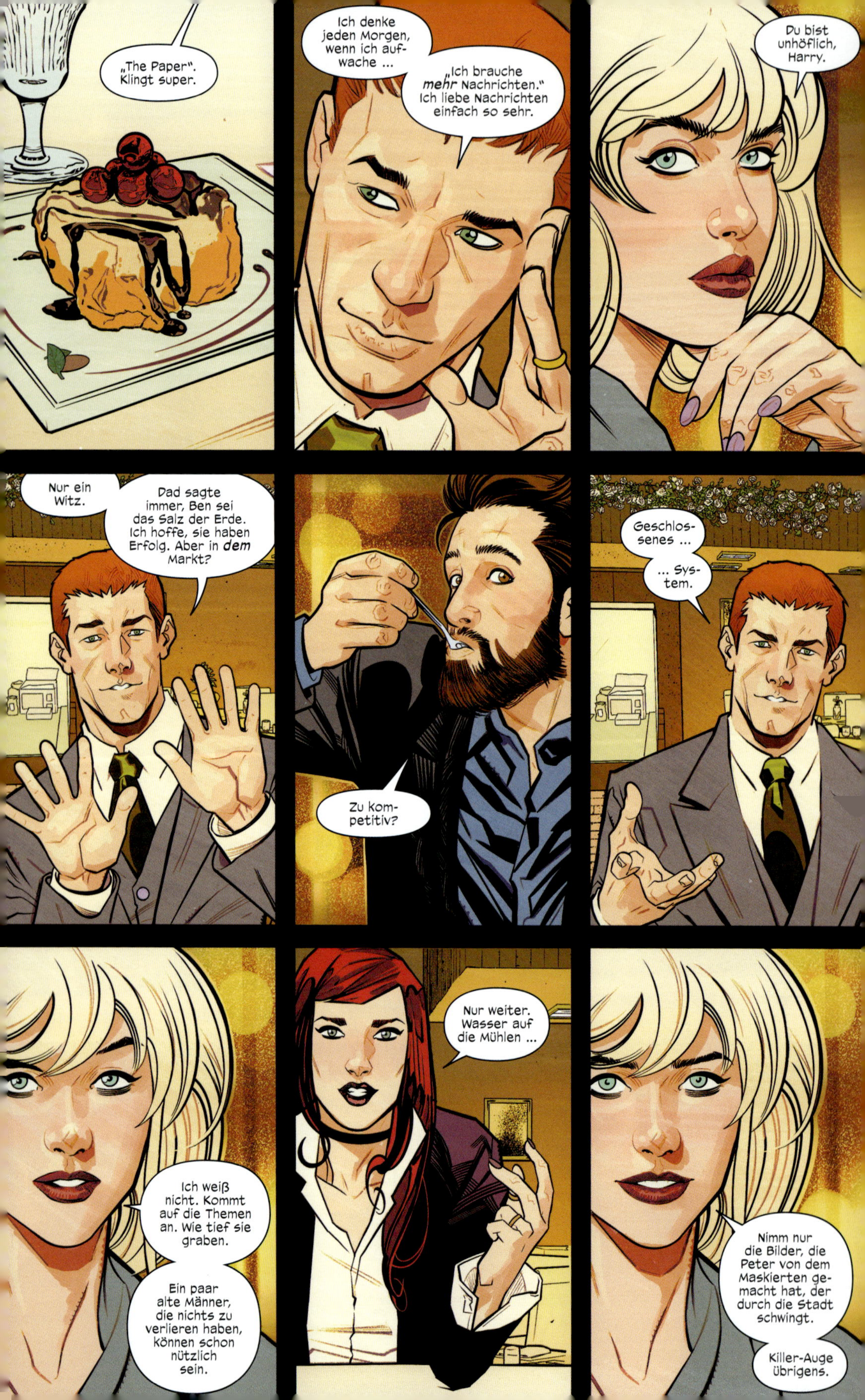

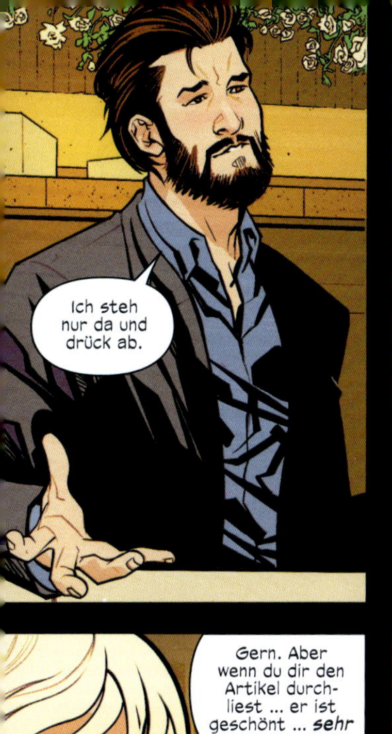
Ich steh nur da und drück ab.
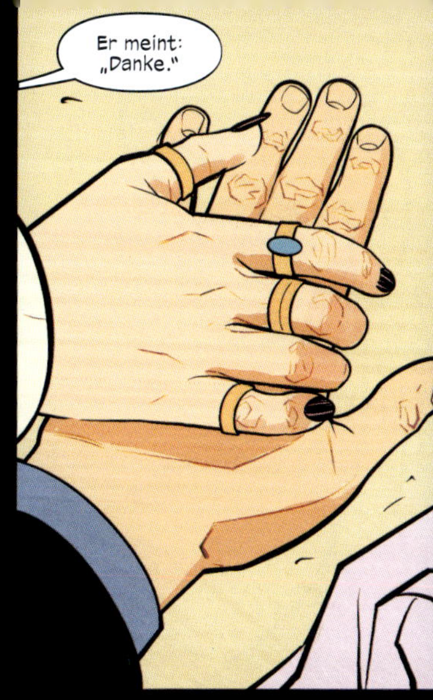
Er meint: „Danke."
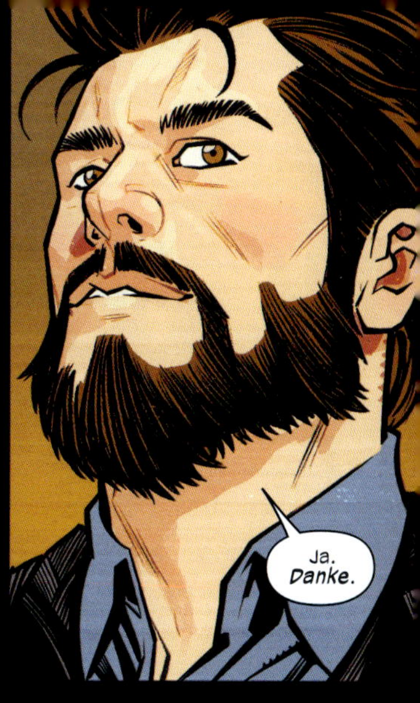
Ja. *Danke*.
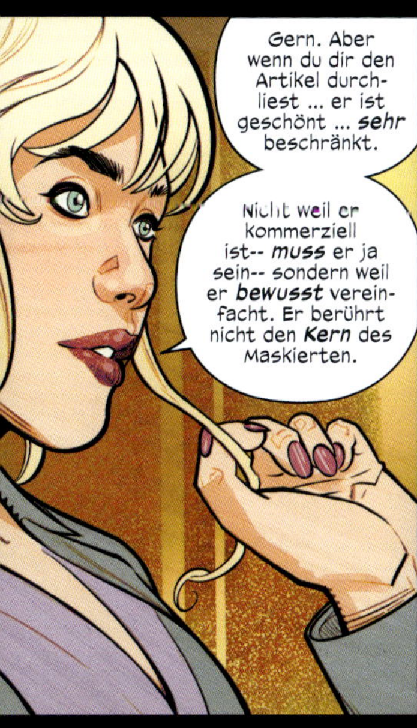
Gern. Aber wenn du dir den Artikel durchliest ... er ist geschönt ... *sehr* beschränkt.
Nicht weil er kommerziell ist-- *muss* er ja sein-- sondern weil er *bewusst* vereinfacht. Er berührt nicht den *Kern* des Maskierten.
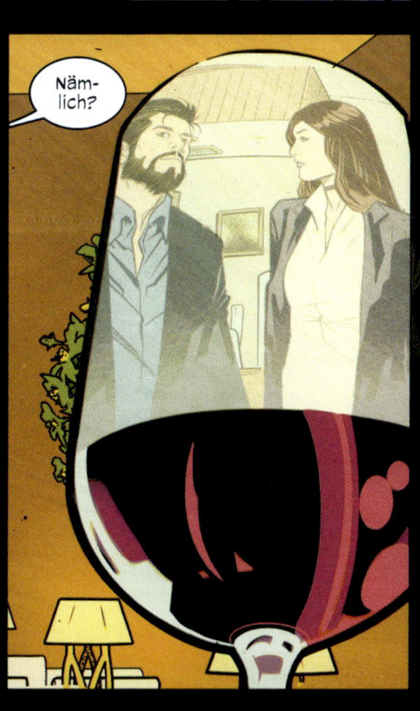
Nämlich?
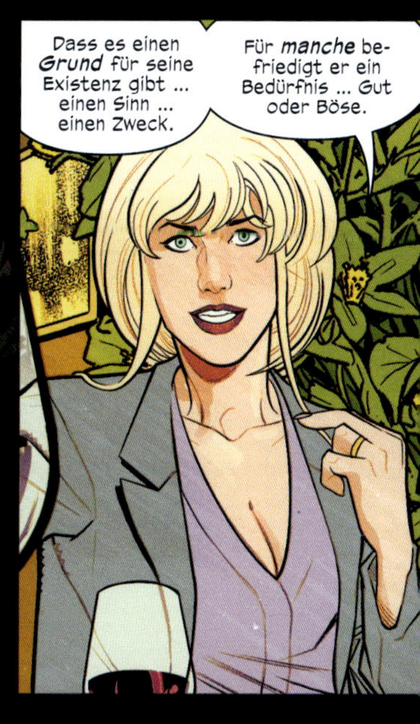
Dass es einen *Grund* für seine Existenz gibt ... einen Sinn ... einen Zweck.
Für *manche* befriedigt er ein Bedürfnis ... Gut oder Böse.
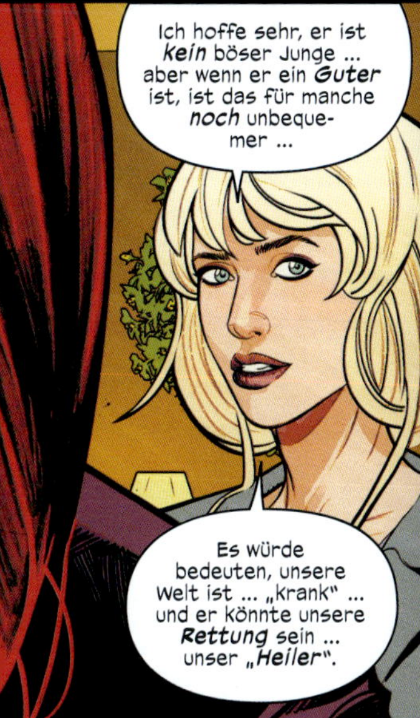
Ich hoffe sehr, er ist *kein* böser Junge ... aber wenn er ein *Guter* ist, ist das für manche *noch* unbequemer ...
Es würde bedeuten, unsere Welt ist ... „krank" ... und er könnte unsere *Rettung* sein ... unser „*Heiler*".
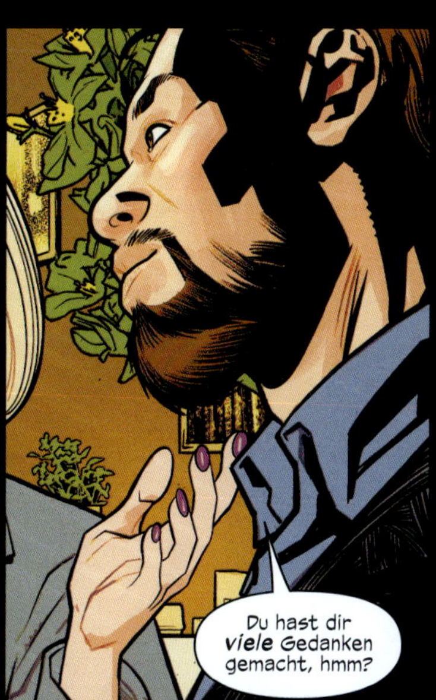
Du hast dir *viele* Gedanken gemacht, hmm?
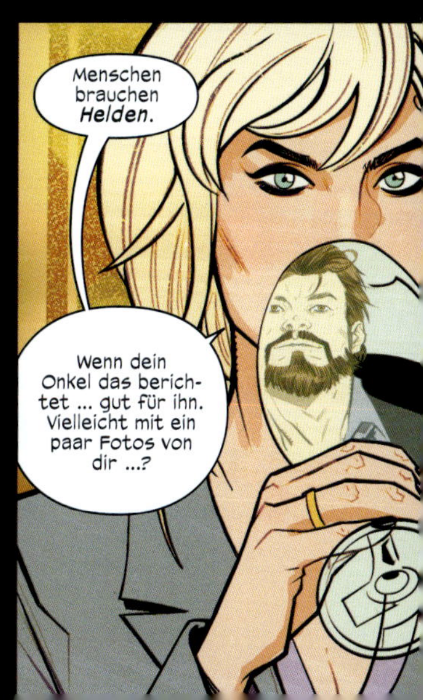
Menschen brauchen *Helden*.
Wenn dein Onkel das berichtet ... gut für ihn. Vielleicht mit ein paar Fotos von dir ...?

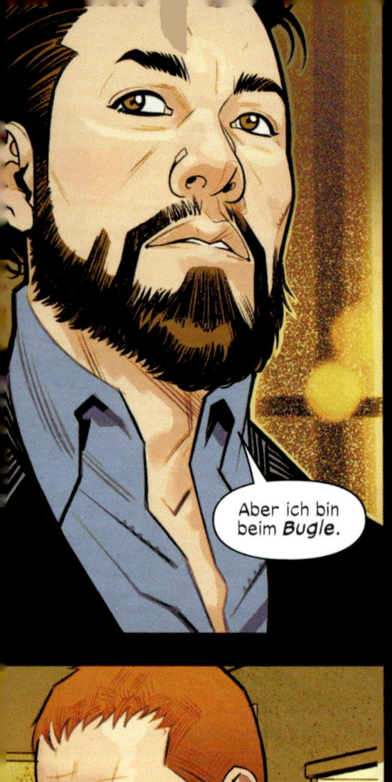
Aber ich bin beim *Bugle*.

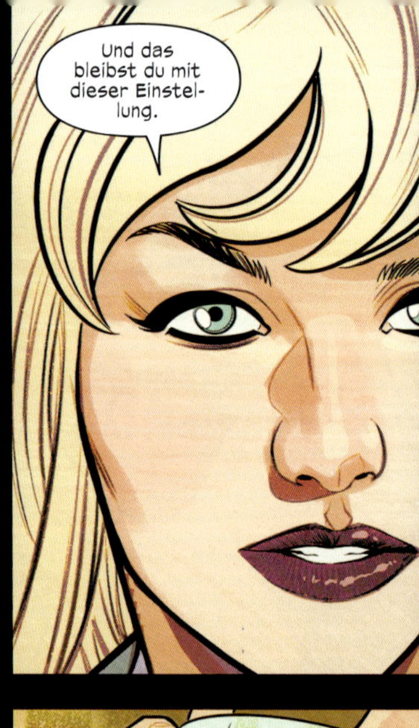
Und das bleibst du mit dieser Einstel-lung.

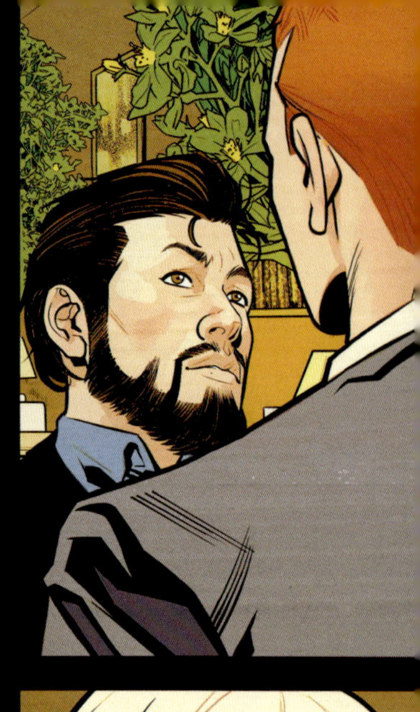

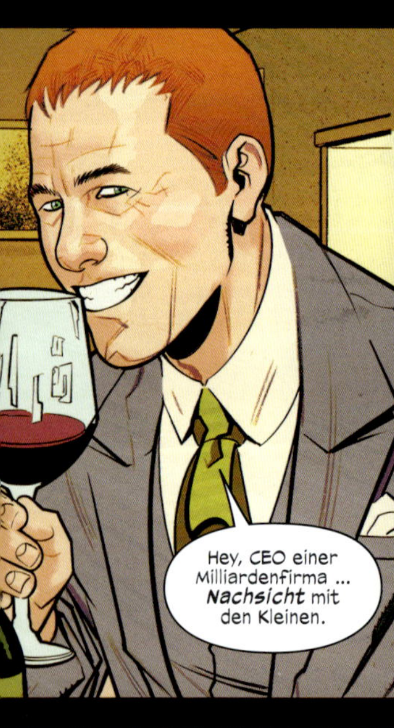
Hey, CEO einer Milliardenfirma ... ***Nachsicht*** mit den Kleinen.

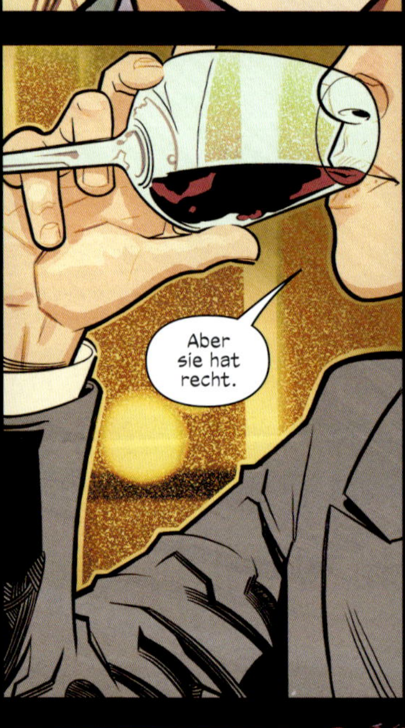
Aber sie hat recht.

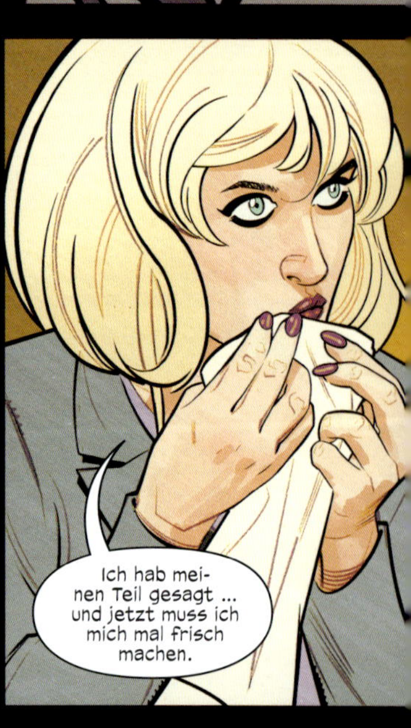
Ich hab mei-nen Teil gesagt ... und jetzt muss ich mich mal frisch machen.

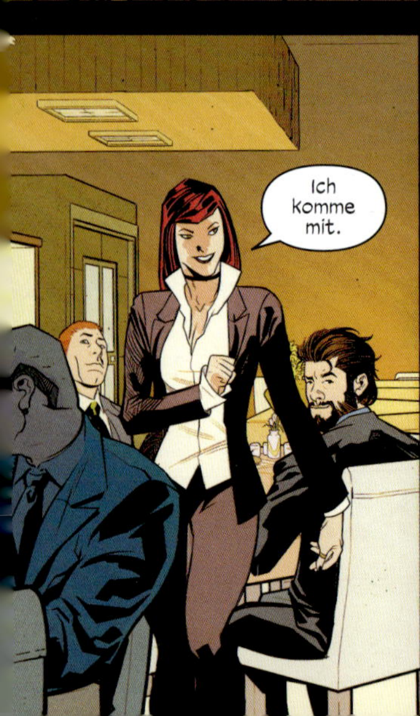
Ich komme mit.

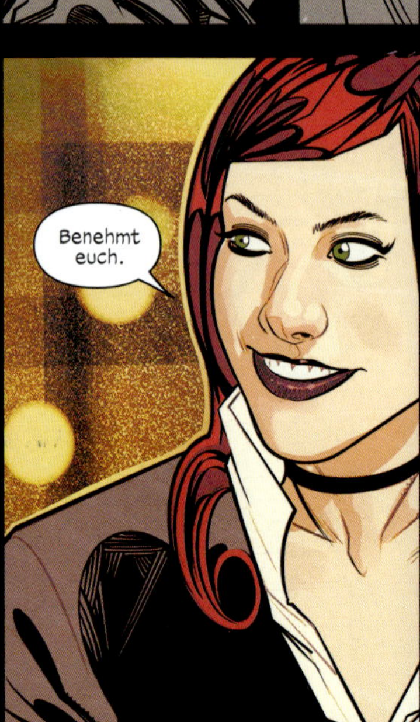
Benehmt euch.

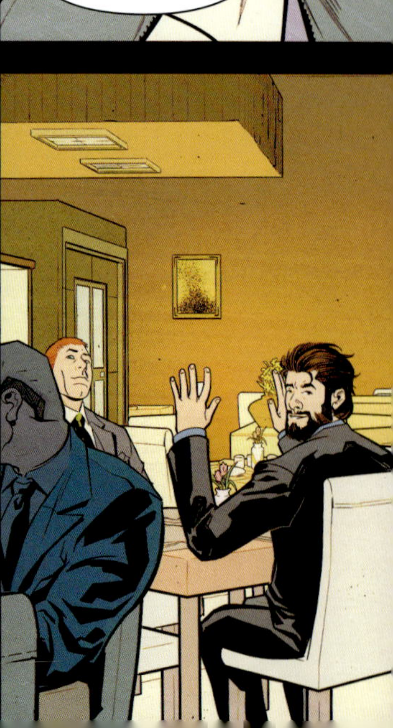

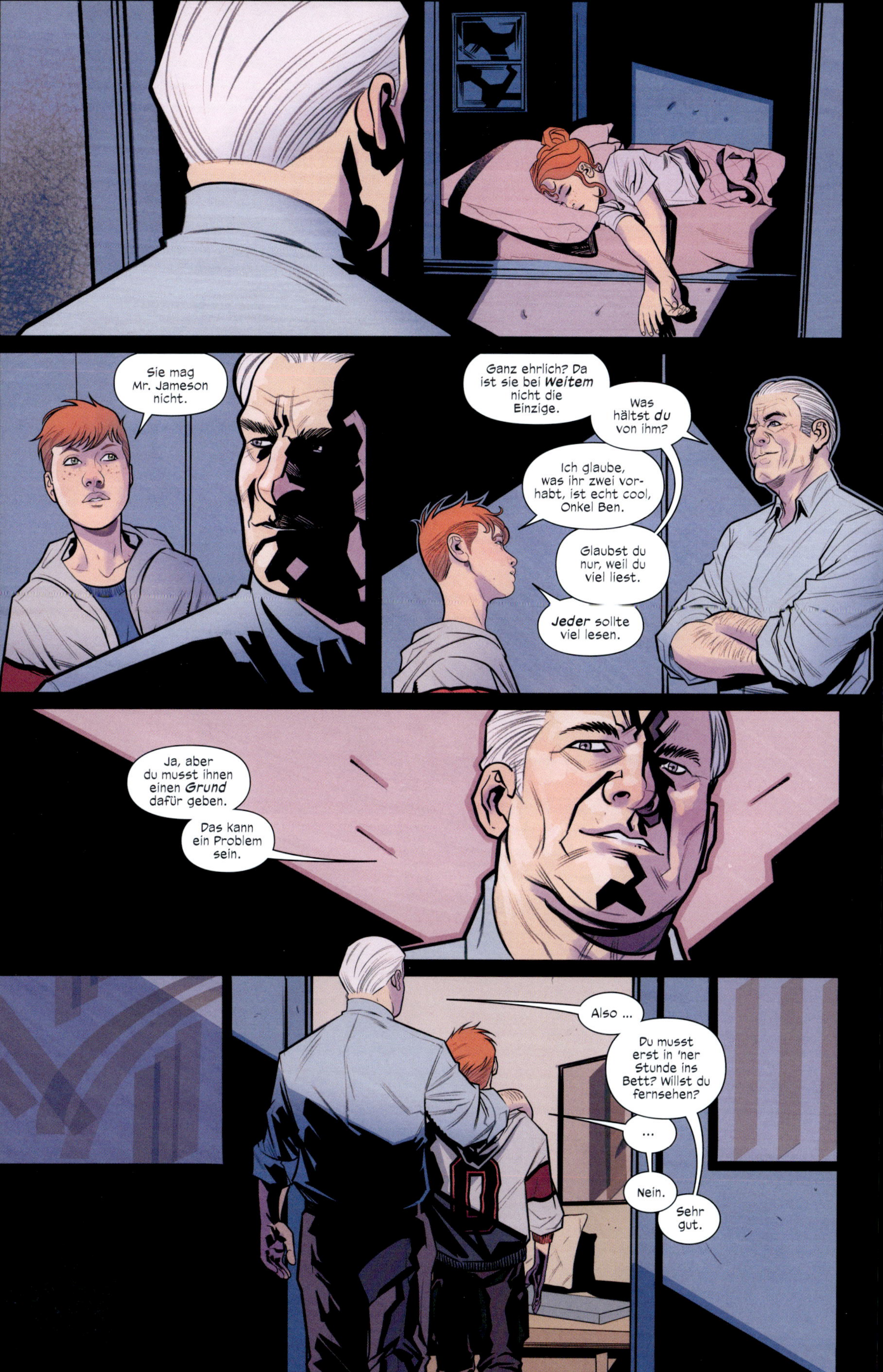
Sie mag Mr. Jameson nicht.
Ganz ehrlich? Da ist sie bei Weitem nicht die Einzige.
Was hältst du von ihm?
Ich glaube, was ihr zwei vorhabt, ist echt cool, Onkel Ben.
Glaubst du nur, weil du viel liest.
Jeder sollte viel lesen.
Ja, aber du musst ihnen einen Grund dafür geben.
Das kann ein Problem sein.
Also ...
Du musst erst in 'ner Stunde ins Bett? Willst du fernsehen?
...
Nein.
Sehr gut.

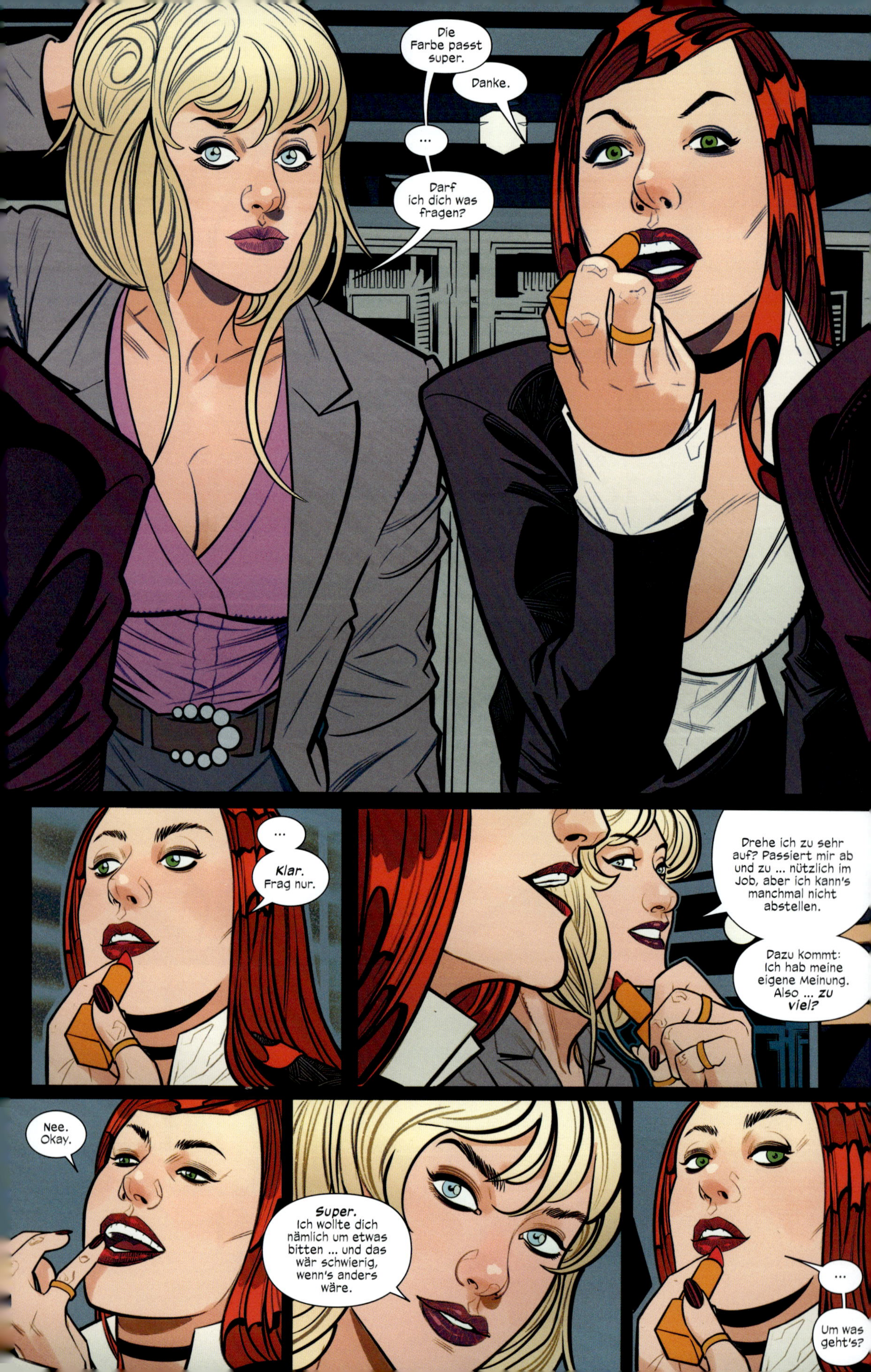
Die Farbe passt super.
Danke.
...
Darf ich dich was fragen?
...
Klar. Frag nur.
Drehe ich zu sehr auf? Passiert mir ab und zu ... nützlich im Job, aber ich kann's manchmal nicht abstellen.
Dazu kommt: Ich hab meine eigene Meinung. Also ... zu viel?
Nee. Okay.
Super. Ich wollte dich nämlich um etwas bitten ... und das wär schwierig, wenn's anders wäre.
...
Um was geht's?

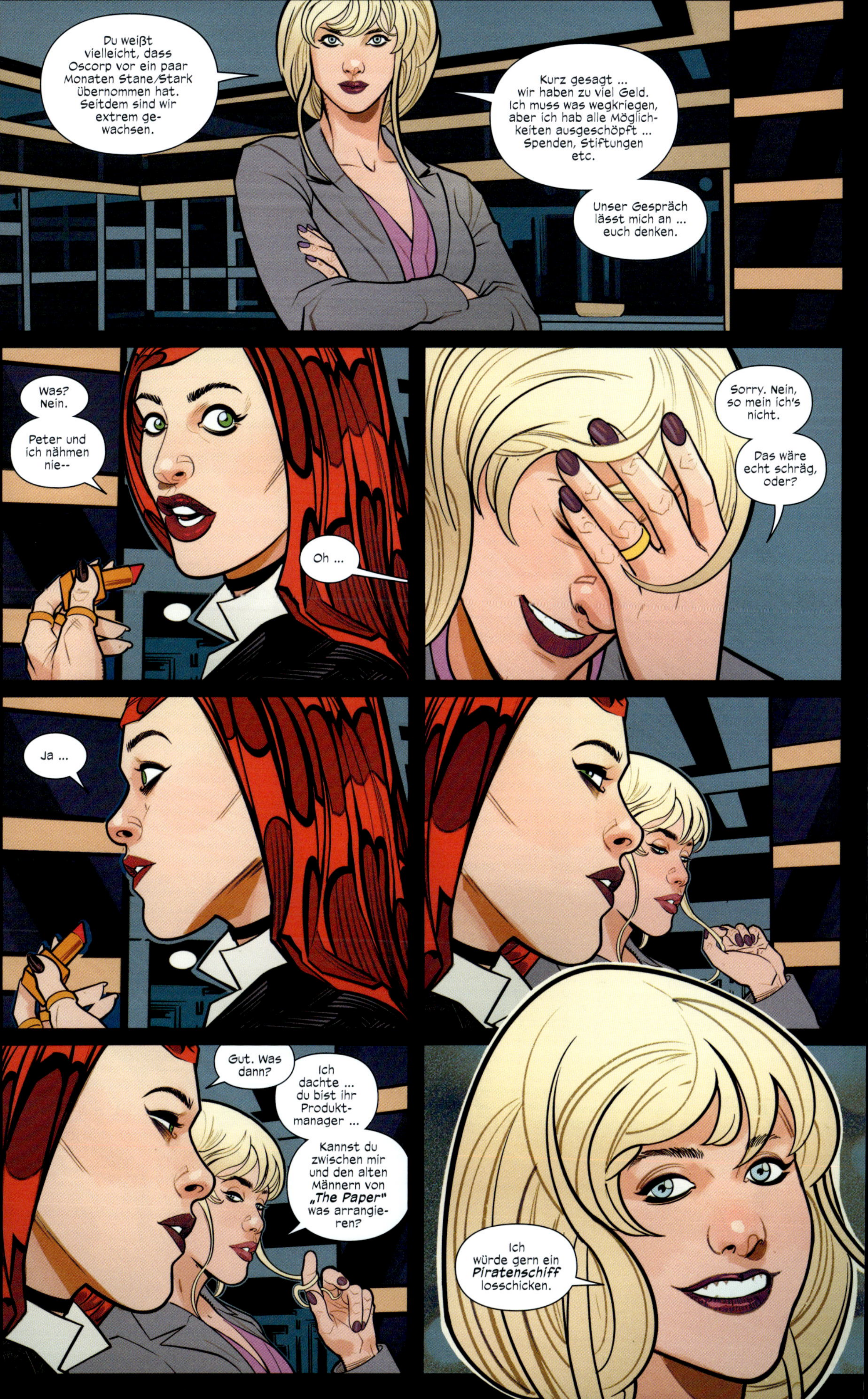
Du weißt vielleicht, dass Oscorp vor ein paar Monaten Stane/Stark übernommen hat. Seitdem sind wir extrem gewachsen.
Kurz gesagt ... wir haben zu viel Geld. Ich muss was wegkriegen, aber ich hab alle Möglichkeiten ausgeschöpft ... Spenden, Stiftungen etc.
Unser Gespräch lässt mich an ... euch denken.
Was? Nein.
Peter und ich nähmen nie--
Oh ...
Sorry. Nein, so mein ich's nicht.
Das wäre echt schräg, oder?
Ja ...
Gut. Was dann?
Ich dachte ... du bist ihr Produktmanager ...
Kannst du zwischen mir und den alten Männern von „The Paper" was arrangieren?
Ich würde gern ein Piratenschiff losschicken.

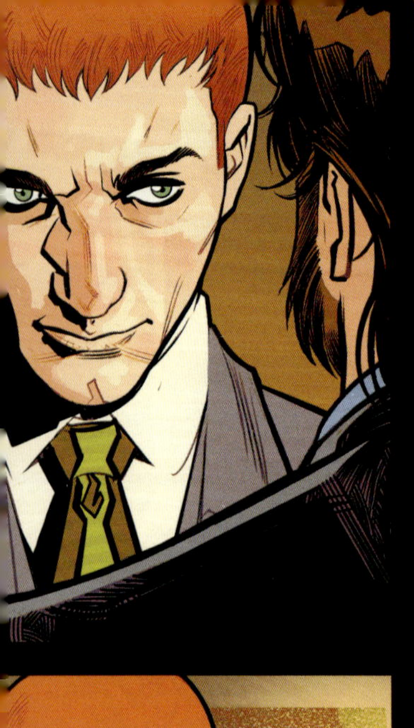
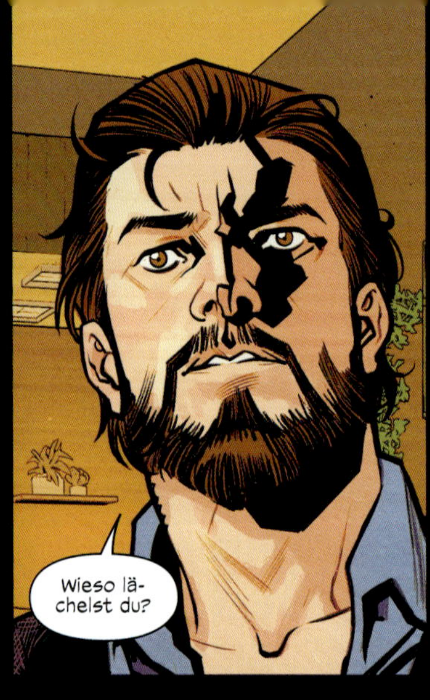
Wieso lächelst du?
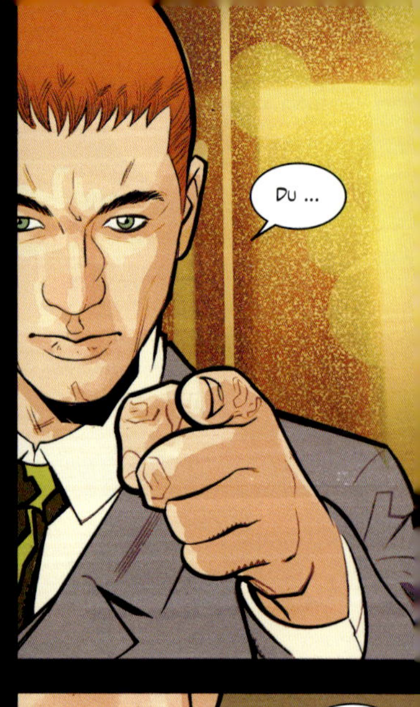
Du ...
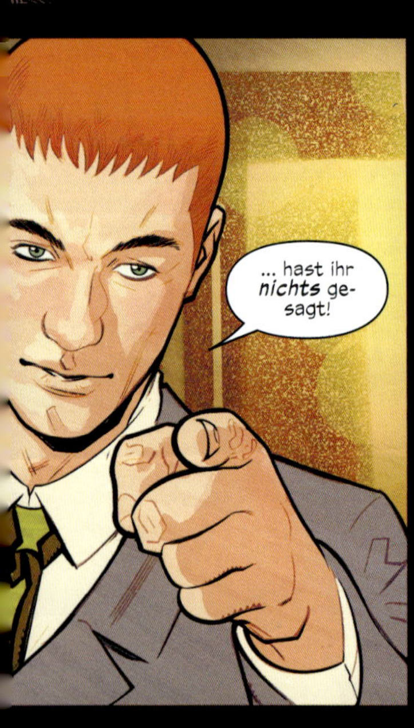
... hast ihr *nichts* gesagt!
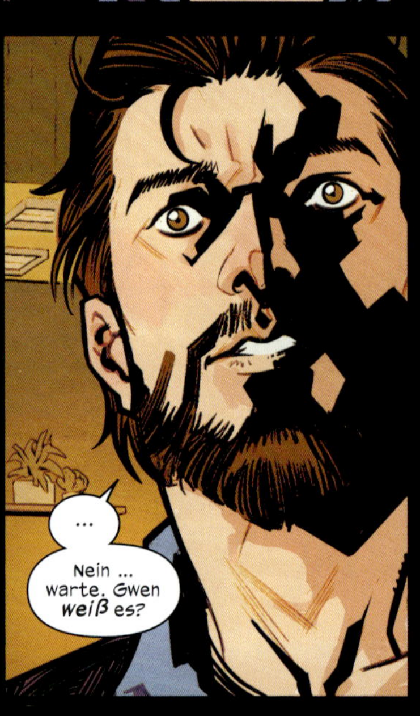
...
Nein ... warte. Gwen *weiß* es?
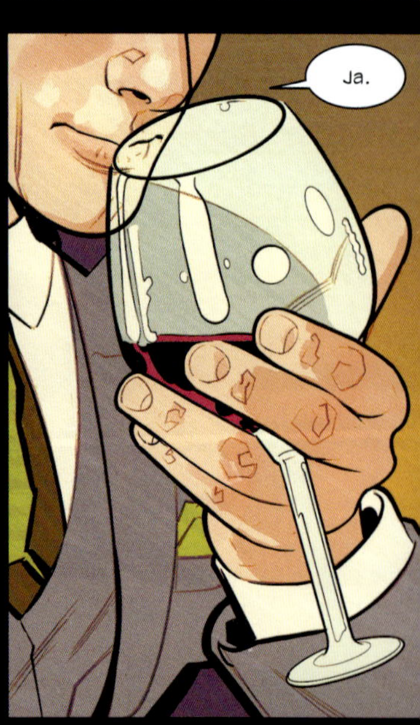
Ja.
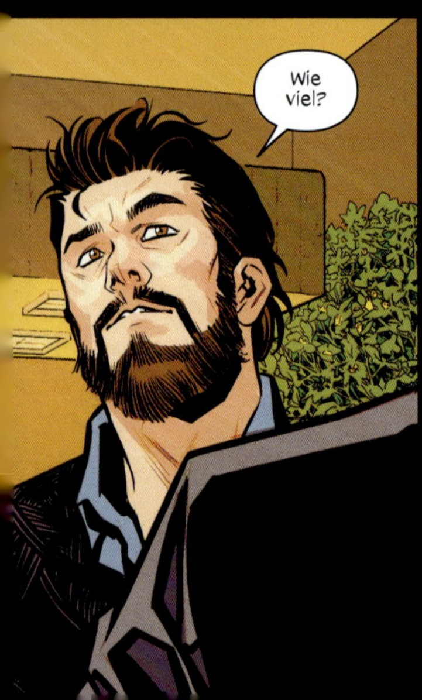
Wie viel?
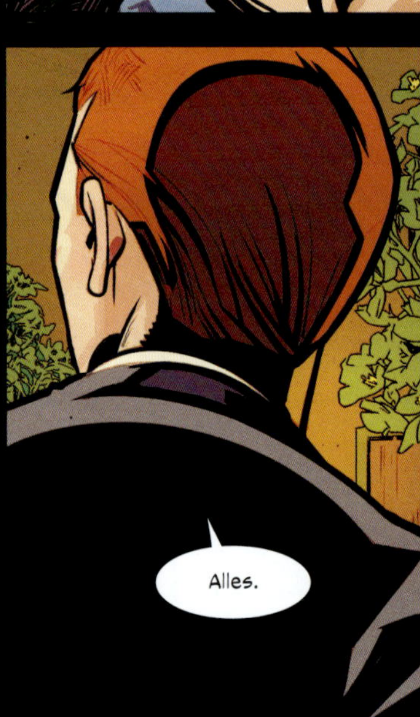
Alles.
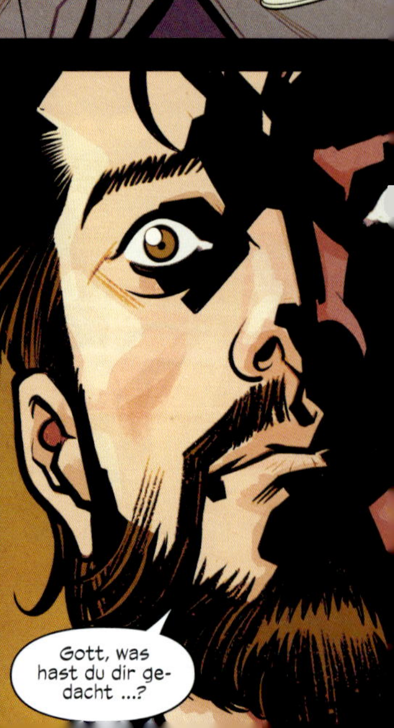
Gott, was hast du dir gedacht ...?

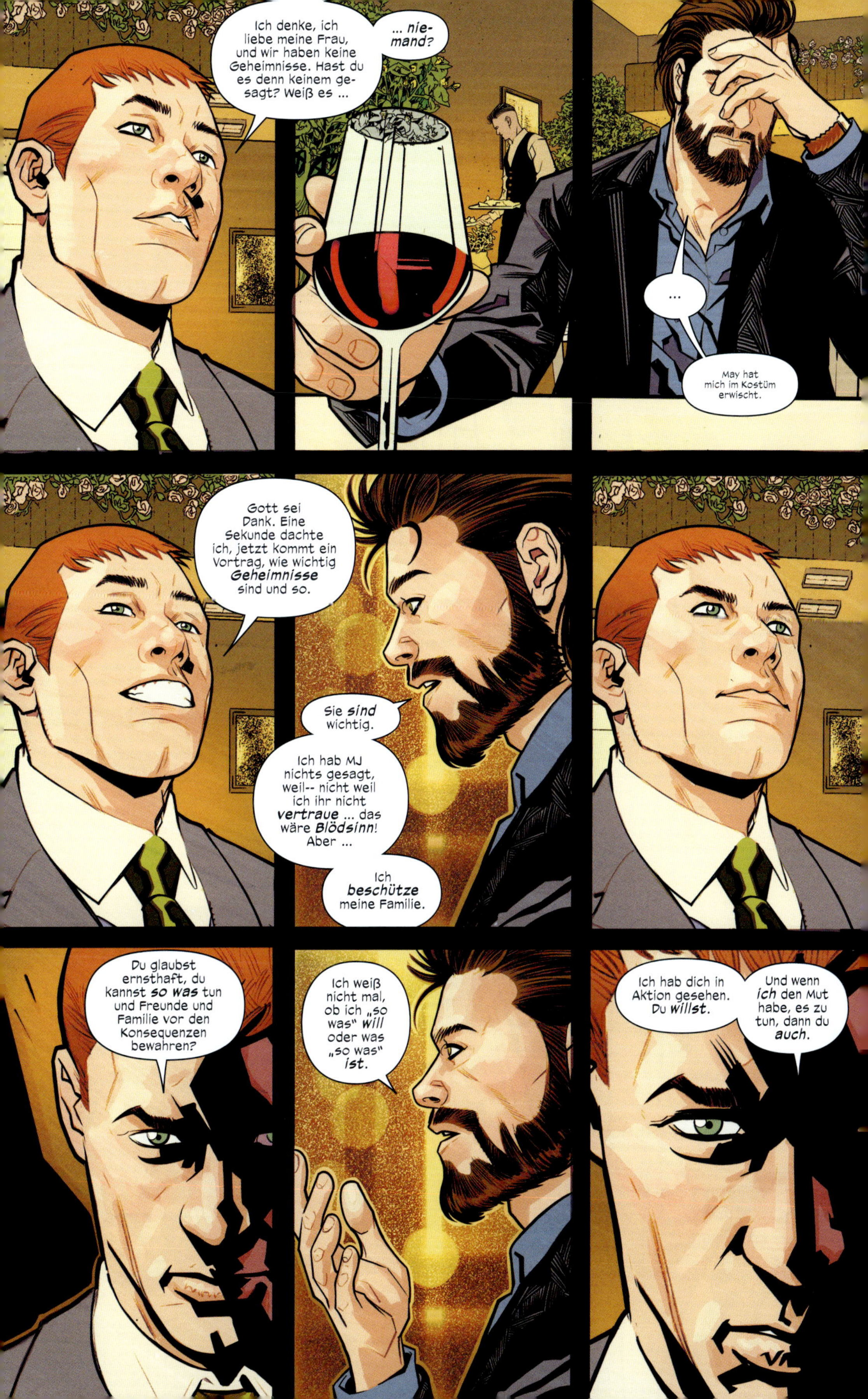
Ich denke, ich liebe meine Frau, und wir haben keine Geheimnisse. Hast du es denn keinem gesagt? Weiß es ...
... niemand?
...
May hat mich im Kostüm erwischt.
Gott sei Dank. Eine Sekunde dachte ich, jetzt kommt ein Vortrag, wie wichtig Geheimnisse sind und so.
Sie sind wichtig.
Ich hab MJ nichts gesagt, weil-- nicht weil ich ihr nicht vertraue ... das wäre Blödsinn! Aber ...
Ich beschütze meine Familie.
Du glaubst ernsthaft, du kannst so was tun und Freunde und Familie vor den Konsequenzen bewahren?
Ich weiß nicht mal, ob ich „so was" will oder was „so was" ist.
Ich hab dich in Aktion gesehen. Du willst.
Und wenn ich den Mut habe, es zu tun, dann du auch.

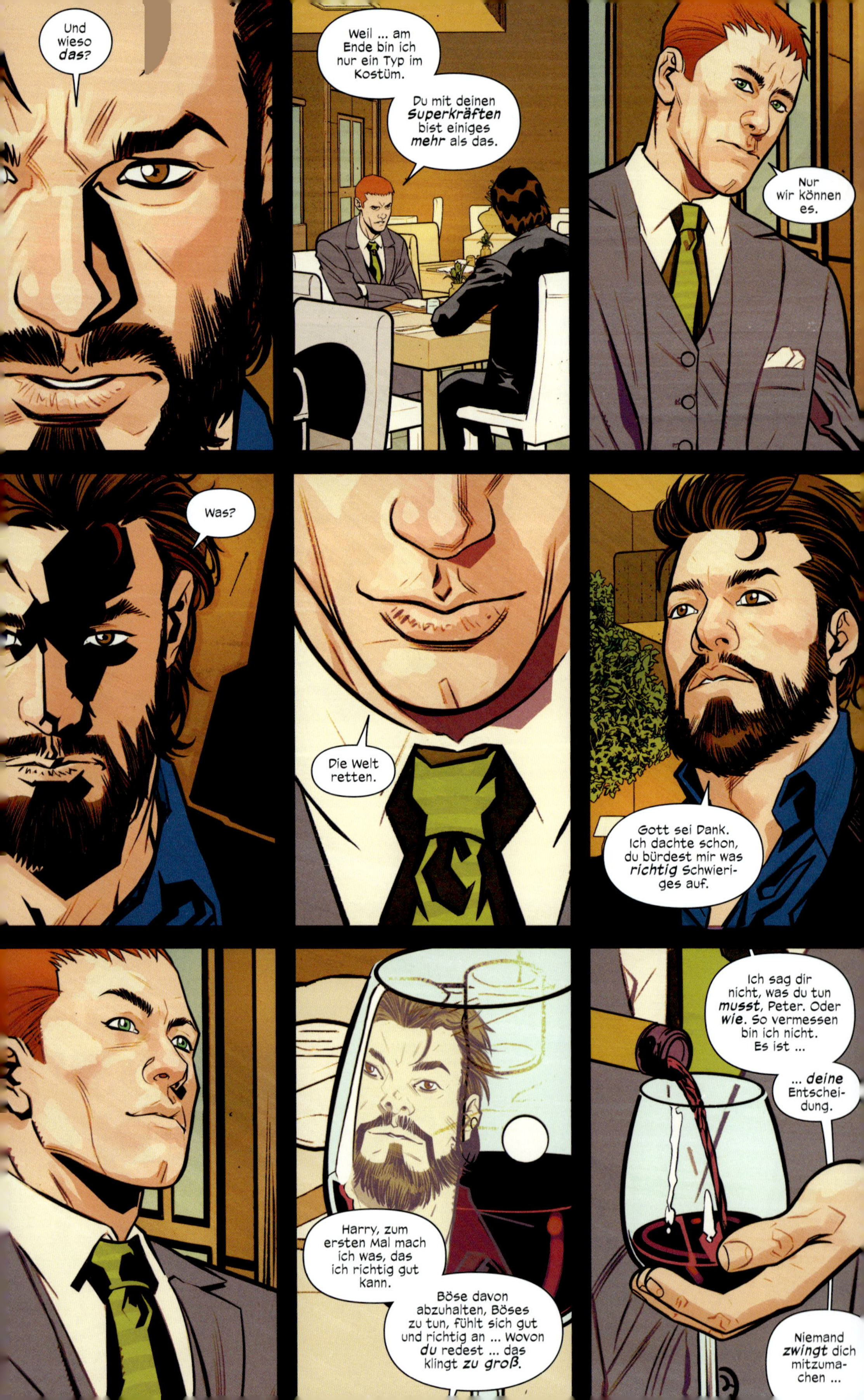

Und wieso *das?*

Weil ... am Ende bin ich nur ein Typ im Kostüm.

Du mit deinen *Superkräften* bist einiges *mehr* als das.

Nur wir können es.

Was?

Die Welt retten.

Gott sei Dank. Ich dachte schon, du bürdest mir was *richtig* Schwieriges auf.

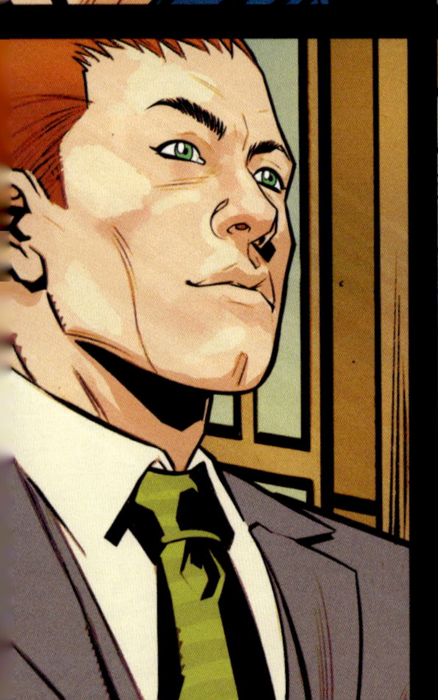

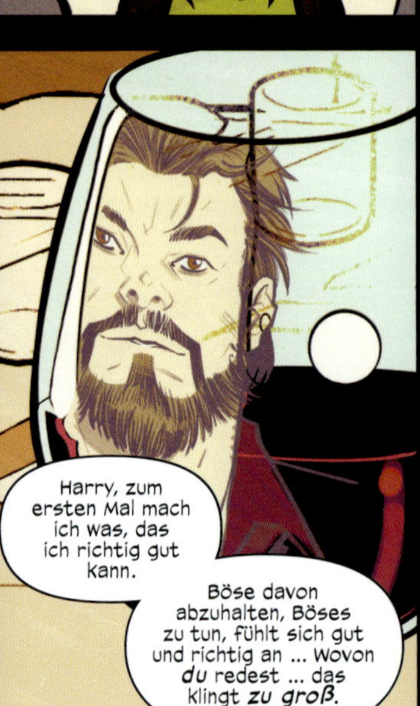

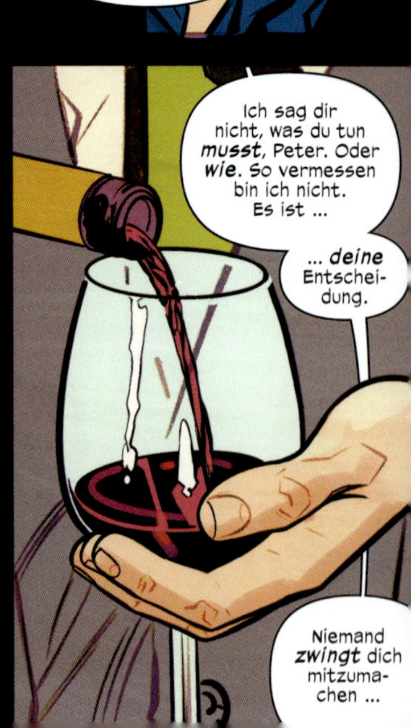

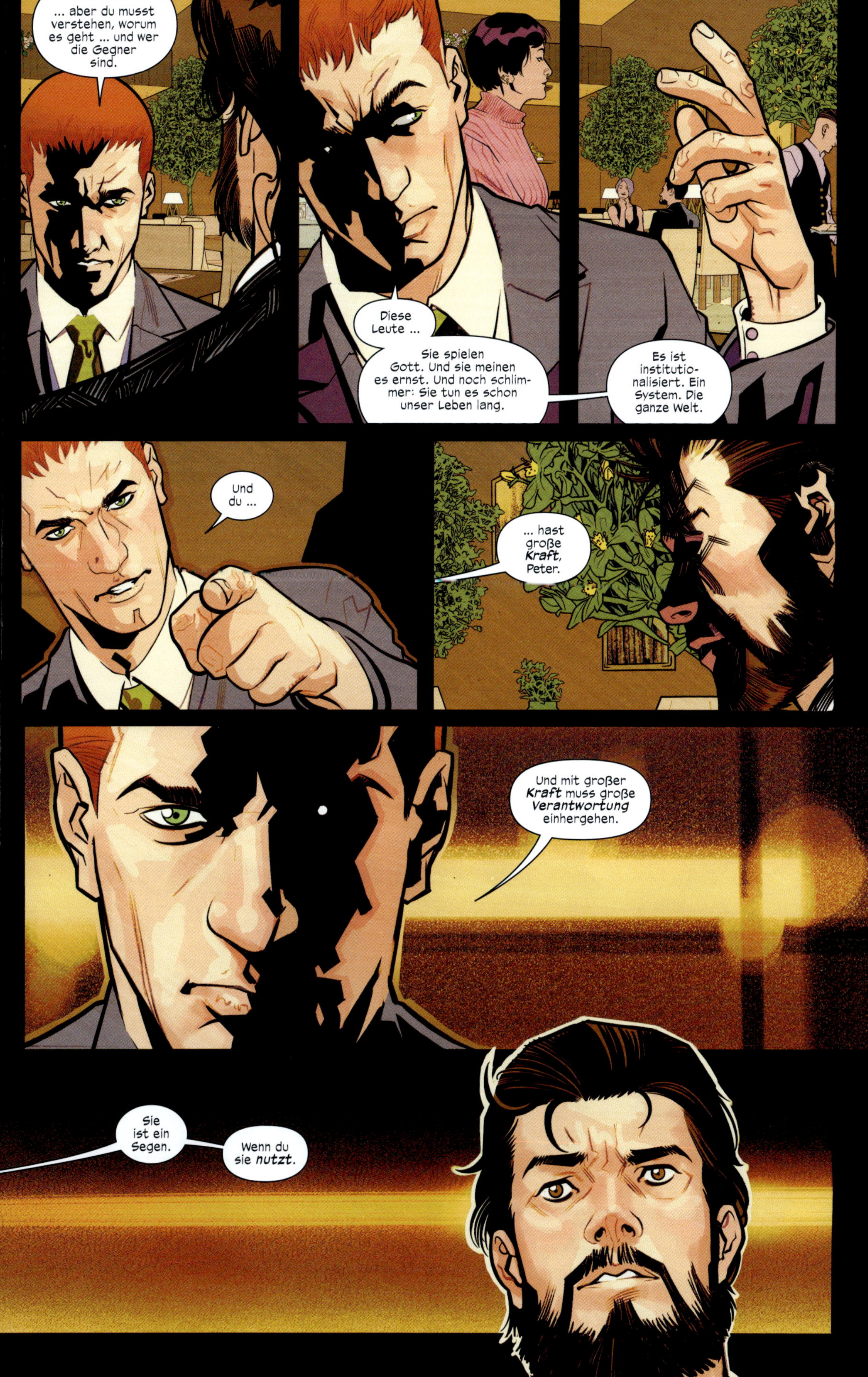
... aber du musst verstehen, worum es geht ... und wer die Gegner sind.
Diese Leute ...
Sie spielen Gott. Und sie meinen es ernst. Und noch schlimmer: Sie tun es schon unser Leben lang.
Es ist institutionalisiert. Ein System. Die ganze Welt.
Und du ...
... hast große *Kraft*, Peter.
Und mit großer *Kraft* muss große *Verantwortung* einhergehen.
Sie ist ein Segen.
Wenn du sie *nutzt*.

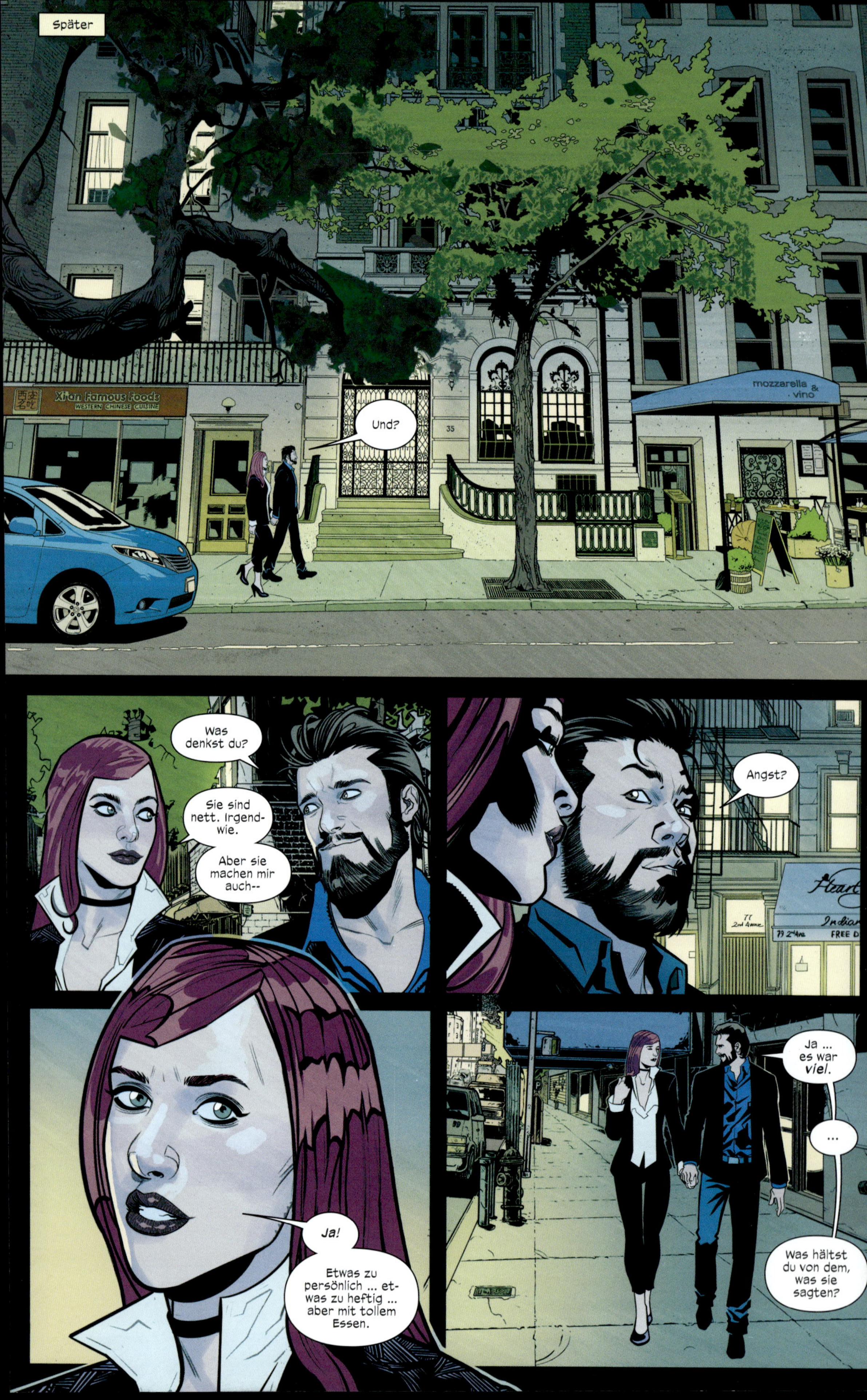

Später
Xi'an Famous Foods
WESTERN CHINESE CUISINE
35
mozzarella & vino
Und?
Was denkst du?
Sie sind nett. Irgendwie.
Aber sie machen mir auch--
Angst?
Ja!
Etwas zu persönlich ... etwas zu heftig ... aber mit tollem Essen.
Ja ... es war *viel*.
...
Was hältst du von dem, was sie sagten?

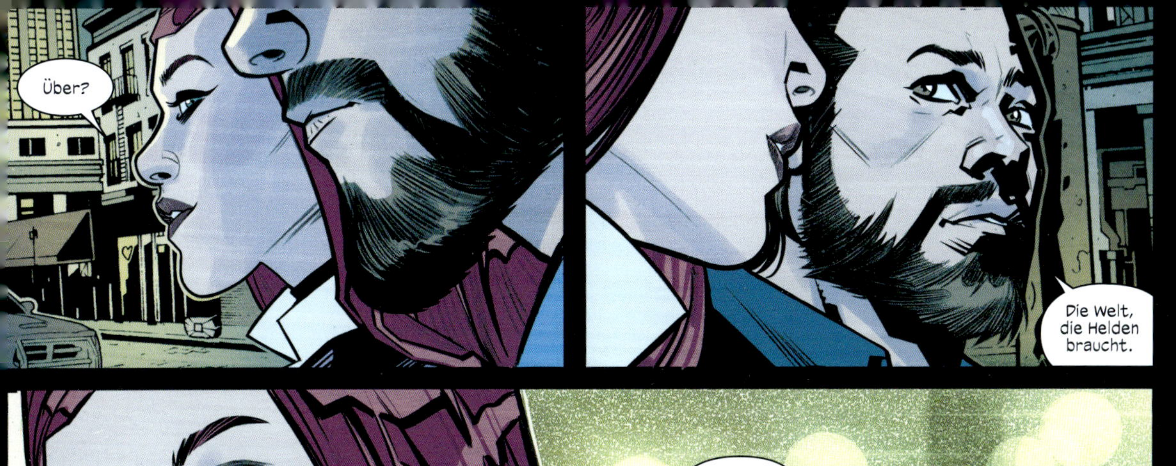
Über?
Die Welt, die Helden braucht.

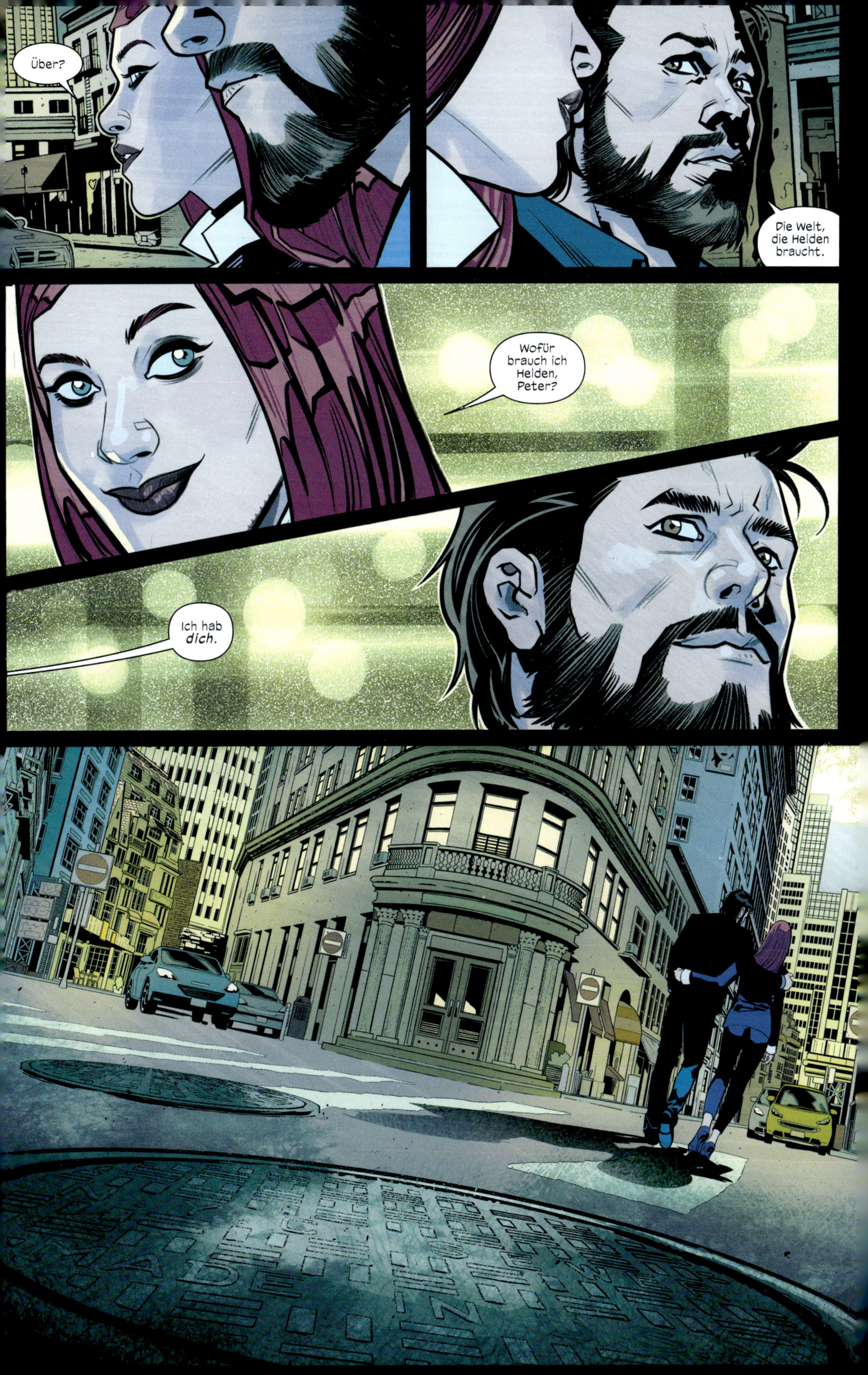

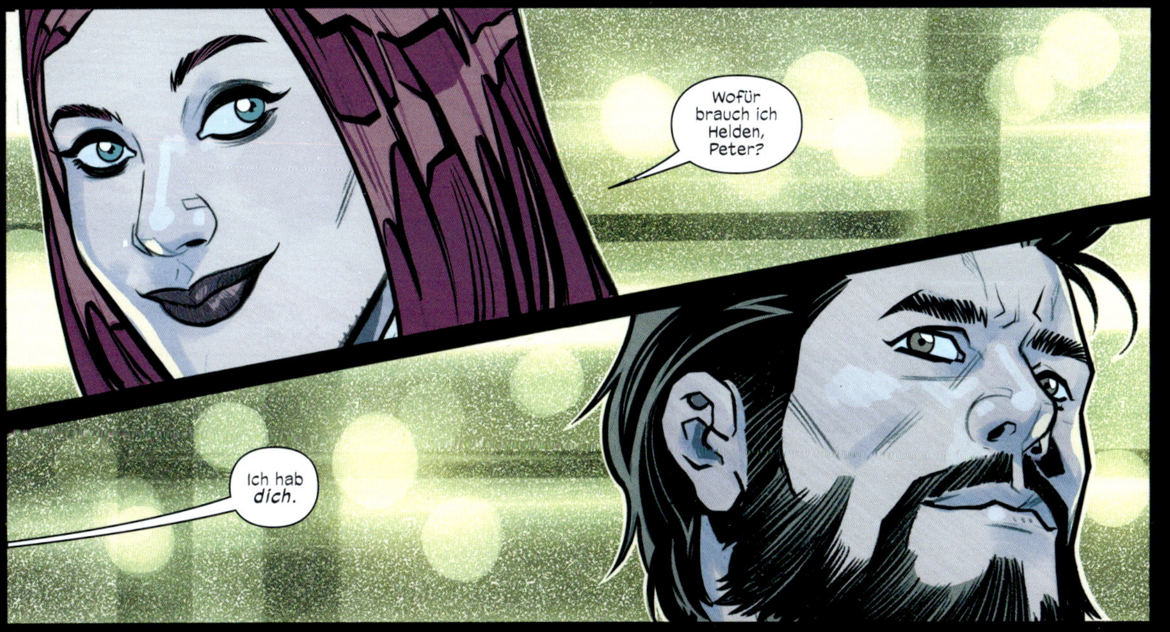
Wofür brauch ich Helden, Peter?
Ich hab *dich*.

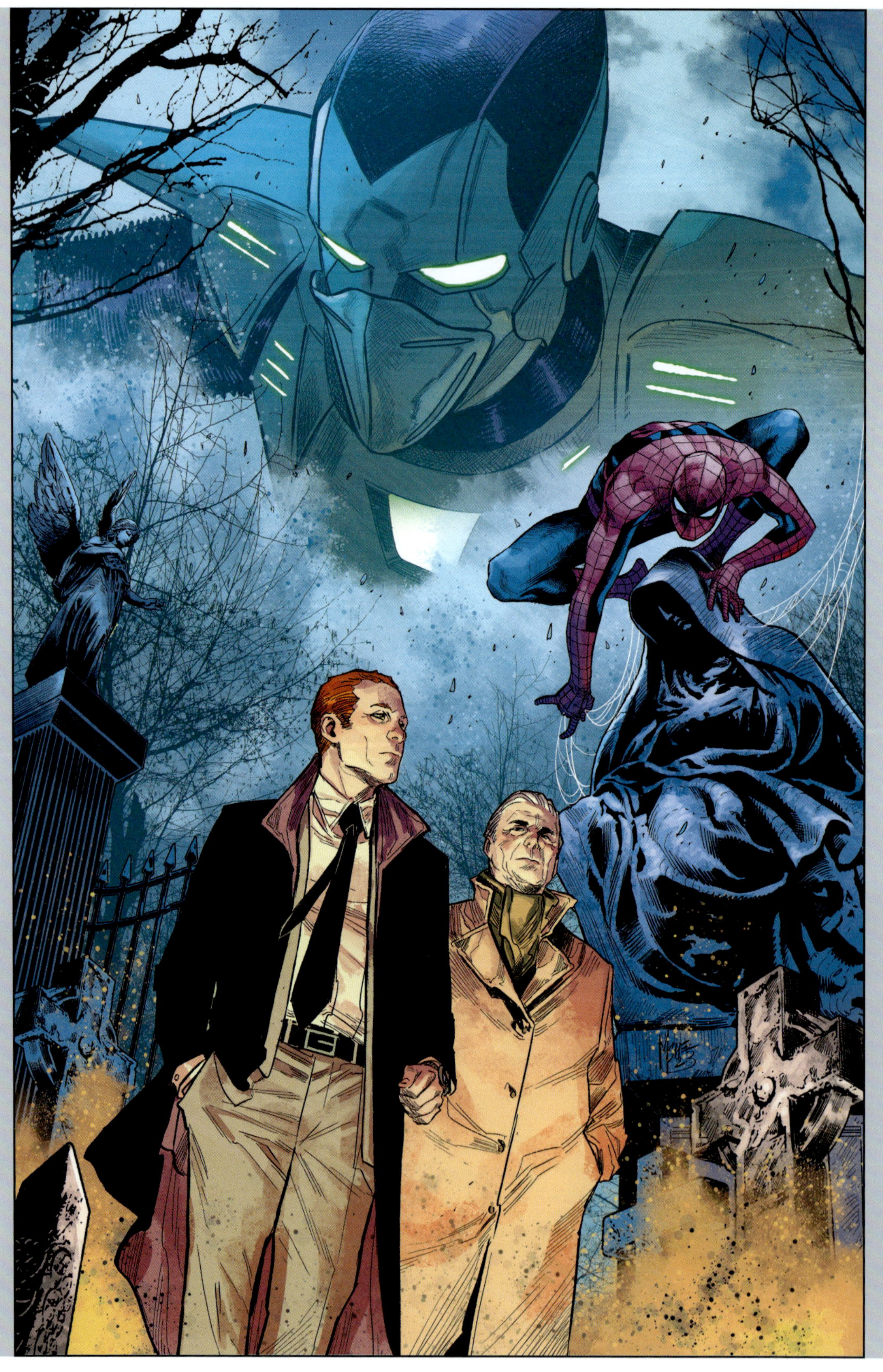

Ultimate Spider-Man (2024) 5
Cover von **MARCO CHECCHETTO**

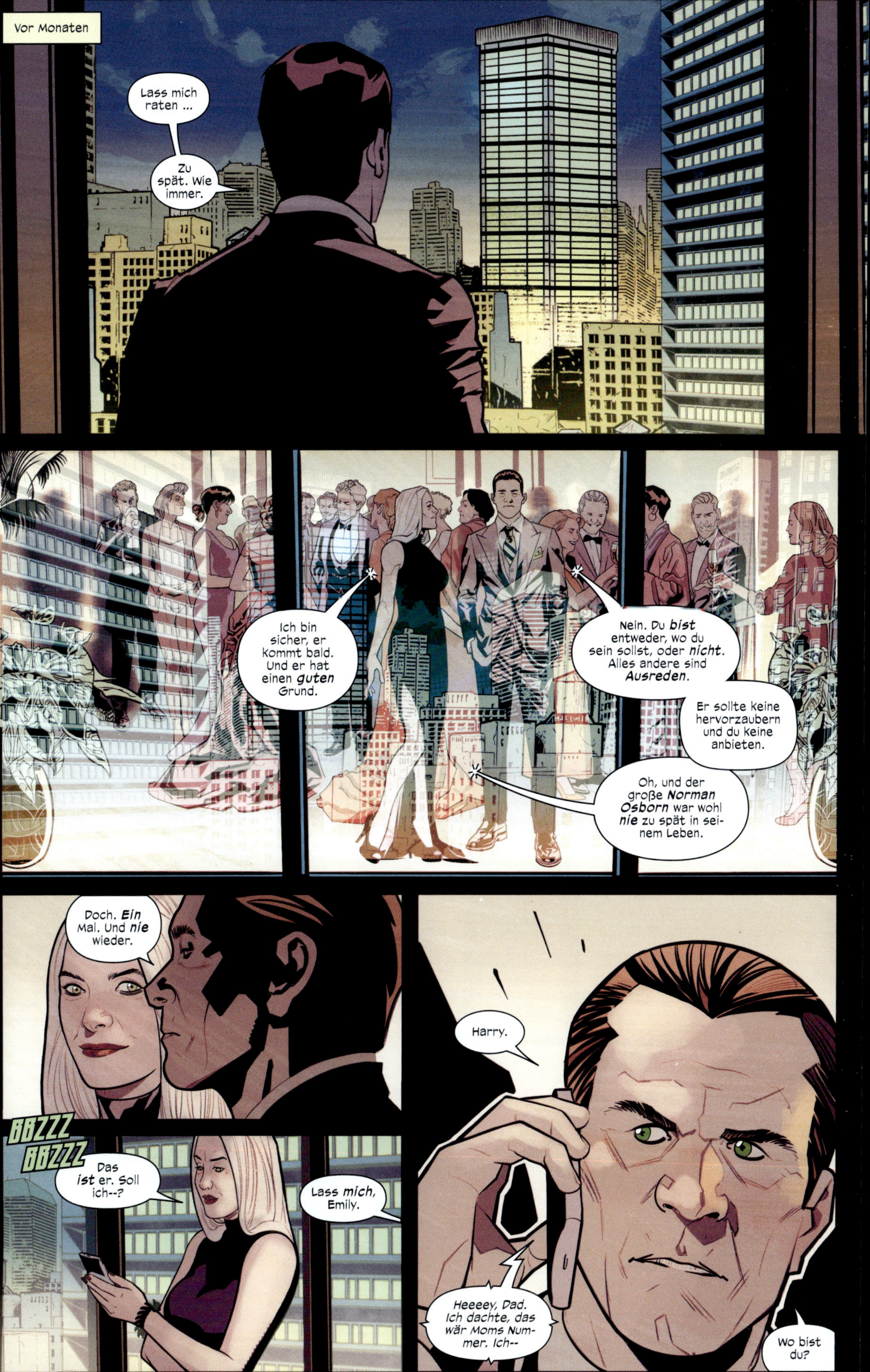

Vor Monaten

Lass mich raten ...

Zu spät. Wie immer.

Ich bin sicher, er kommt bald. Und er hat einen *guten* Grund.

Nein. Du *bist* entweder, wo du sein sollst, oder *nicht*. Alles andere sind *Ausreden*.

Er sollte keine hervorzaubern und du keine anbieten.

Oh, und der große *Norman Osborn* war wohl *nie* zu spät in seinem Leben.

Doch. *Ein* Mal. Und *nie* wieder.

BBZZZ BBZZZ

Das *ist* er. Soll ich--?

Lass *mich*, Emily.

Harry.

Heeeey, Dad. Ich dachte, das wär Moms Nummer. Ich--

Wo bist du?

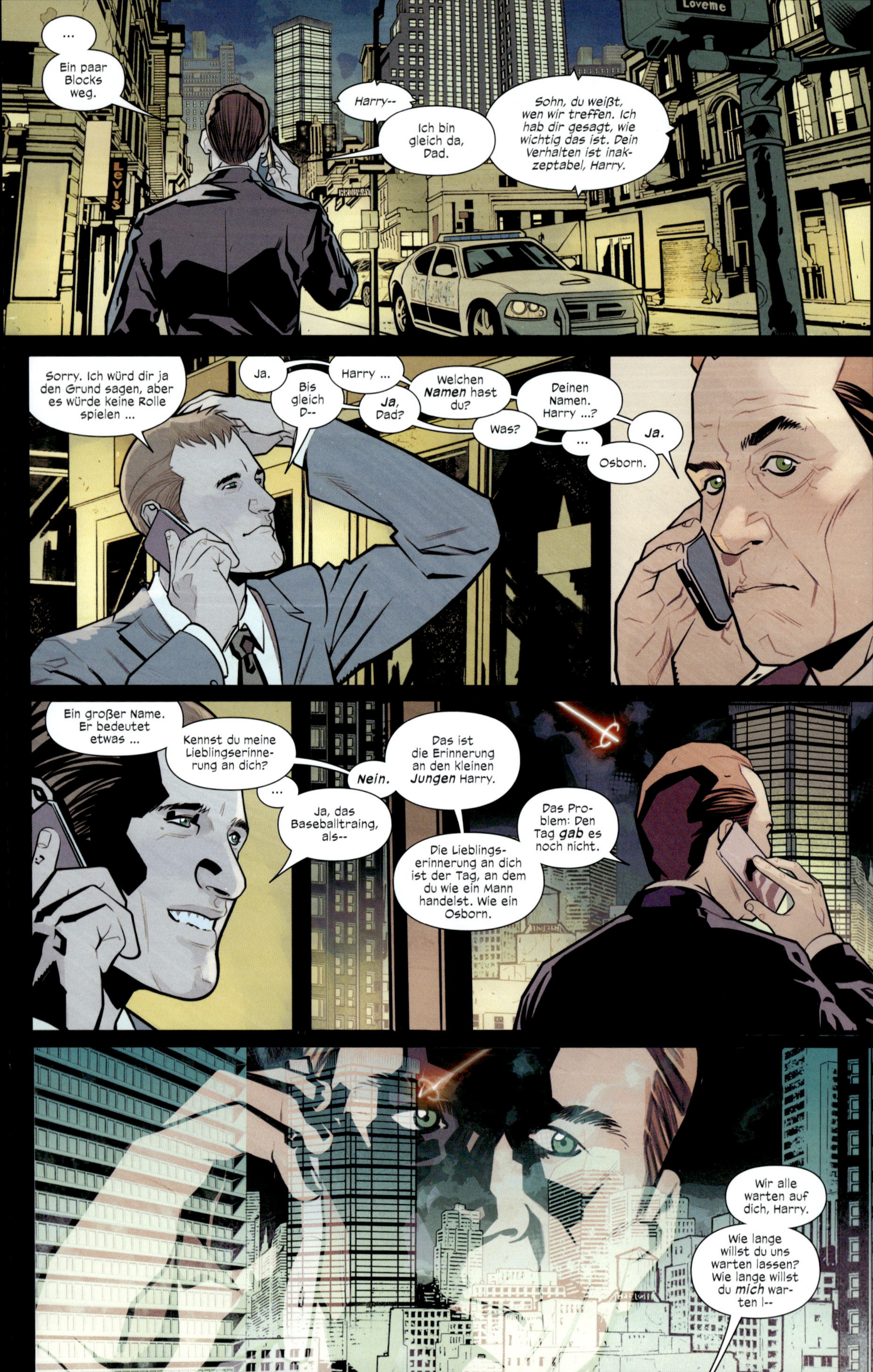
Loveme
Levi's
...
Ein paar Blocks weg.
Harry--
Ich bin gleich da, Dad.
Sohn, du weißt, wen wir treffen. Ich hab dir gesagt, wie wichtig das ist. Dein Verhalten ist inakzeptabel, Harry.
Sorry. Ich würd dir ja den Grund sagen, aber es würde keine Rolle spielen ...
Ja.
Bis gleich D--
Harry ...
Ja, Dad?
Welchen Namen hast du?
Was?
Deinen Namen. Harry ...?
...
Ja.
Osborn.
Ein großer Name. Er bedeutet etwas ...
Kennst du meine Lieblingserinnerung an dich?
Nein.
...
Ja, das Baseballtraing, als--
Das ist die Erinnerung an den kleinen Jungen Harry.
Die Lieblingserinnerung an dich ist der Tag, an dem du wie ein Mann handelst. Wie ein Osborn.
Das Problem: Den Tag gab es noch nicht.
Wir alle warten auf dich, Harry.
Wie lange willst du uns warten lassen? Wie lange willst du mich warten l--

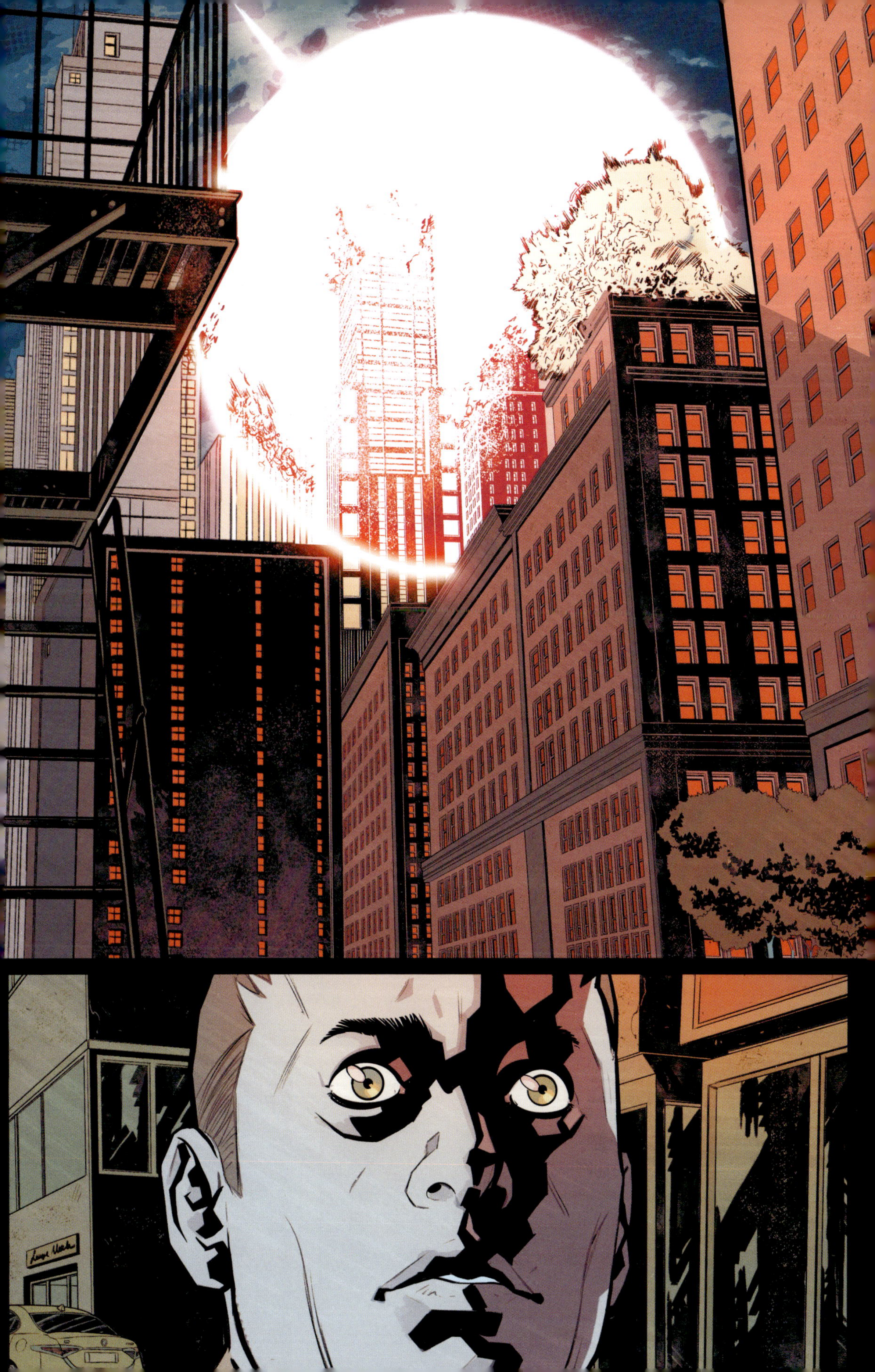

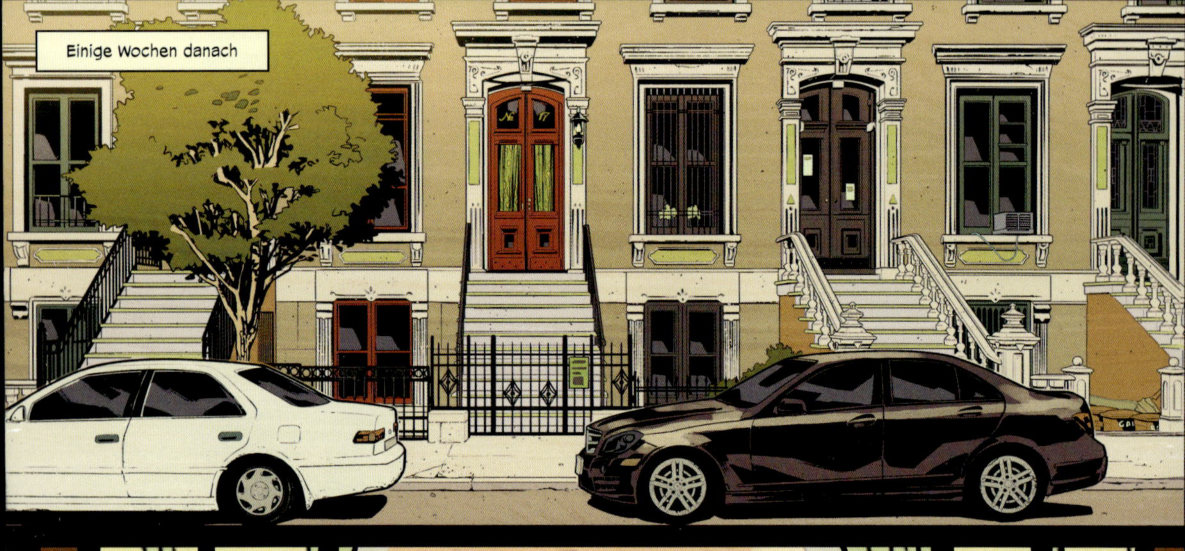
Einige Wochen danach

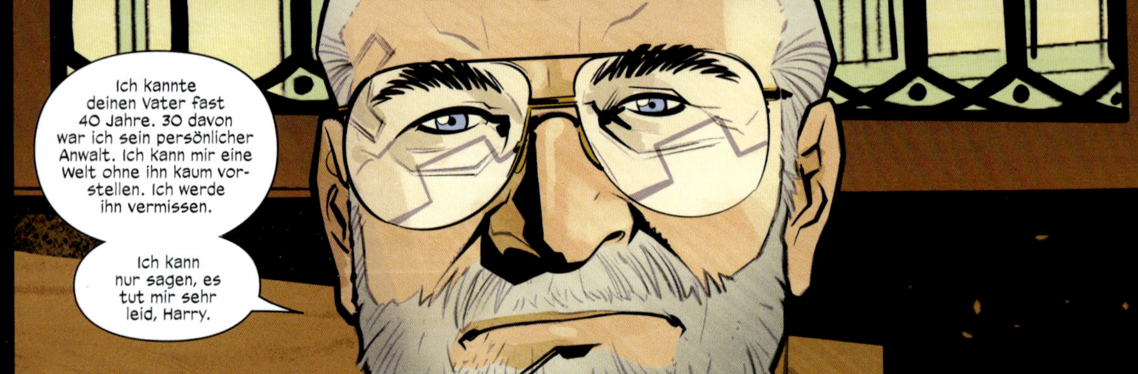
Ich kannte deinen Vater fast 40 Jahre. 30 davon war ich sein persönlicher Anwalt. Ich kann mir eine Welt ohne ihn kaum vorstellen. Ich werde ihn vermissen.
Ich kann nur sagen, es tut mir sehr leid, Harry.

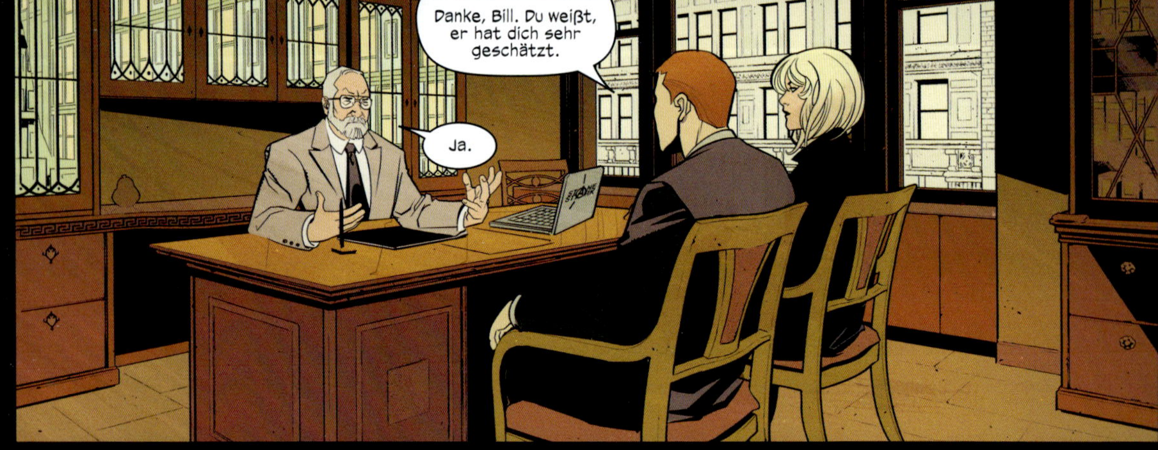
Danke, Bill. Du weißt, er hat dich sehr geschätzt.
Ja.

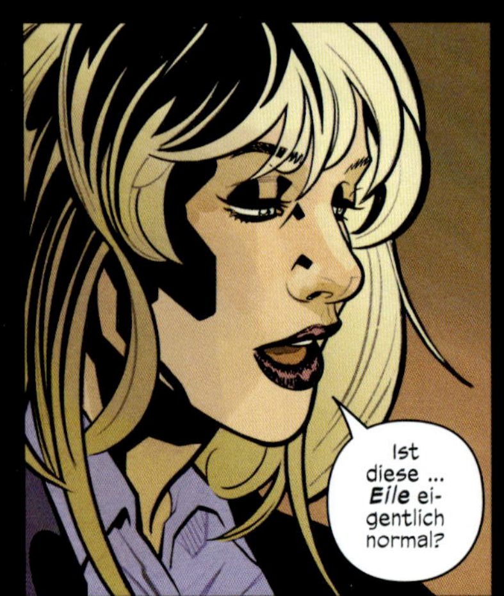
Ist diese ... *Eile* eigentlich normal?

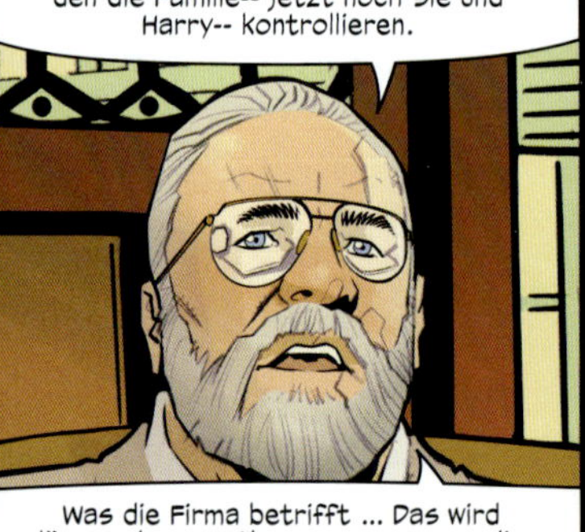
Nun, Norman hatte fast seinen ganzen Firmen- und Privatbesitz in einem Trust, den die Familie-- jetzt noch Sie und Harry-- kontrollieren.
Was die Firma betrifft ... Das wird länger dauern. Aber man muss nur die offizielle Testamentseröffnung abwarten und alles wie verfügt veranlassen.

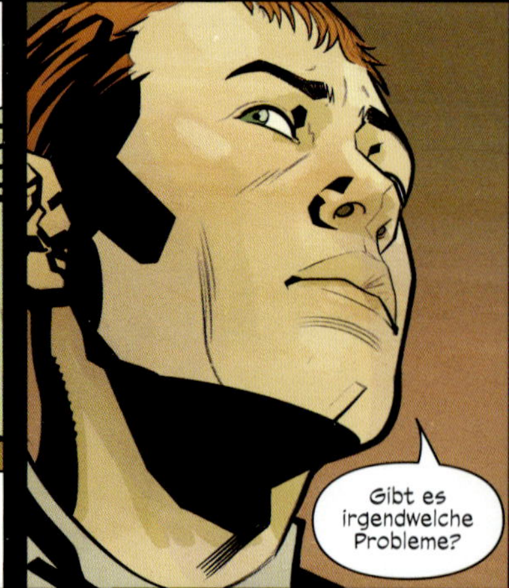
Gibt es irgendwelche Probleme?

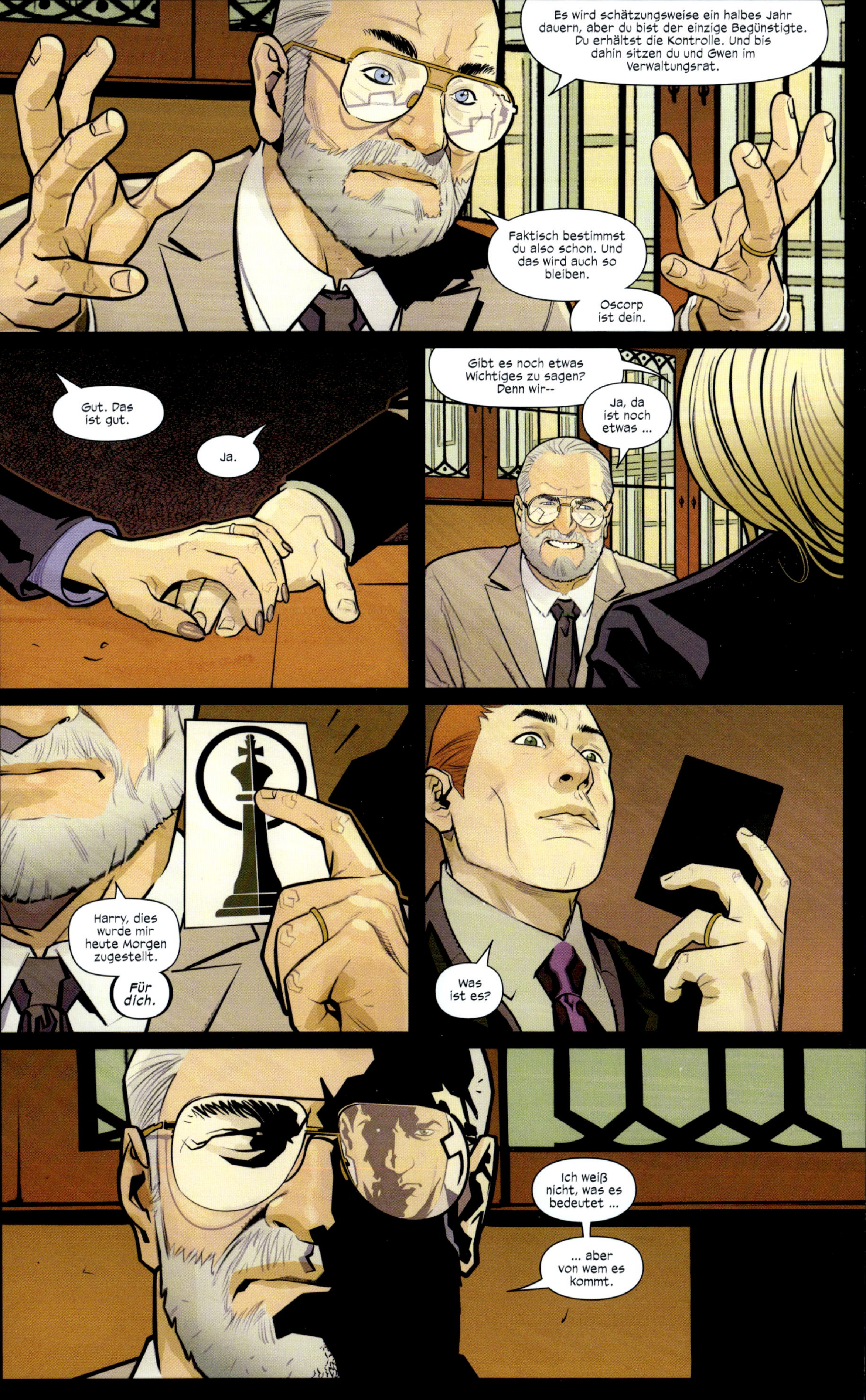
Es wird schätzungsweise ein halbes Jahr dauern, aber du bist der einzige Begünstigte. Du erhältst die Kontrolle. Und bis dahin sitzen du und Gwen im Verwaltungsrat.
Faktisch bestimmst du also schon. Und das wird auch so bleiben.
Oscorp ist dein.
Gut. Das ist gut.
Ja.
Gibt es noch etwas Wichtiges zu sagen? Denn wir--
Ja, da ist noch etwas ...
Harry, dies wurde mir heute Morgen zugestellt.
Für dich.
Was ist es?
Ich weiß nicht, was es bedeutet ...
... aber von wem es kommt.

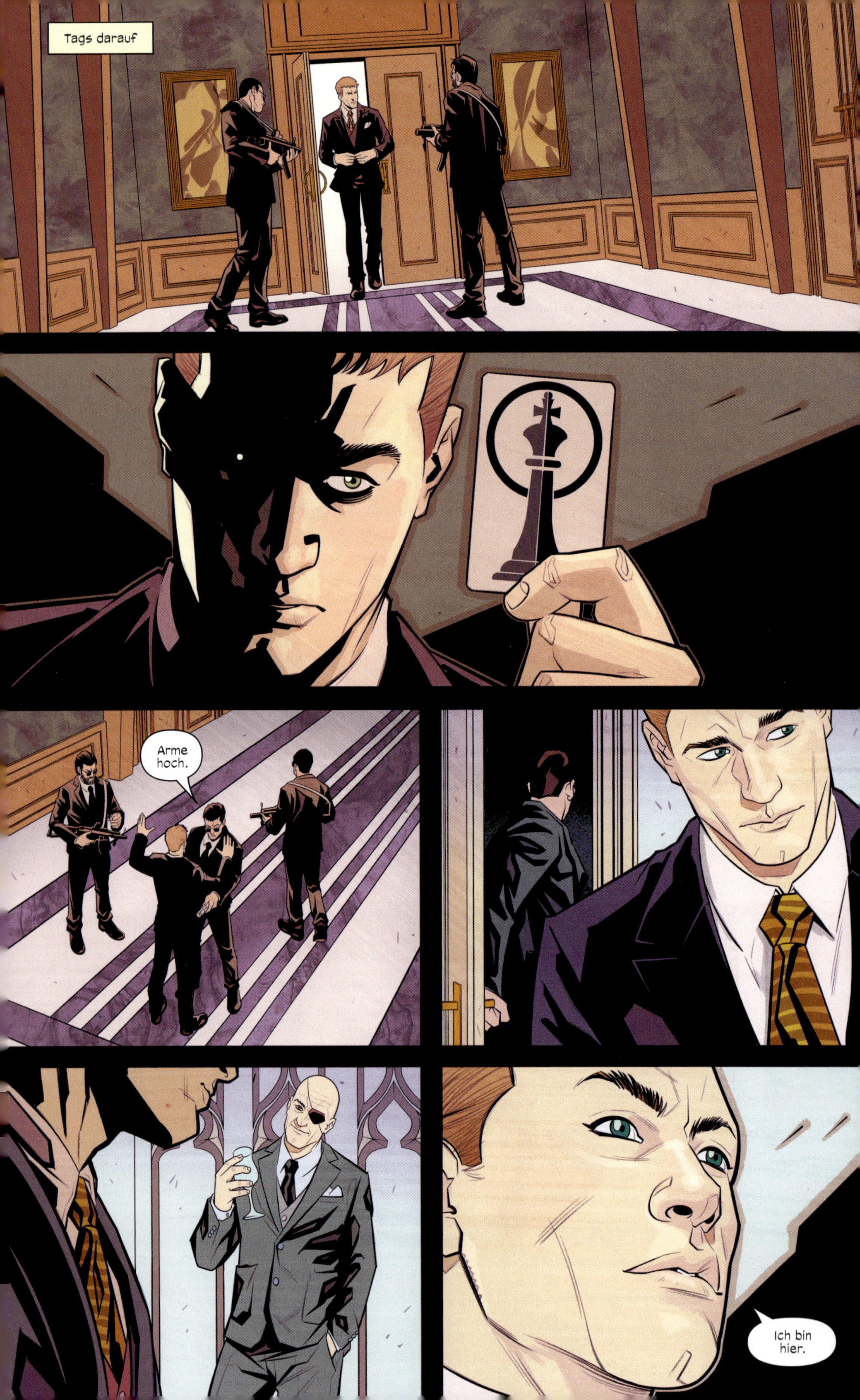
Tags darauf
Arme hoch.
Ich bin hier.

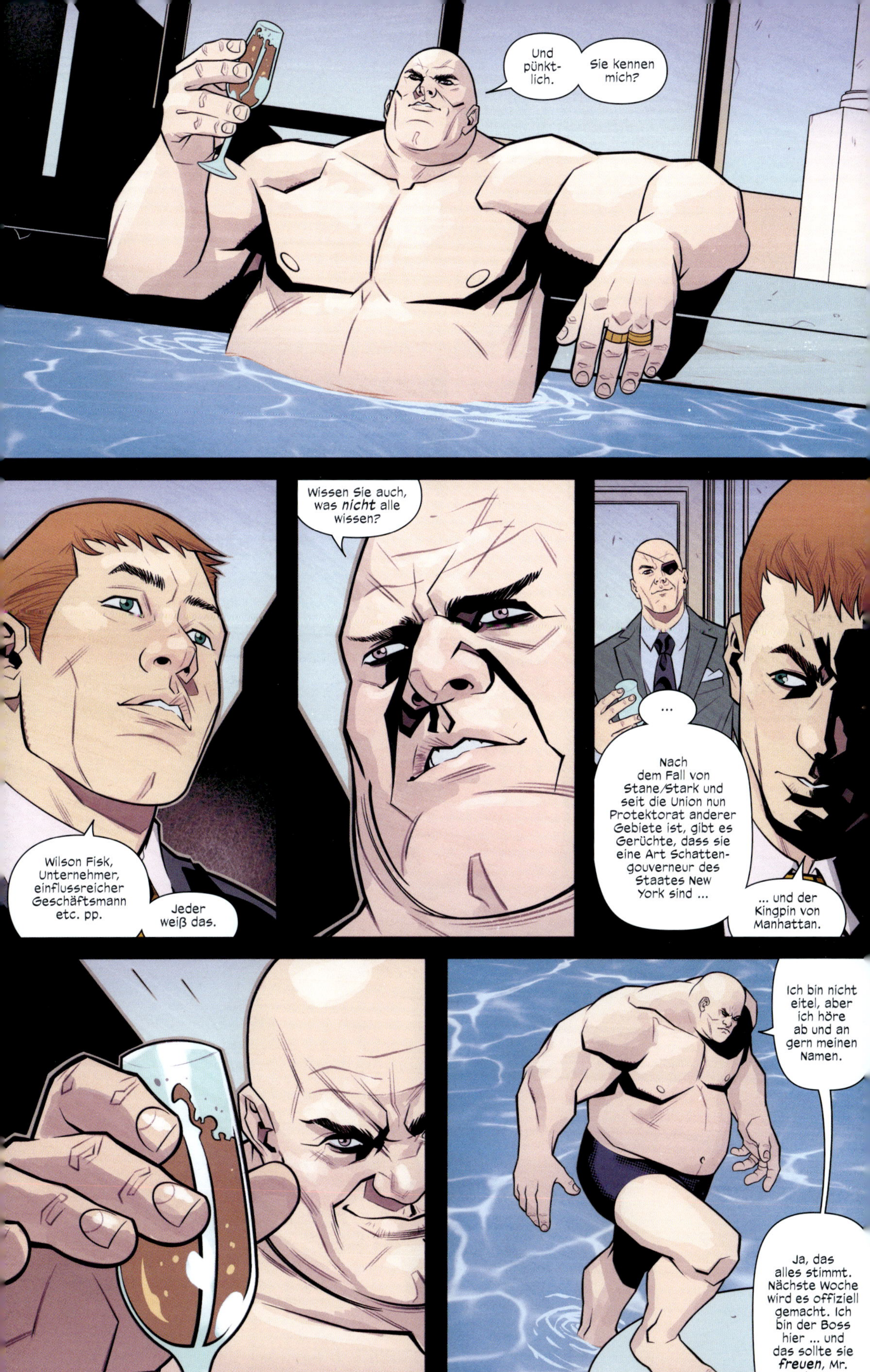
Und pünkt-lich.
Sie kennen mich?
Wilson Fisk, Unternehmer, einflussreicher Geschäftsmann etc. pp.
Jeder weiß das.
Wissen Sie auch, was *nicht* alle wissen?
...
Nach dem Fall von Stane/Stark und seit die Union nun Protektorat anderer Gebiete ist, gibt es Gerüchte, dass sie eine Art Schatten-gouverneur des Staates New York sind ...
... und der Kingpin von Manhattan.
Ich bin nicht eitel, aber ich höre ab und an gern meinen Namen.
Ja, das alles stimmt. Nächste Woche wird es offiziell gemacht. Ich bin der Boss hier ... und das sollte sie *freuen*, Mr. Osborn.

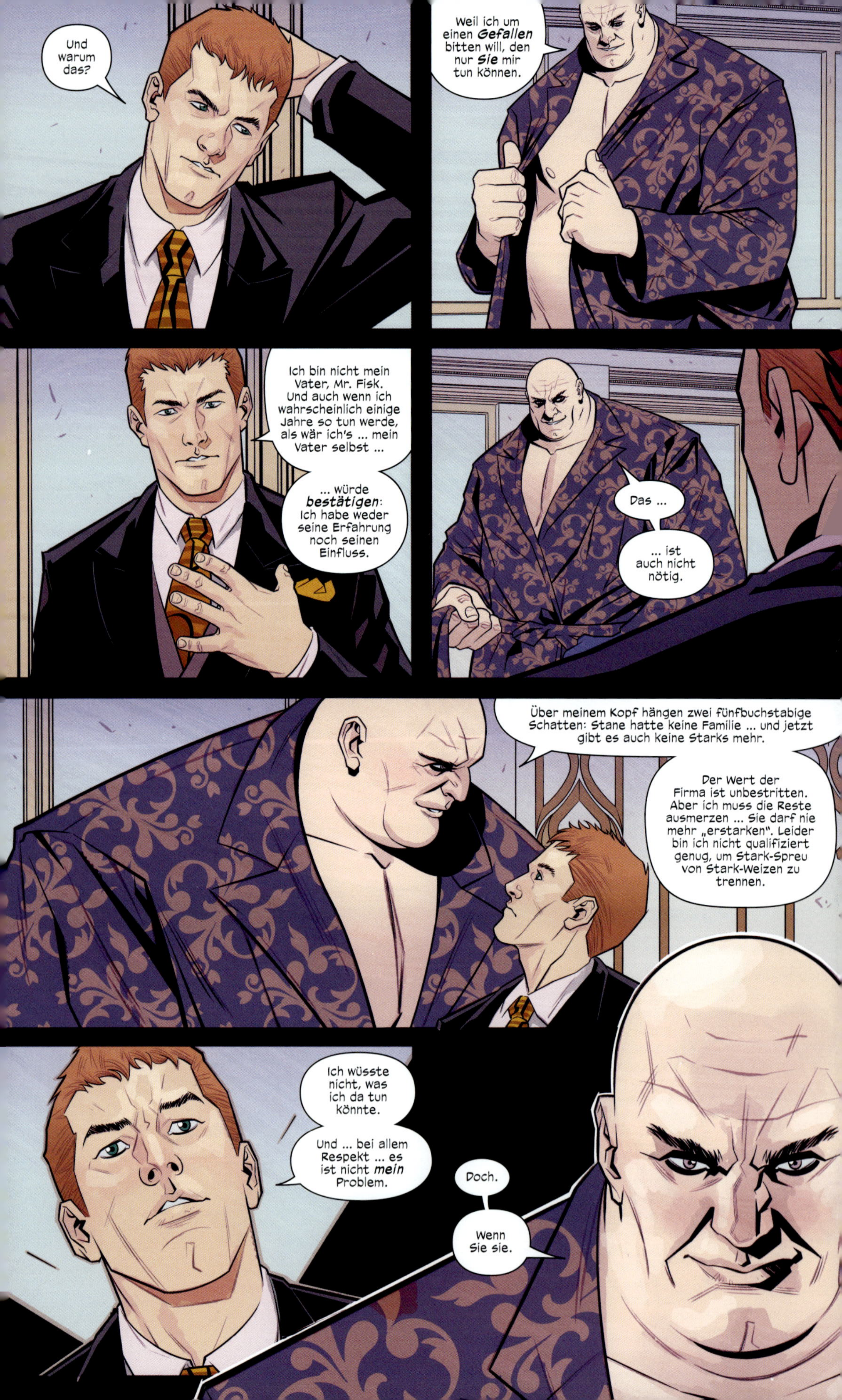
Und warum das?
Weil ich um einen *Gefallen* bitten will, den nur *Sie* mir tun können.
Ich bin nicht mein Vater, Mr. Fisk. Und auch wenn ich wahrscheinlich einige Jahre so tun werde, als wär ich's ... mein Vater selbst ...
... würde *bestätigen*: Ich habe weder seine Erfahrung noch seinen Einfluss.
Das ...
... ist auch nicht nötig.
Über meinem Kopf hängen zwei fünfbuchstabige Schatten: Stane hatte keine Familie ... und jetzt gibt es auch keine Starks mehr.
Der Wert der Firma ist unbestritten. Aber ich muss die Reste ausmerzen ... Sie darf nie mehr „erstarken". Leider bin ich nicht qualifiziert genug, um Stark-Spreu von Stark-Weizen zu trennen.
Ich wüsste nicht, was ich da tun könnte.
Und ... bei allem Respekt ... es ist nicht *mein* Problem.
Doch.
Wenn Sie sie.

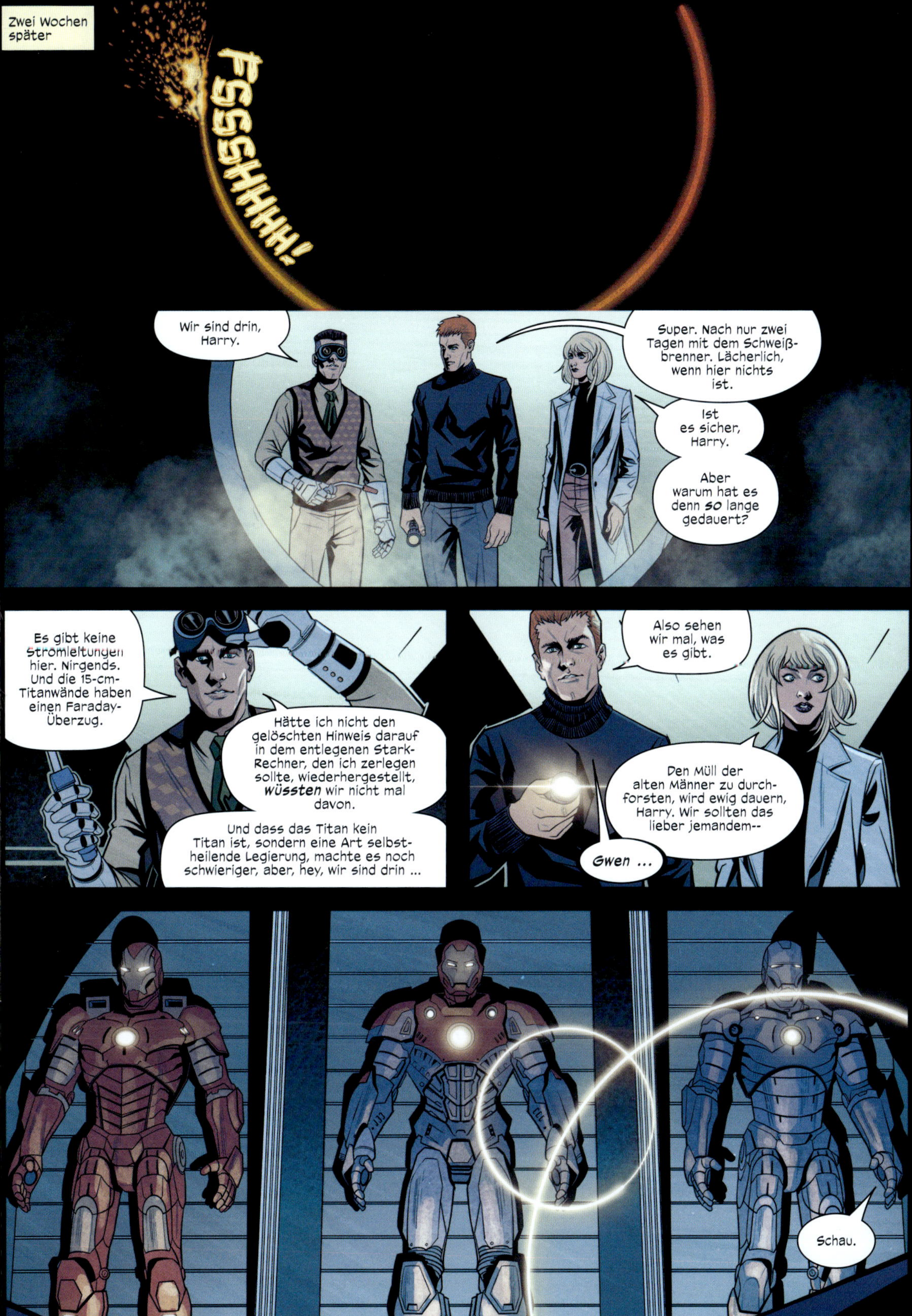
Zwei Wochen später
FSSSHHHH!
Wir sind drin, Harry.
Super. Nach nur zwei Tagen mit dem Schweiß-brenner. Lächerlich, wenn hier nichts ist.
Ist es sicher, Harry.
Aber warum hat es denn **so** lange gedauert?
Es gibt keine Stromleitungen hier. Nirgends. Und die 15-cm-Titanwände haben einen Faraday-Überzug.
Hätte ich nicht den gelöschten Hinweis darauf in dem entlegenen Stark-Rechner, den ich zerlegen sollte, wiederhergestellt, ***wüssten*** wir nicht mal davon.
Und dass das Titan kein Titan ist, sondern eine Art selbst-heilende Legierung, machte es noch schwieriger, aber, hey, wir sind drin ...
Also sehen wir mal, was es gibt.
Den Müll der alten Männer zu durch-forsten, wird ewig dauern, Harry. Wir sollten das lieber jemandem--
Gwen ...
Schau.

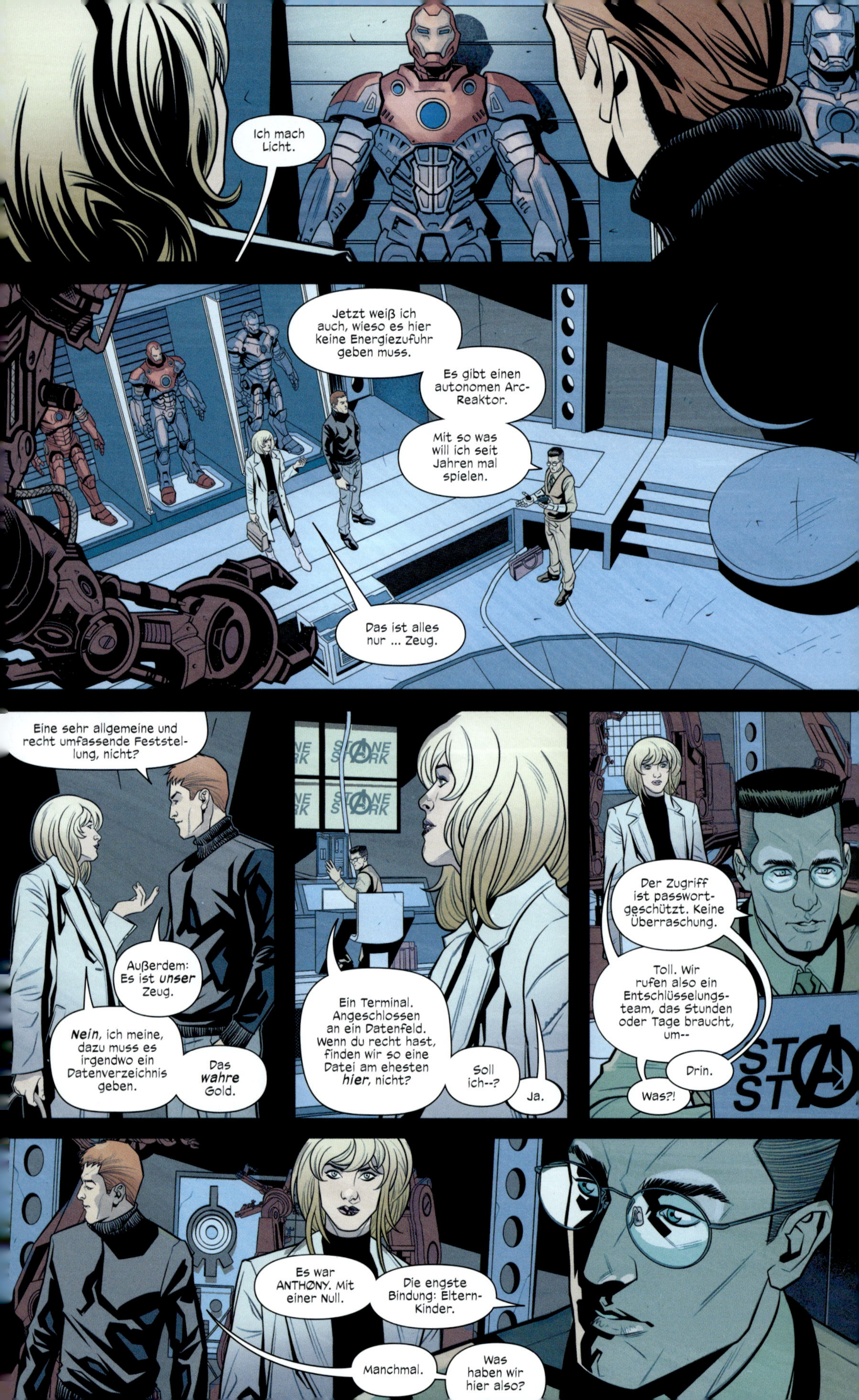
Ich mach Licht.
Jetzt weiß ich auch, wieso es hier keine Energiezufuhr geben muss.
Es gibt einen autonomen Arc-Reaktor.
Mit so was will ich seit Jahren mal spielen.
Das ist alles nur ... Zeug.
Eine sehr allgemeine und recht umfassende Feststellung, nicht?
Außerdem: Es ist *unser* Zeug.
Nein, ich meine, dazu muss es irgendwo ein Datenverzeichnis geben.
Das *wahre* Gold.
Ein Terminal. Angeschlossen an ein Datenfeld. Wenn du recht hast, finden wir so eine Datei am ehesten *hier*, nicht?
Soll ich--?
Ja.
Der Zugriff ist passwortgeschützt. Keine Überraschung.
Toll. Wir rufen also ein Entschlüsselungsteam, das Stunden oder Tage braucht, um--
Drin.
Was?!
Es war ANTHØNY. Mit einer Null.
Die engste Bindung: Eltern-Kinder.
Manchmal.
Was haben wir hier also?

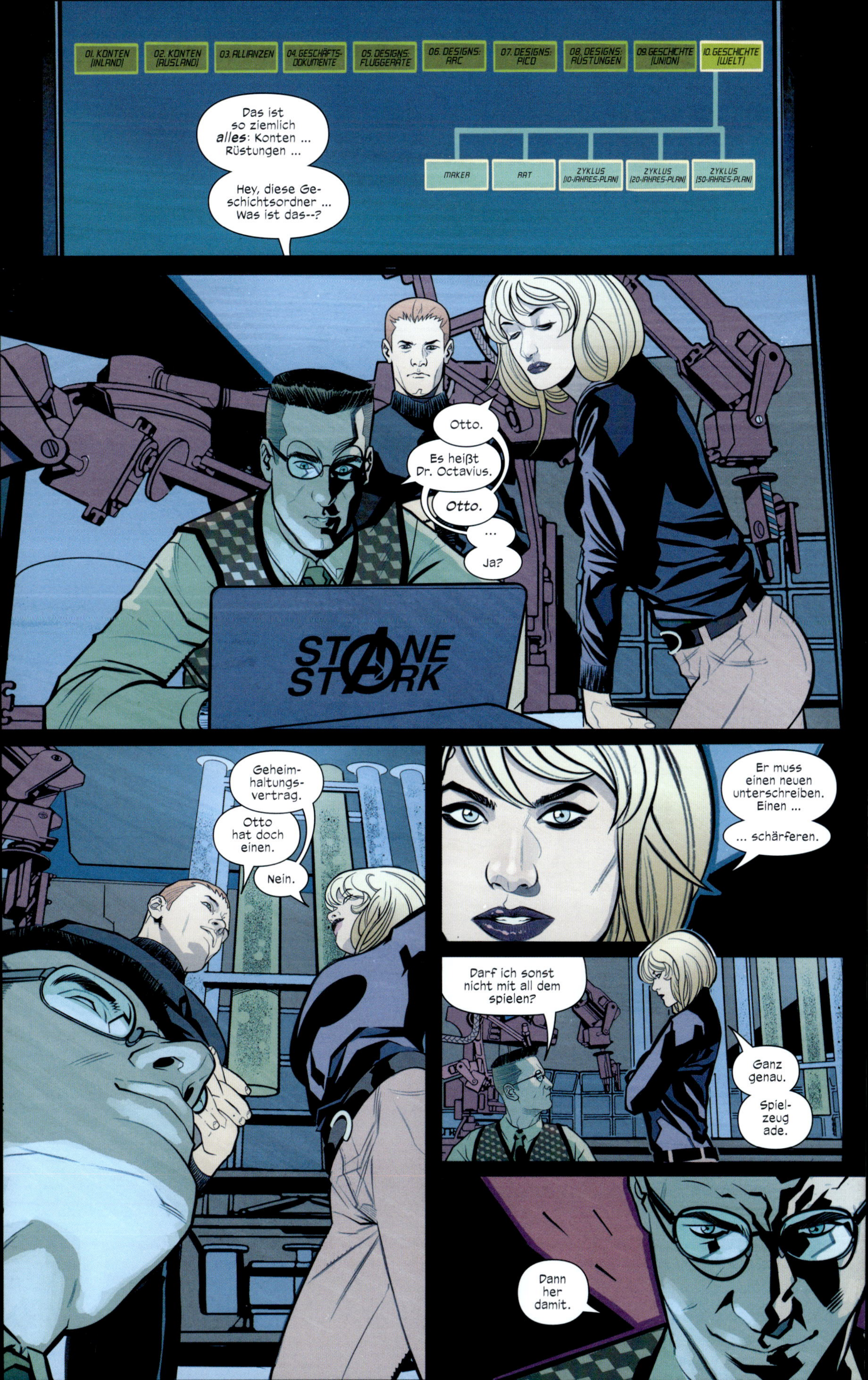

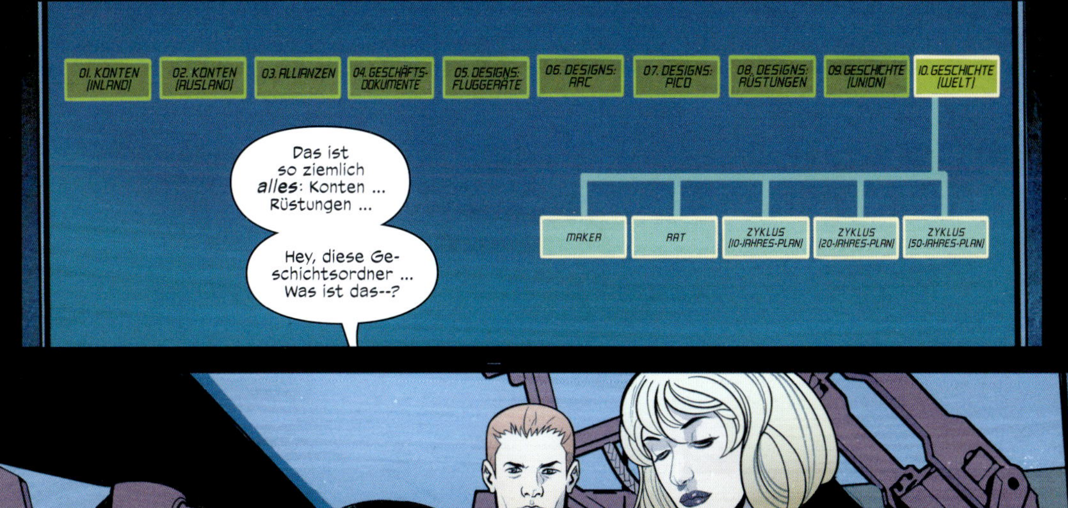
01. KONTEN (INLAND)
02. KONTEN (RUSLAND)
03. ALLIANZEN
04. GESCHÄFTS-DOKUMENTE
05. DESIGNS: FLUGGERÄTE
06. DESIGNS: ARC
07. DESIGNS: PICO
08. DESIGNS: RÜSTUNGEN
09. GESCHICHTE (UNION)
10. GESCHICHTE (WELT)
MAKER
RAT
ZYKLUS (10-JAHRES-PLAN)
ZYKLUS (20-JAHRES-PLAN)
ZYKLUS (50-JAHRES-PLAN)
Das ist so ziemlich **alles**: Konten ... Rüstungen ...
Hey, diese Geschichtsordner ... Was ist das--?

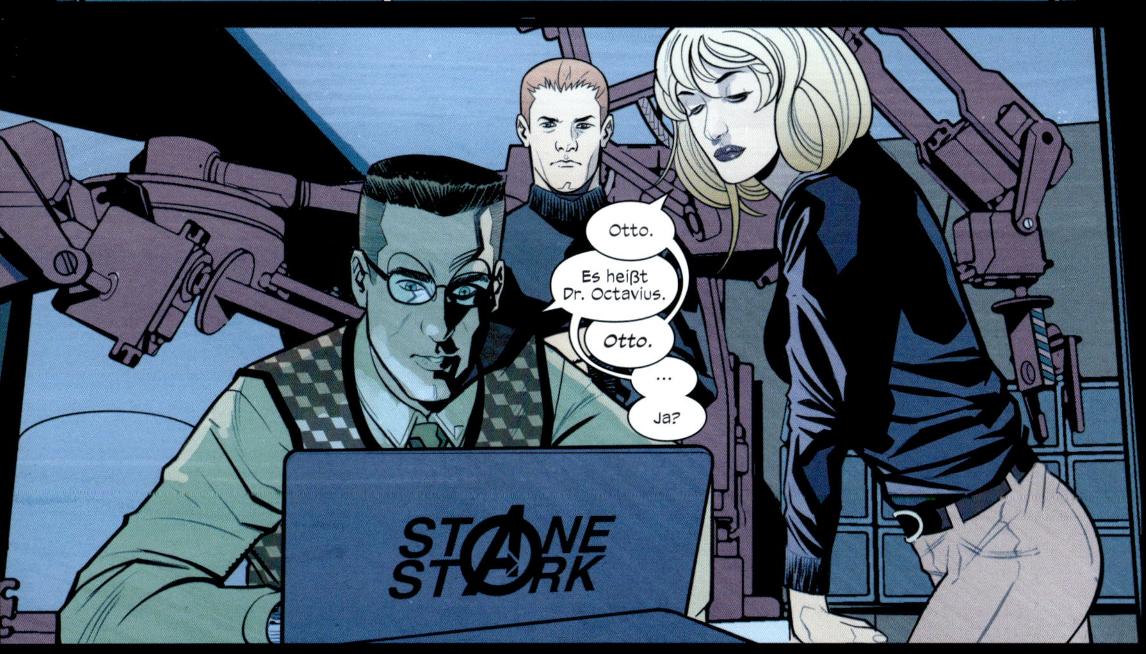
Otto.
Es heißt Dr. Octavius.
Otto.
...
Ja?
STONE STARK

Geheimhaltungsvertrag.
Otto hat doch einen.
Nein.
Er muss einen neuen unterschreiben. Einen ...
... schärferen.
Darf ich sonst nicht mit all dem spielen?
Ganz genau.
Spielzeug ade.
Dann her damit.

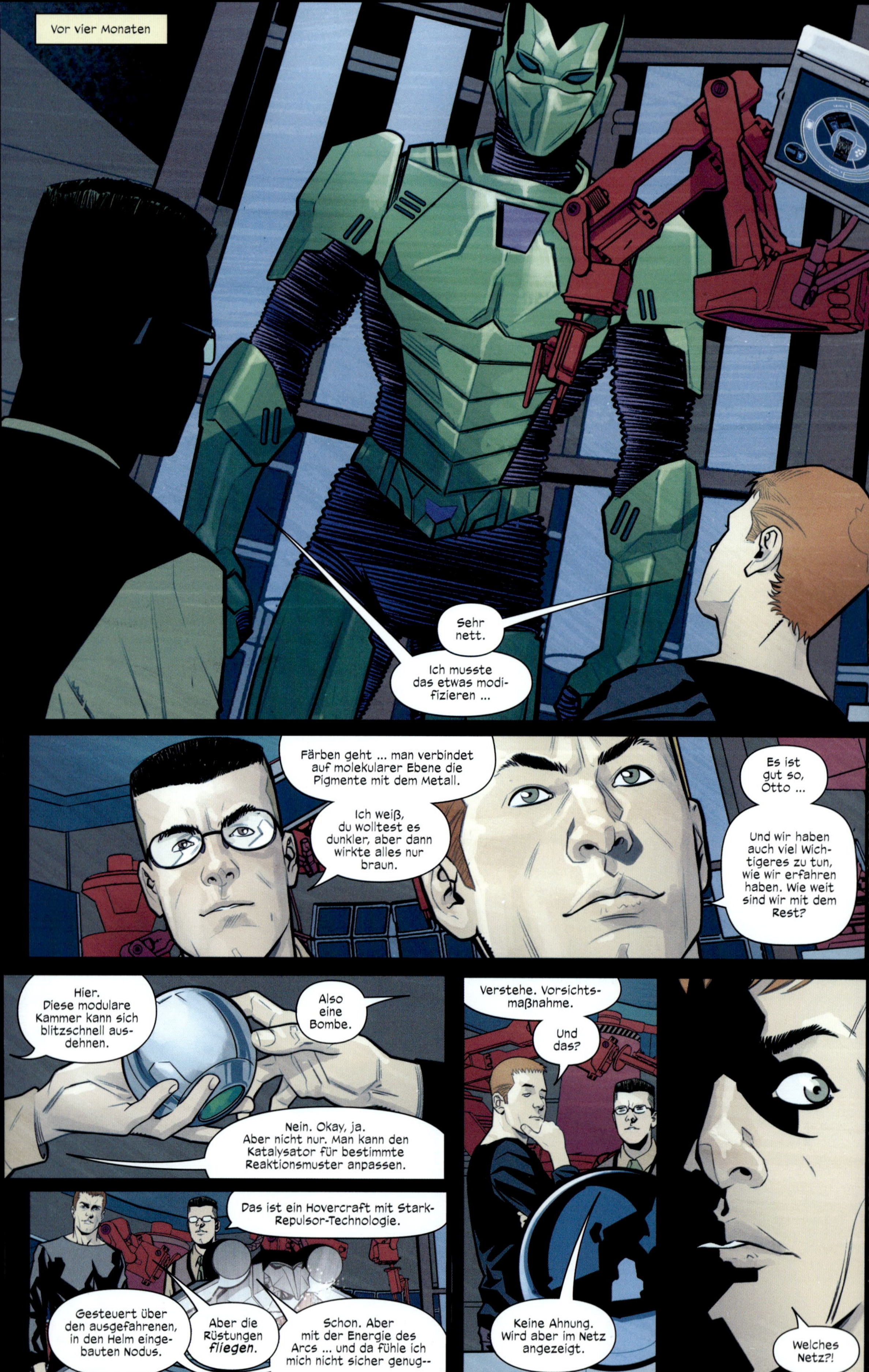
Vor vier Monaten
Sehr nett.
Ich musste das etwas modifizieren ...
Färben geht ... man verbindet auf molekularer Ebene die Pigmente mit dem Metall.
Ich weiß, du wolltest es dunkler, aber dann wirkte alles nur braun.
Es ist gut so, Otto ...
Und wir haben auch viel Wichtigeres zu tun, wie wir erfahren haben. Wie weit sind wir mit dem Rest?
Hier. Diese modulare Kammer kann sich blitzschnell ausdehnen.
Also eine Bombe.
Nein. Okay, ja. Aber nicht nur. Man kann den Katalysator für bestimmte Reaktionsmuster anpassen.
Verstehe. Vorsichtsmaßnahme.
Und das?
Keine Ahnung. Wird aber im Netz angezeigt.
Welches Netz?!
Das ist ein Hovercraft mit Stark-Repulsor-Technologie.
Gesteuert über den ausgefahrenen, in den Helm eingebauten Nodus.
Aber die Rüstungen *fliegen*.
Schon. Aber mit der Energie des Arcs ... und da fühle ich mich nicht sicher genug--

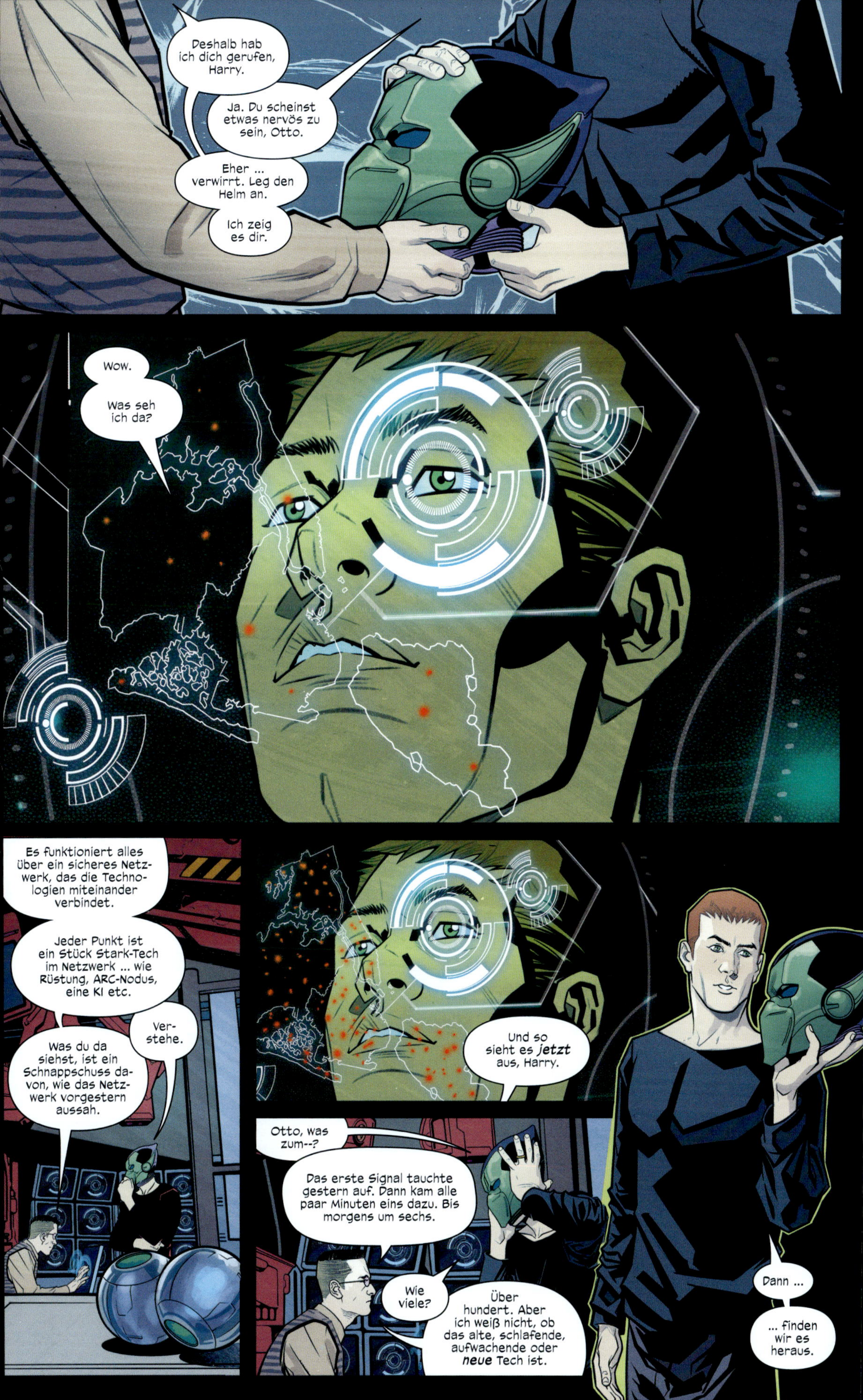
Deshalb hab ich dich gerufen, Harry.
Ja. Du scheinst etwas nervös zu sein, Otto.
Eher ... verwirrt. Leg den Helm an.
Ich zeig es dir.
Wow.
Was seh ich da?
Es funktioniert alles über ein sicheres Netzwerk, das die Technologien miteinander verbindet.
Jeder Punkt ist ein Stück Stark-Tech im Netzwerk ... wie Rüstung, ARC-Nodus, eine KI etc.
Verstehe.
Was du da siehst, ist ein Schnappschuss davon, wie das Netzwerk vorgestern aussah.
Und so sieht es *jetzt* aus, Harry.
Otto, was zum--?
Das erste Signal tauchte gestern auf. Dann kam alle paar Minuten eins dazu. Bis morgens um sechs.
Wie viele?
Über hundert. Aber ich weiß nicht, ob das alte, schlafende, aufwachende oder *neue* Tech ist.
Dann ...
... finden wir es heraus.

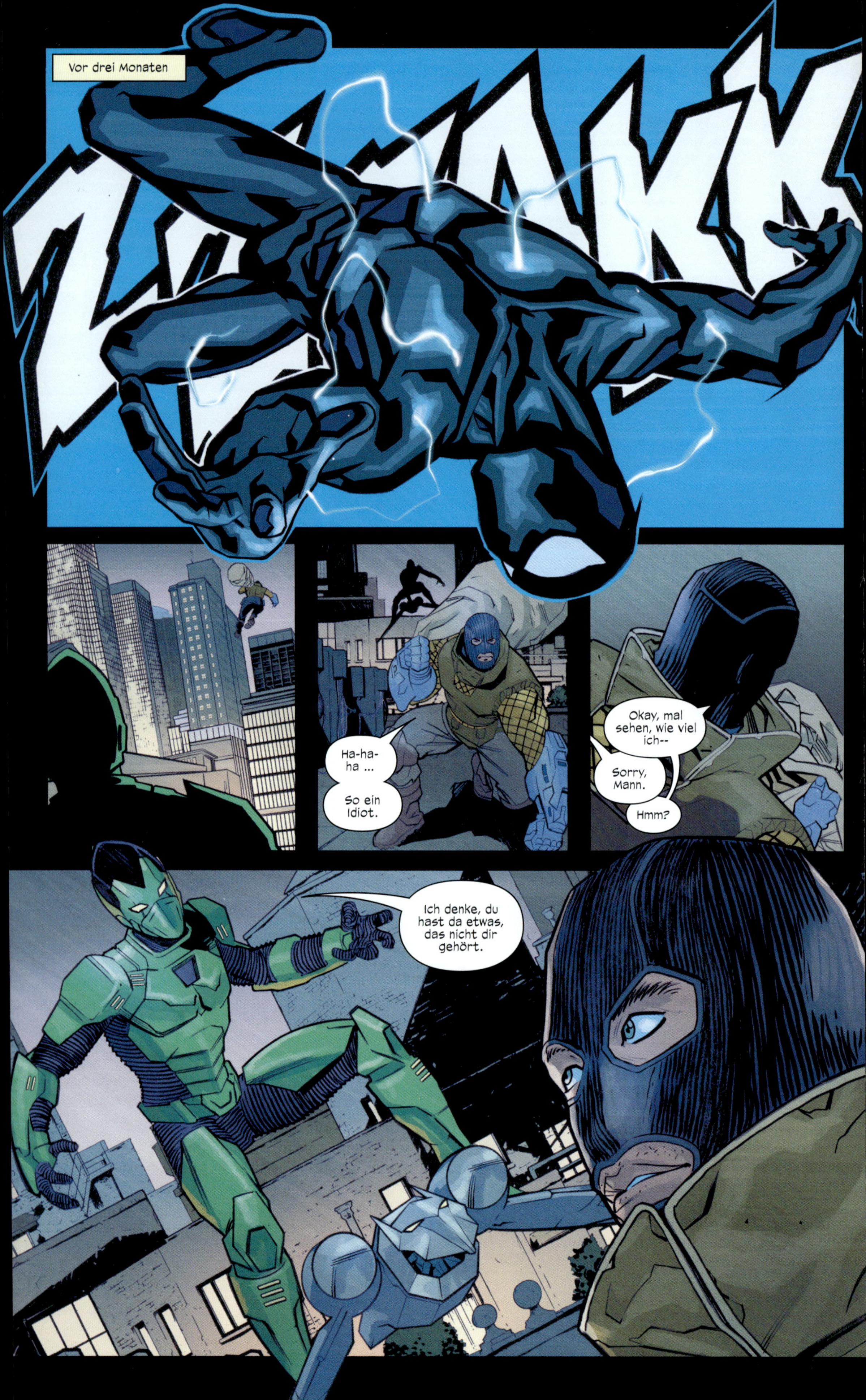
Vor drei Monaten
ZZAKK
Ha-ha-ha ...
So ein Idiot.
Okay, mal sehen, wie viel ich--
Sorry, Mann.
Hmm?
Ich denke, du hast da etwas, das nicht dir gehört.

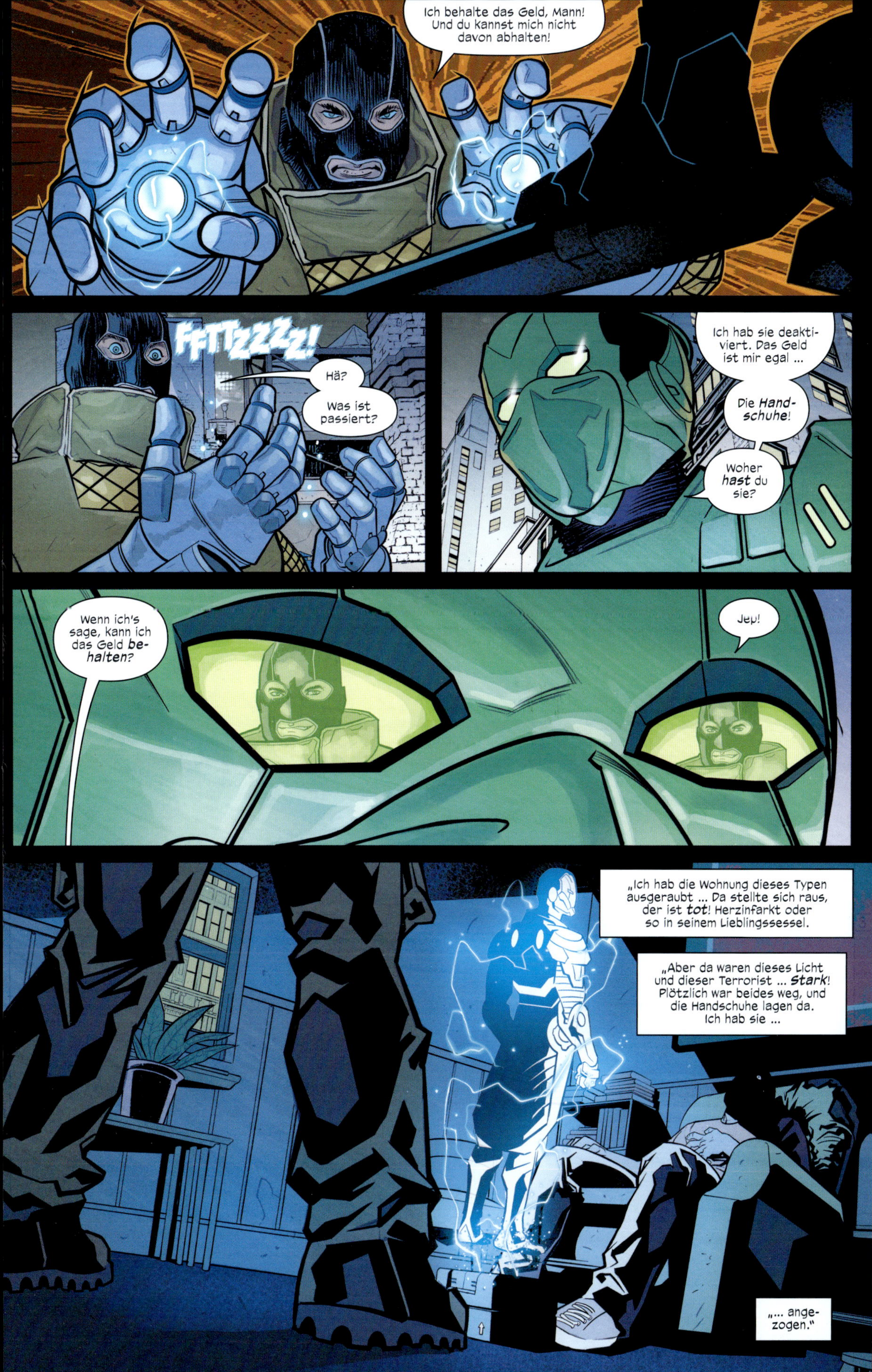
Ich behalte das Geld, Mann! Und du kannst mich nicht davon abhalten!
FFTTZZZZZ!
Hä?
Was ist passiert?
Ich hab sie deaktiviert. Das Geld ist mir egal ...
Die Handschuhe!
Woher hast du sie?
Wenn ich's sage, kann ich das Geld behalten?
Jep!
„Ich hab die Wohnung dieses Typen ausgeraubt ... Da stellte sich raus, der ist tot! Herzinfarkt oder so in seinem Lieblingssessel.
„Aber da waren dieses Licht und dieser Terrorist ... Stark! Plötzlich war beides weg, und die Handschuhe lagen da. Ich hab sie ...
„... angezogen."

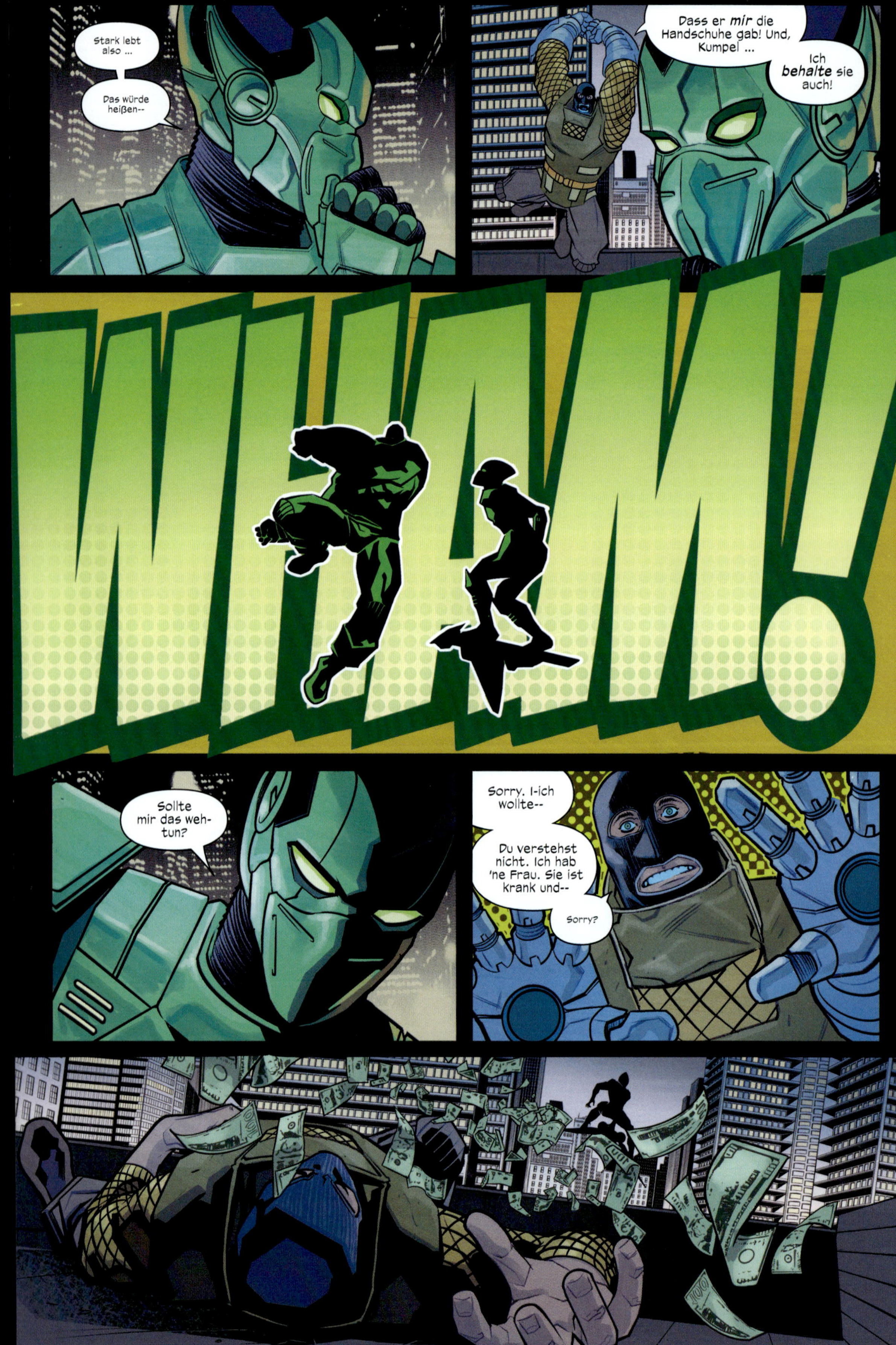
Stark lebt also ...
Das würde heißen--
Dass er *mir* die Handschuhe gab! Und, Kumpel ...
Ich *behalte* sie auch!
WHAM!
Sollte mir das weh-tun?
Sorry. I-ich wollte--
Du verstehst nicht. Ich hab 'ne Frau. Sie ist krank und--
Sorry?

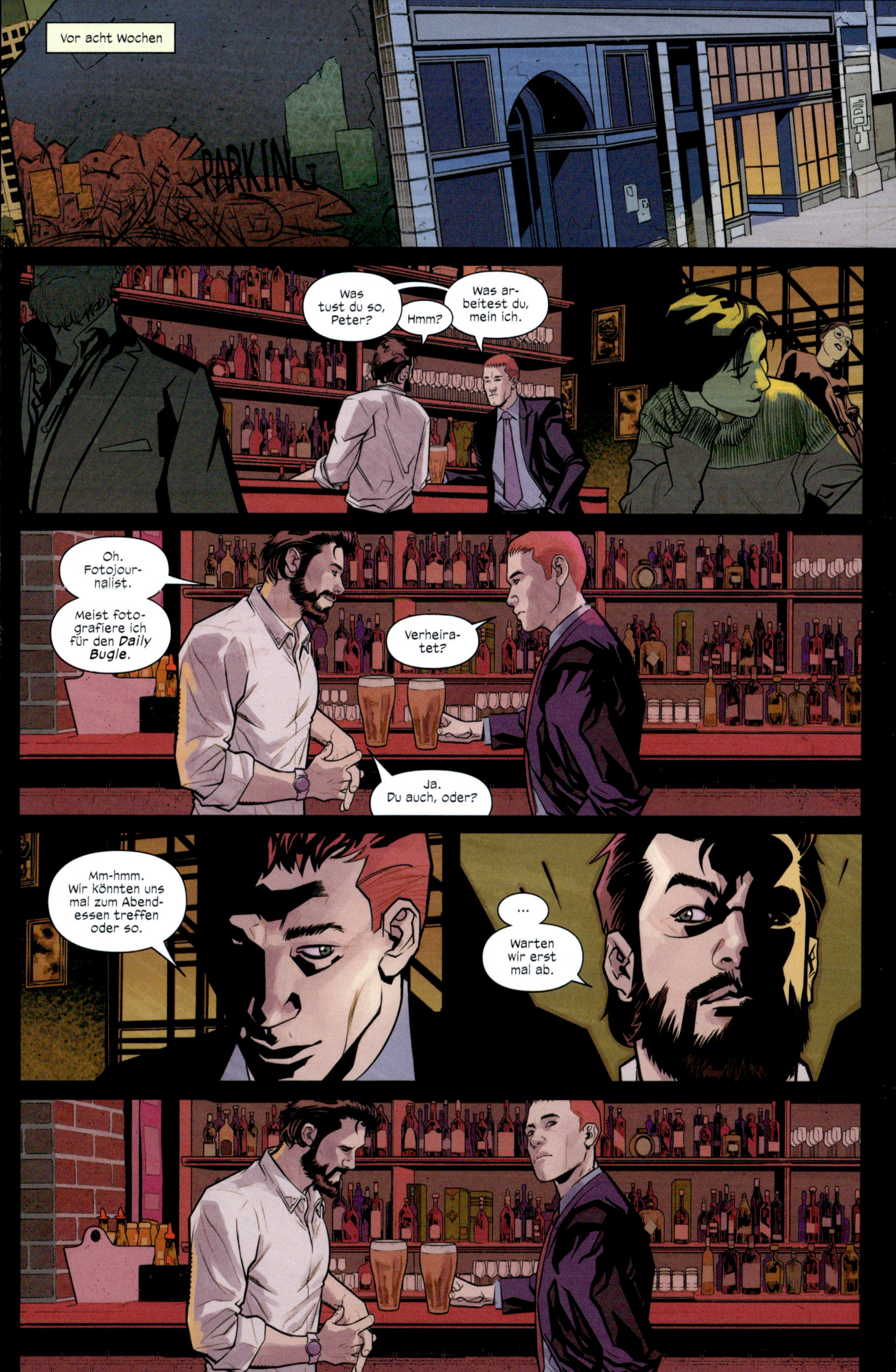
Vor acht Wochen
PARKING
Was tust du so, Peter?
Hmm?
Was arbeitest du, mein ich.
Oh. Fotojournalist.
Meist fotografiere ich für den *Daily Bugle*.
Verheiratet?
Ja. Du auch, oder?
Mm-hmm. Wir könnten uns mal zum Abendessen treffen oder so.
...
Warten wir erst mal ab.

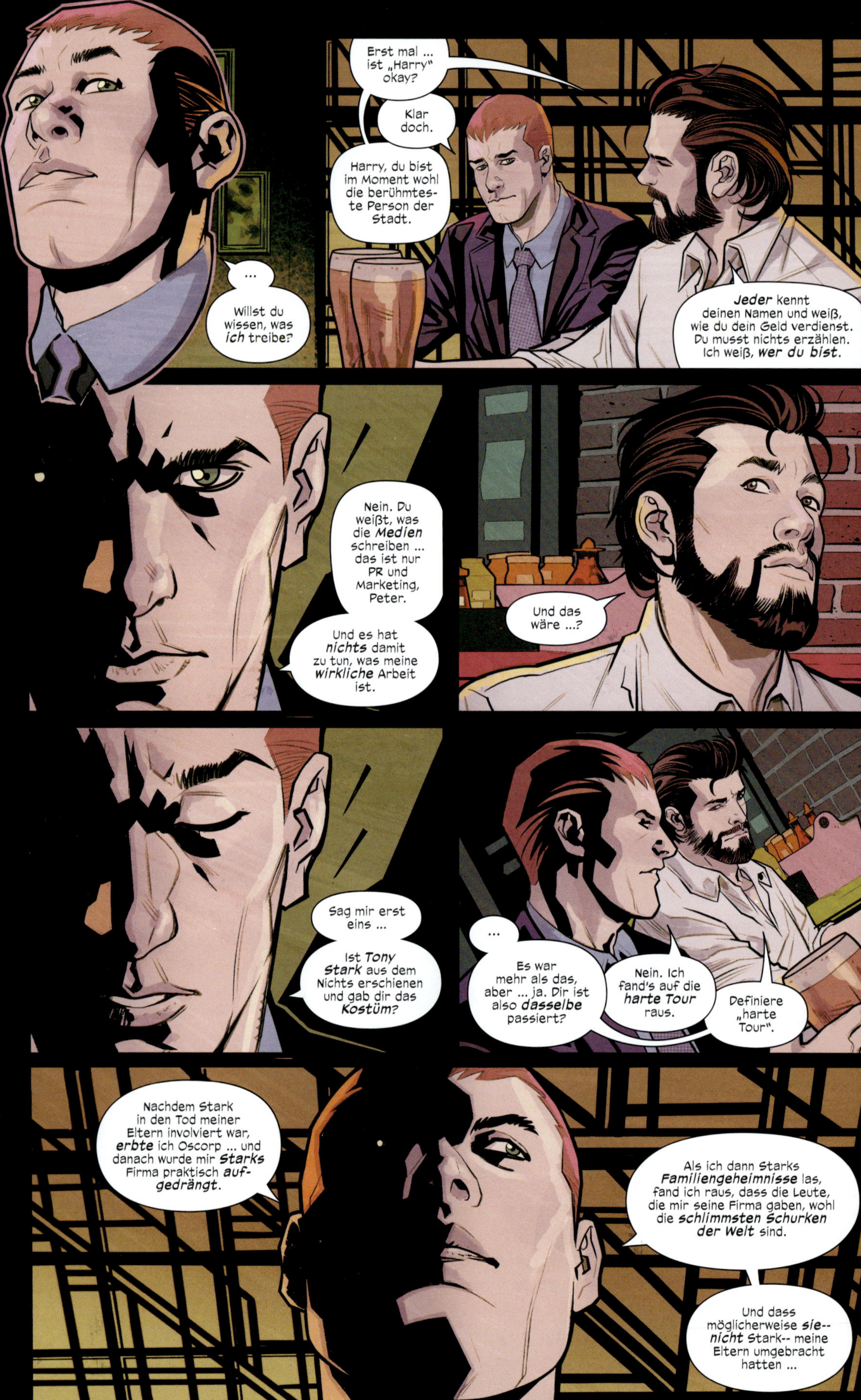
Erst mal ... ist „Harry" okay?
Klar doch.
Harry, du bist im Moment wohl die berühmteste Person der Stadt.
Jeder kennt deinen Namen und weiß, wie du dein Geld verdienst. Du musst nichts erzählen. Ich weiß, wer du bist.
...
Willst du wissen, was ich treibe?
Nein. Du weißt, was die Medien schreiben ... das ist nur PR und Marketing, Peter.
Und es hat nichts damit zu tun, was meine wirkliche Arbeit ist.
Und das wäre ...?
Sag mir erst eins ...
Ist Tony Stark aus dem Nichts erschienen und gab dir das Kostüm?
...
Es war mehr als das, aber ... ja. Dir ist also dasselbe passiert?
Nein. Ich fand's auf die harte Tour raus.
Definiere „harte Tour".
Nachdem Stark in den Tod meiner Eltern involviert war, erbte ich Oscorp ... und danach wurde mir Starks Firma praktisch aufgedrängt.
Als ich dann Starks Familiengeheimnisse las, fand ich raus, dass die Leute, die mir seine Firma gaben, wohl die schlimmsten Schurken der Welt sind.
Und dass möglicherweise sie-- nicht Stark-- meine Eltern umgebracht hatten ...

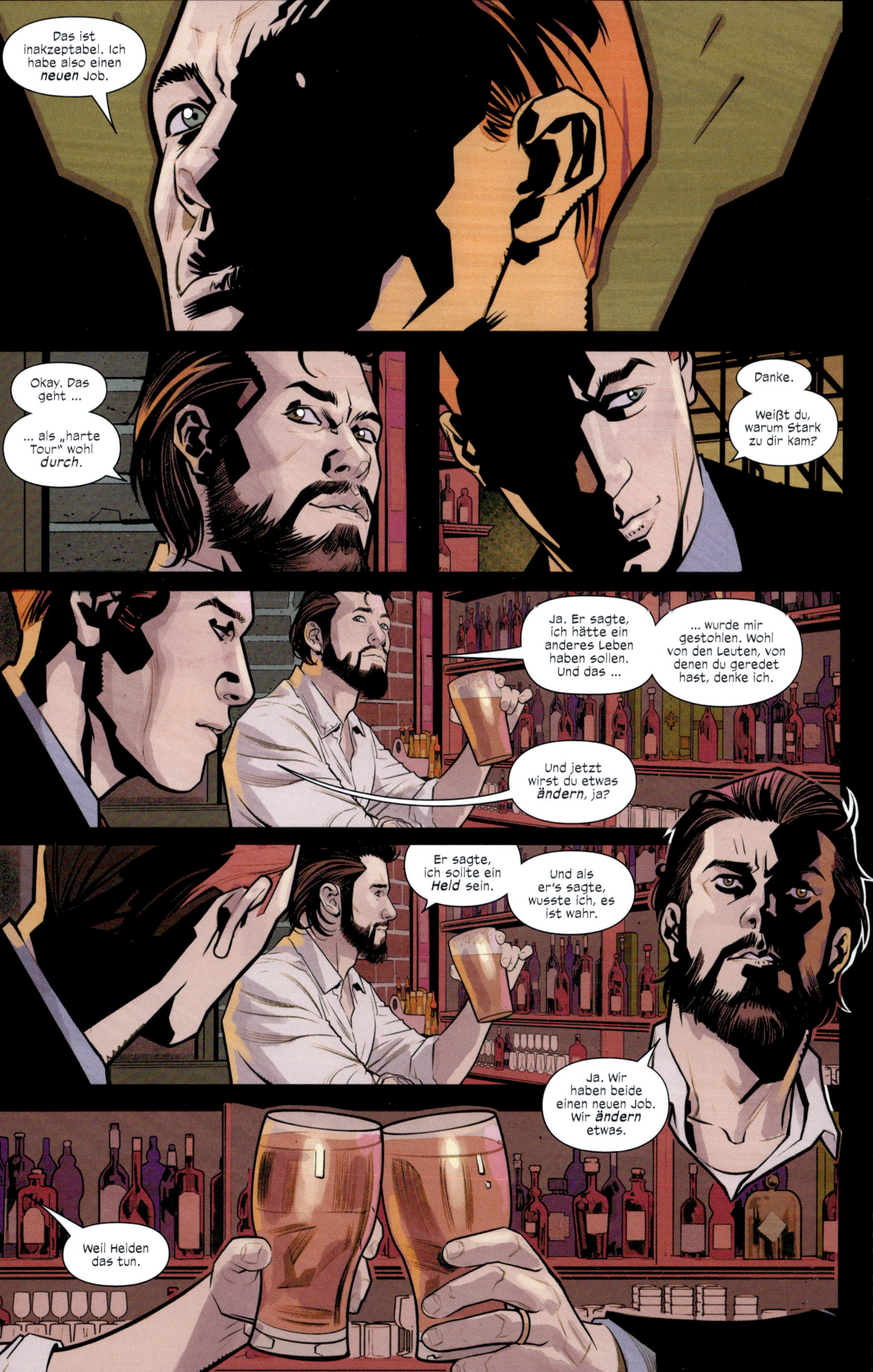
Das ist inakzeptabel. Ich habe also einen *neuen* Job.
Okay. Das geht ...
... als „harte Tour" wohl *durch*.
Danke.
Weißt du, warum Stark zu dir kam?
Ja. Er sagte, ich hätte ein anderes Leben haben sollen. Und das ...
... wurde mir gestohlen. Wohl von den Leuten, von denen du geredet hast, denke ich.
Und jetzt wirst du etwas *ändern*, ja?
Er sagte, ich sollte ein *Held* sein.
Und als er's sagte, wusste ich, es ist wahr.
Ja. Wir haben beide einen neuen Job. Wir *ändern* etwas.
Weil Helden das tun.

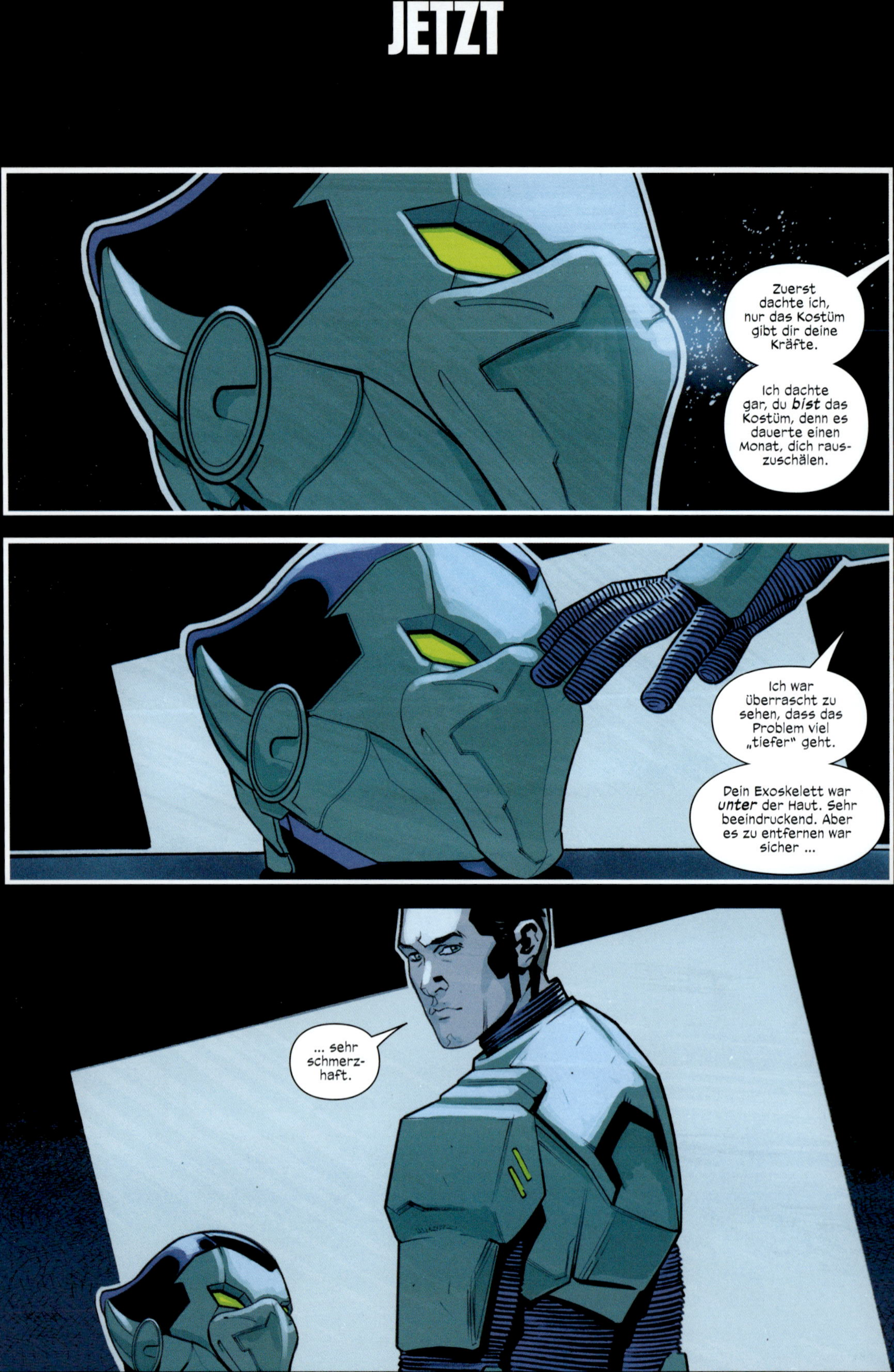

JETZT

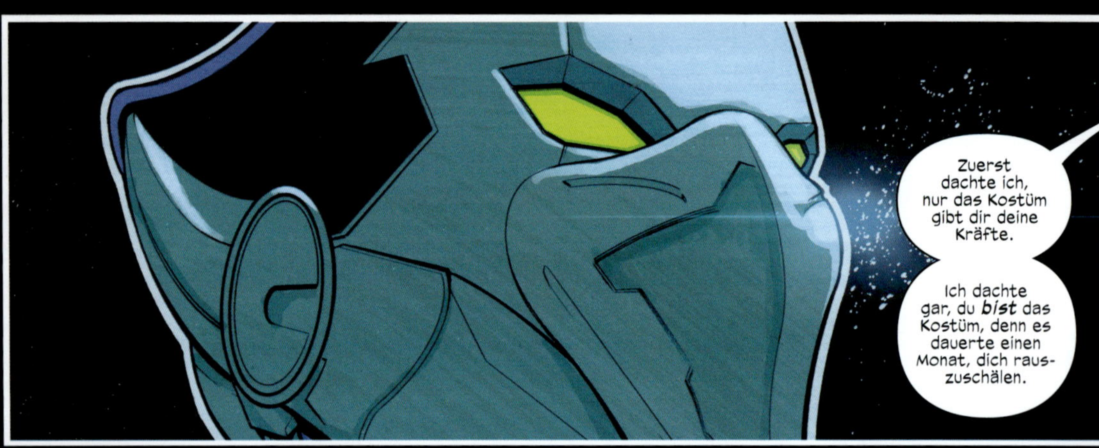

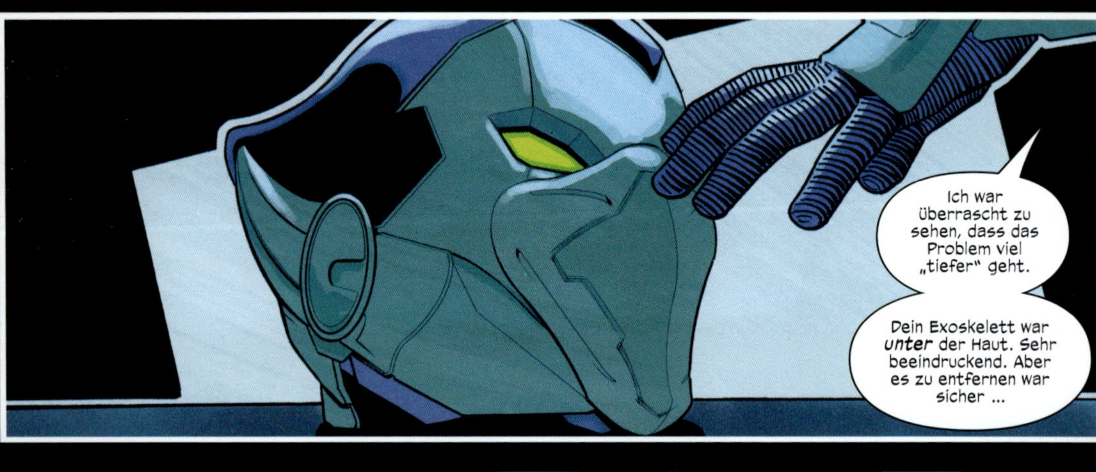

... sehr schmerzhaft.

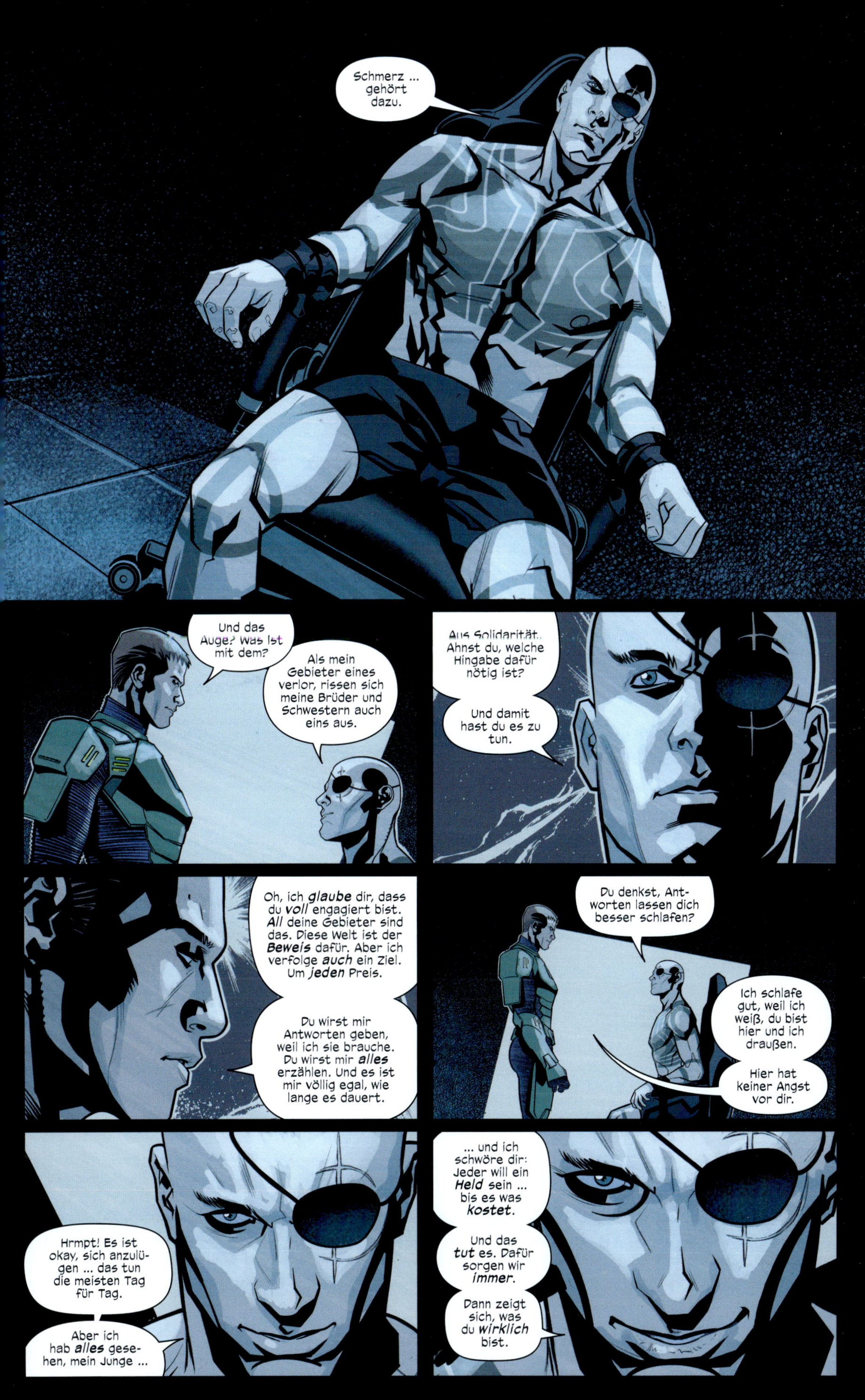
Schmerz ... gehört dazu.
Und das Auge? Was ist mit dem?
Als mein Gebieter eines verlor, rissen sich meine Brüder und Schwestern auch eins aus.
Aus Solidarität. Ahnst du, welche Hingabe dafür nötig ist?
Und damit hast du es zu tun.
Oh, ich glaube dir, dass du voll engagiert bist. All deine Gebieter sind das. Diese Welt ist der Beweis dafür. Aber ich verfolge auch ein Ziel. Um jeden Preis.
Du wirst mir Antworten geben, weil ich sie brauche. Du wirst mir alles erzählen. Und es ist mir völlig egal, wie lange es dauert.
Du denkst, Antworten lassen dich besser schlafen?
Ich schlafe gut, weil ich weiß, du bist hier und ich draußen.
Hier hat keiner Angst vor dir.
Hrmpt! Es ist okay, sich anzulügen ... das tun die meisten Tag für Tag.
Aber ich hab alles gesehen, mein Junge ...
... und ich schwöre dir: Jeder will ein Held sein ... bis es was kostet.
Und das tut es. Dafür sorgen wir immer.
Dann zeigt sich, was du wirklich bist.

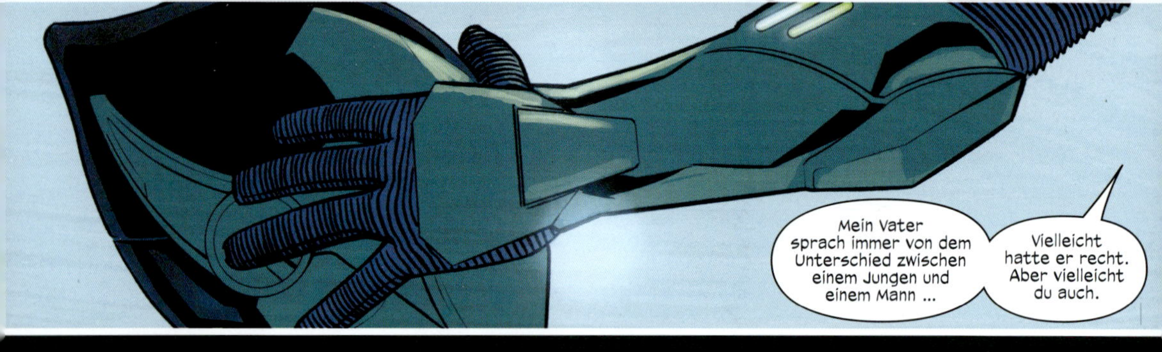

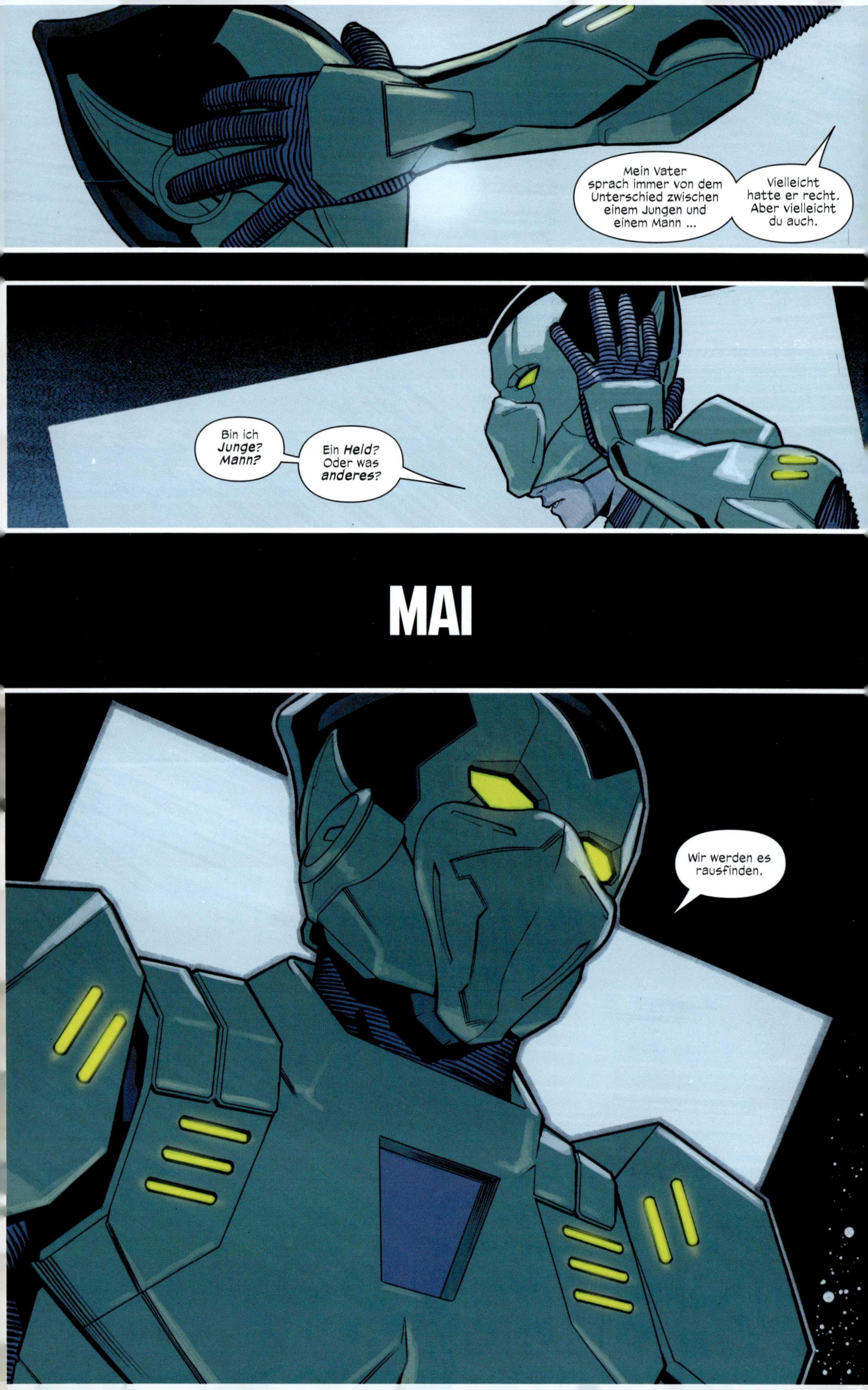

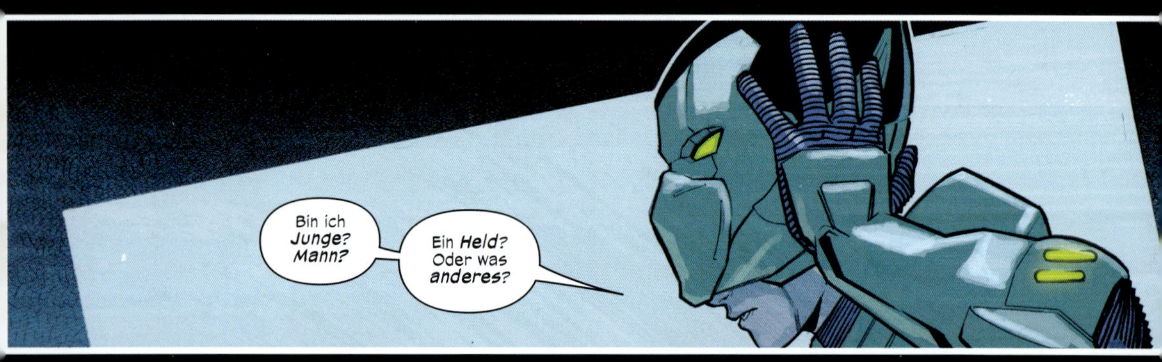

MAI

Wir werden es rausfinden.

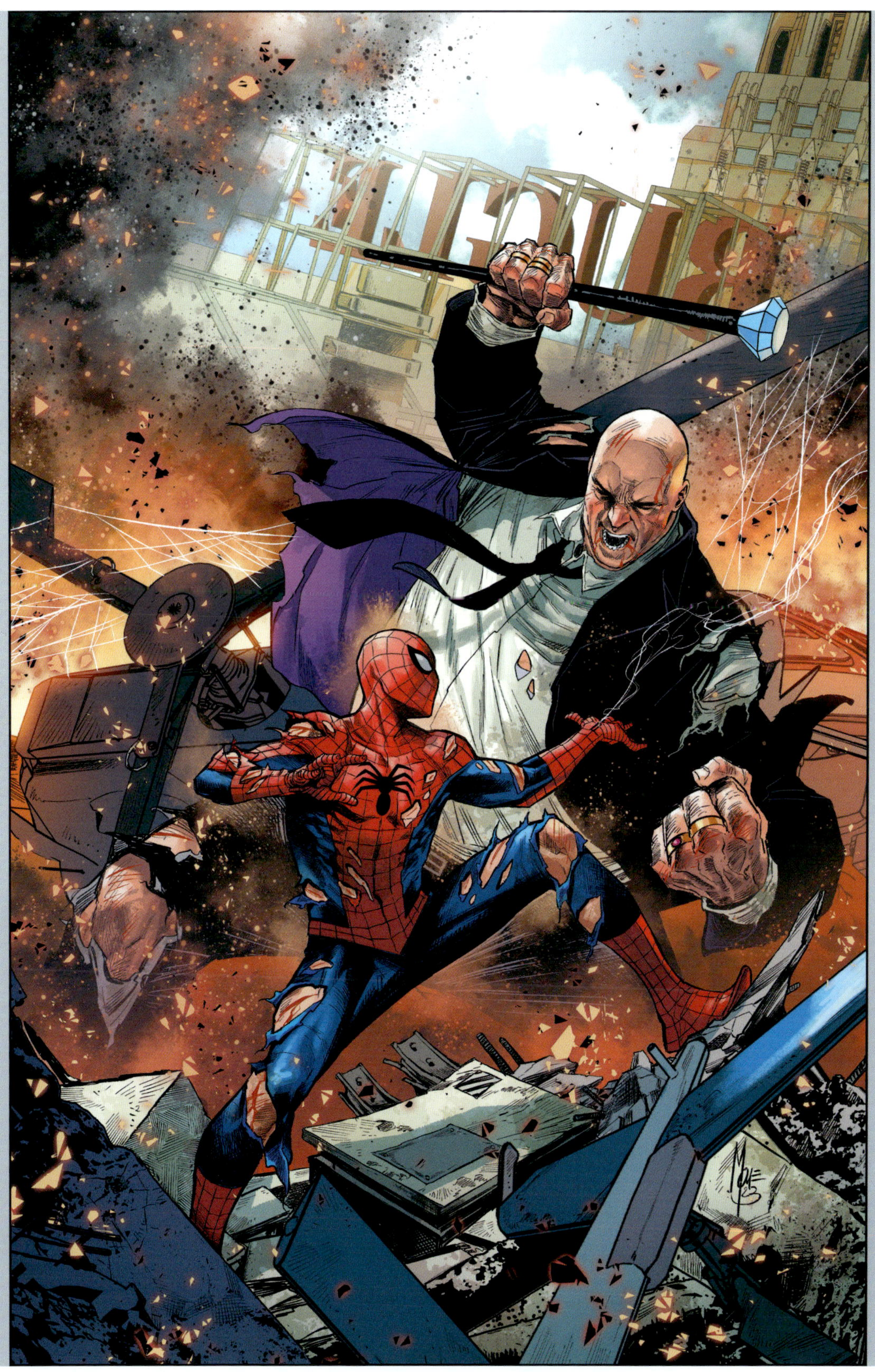

Ultimate Spider-Man (2024) 6
Cover von **MARCO CHECCHETTO**

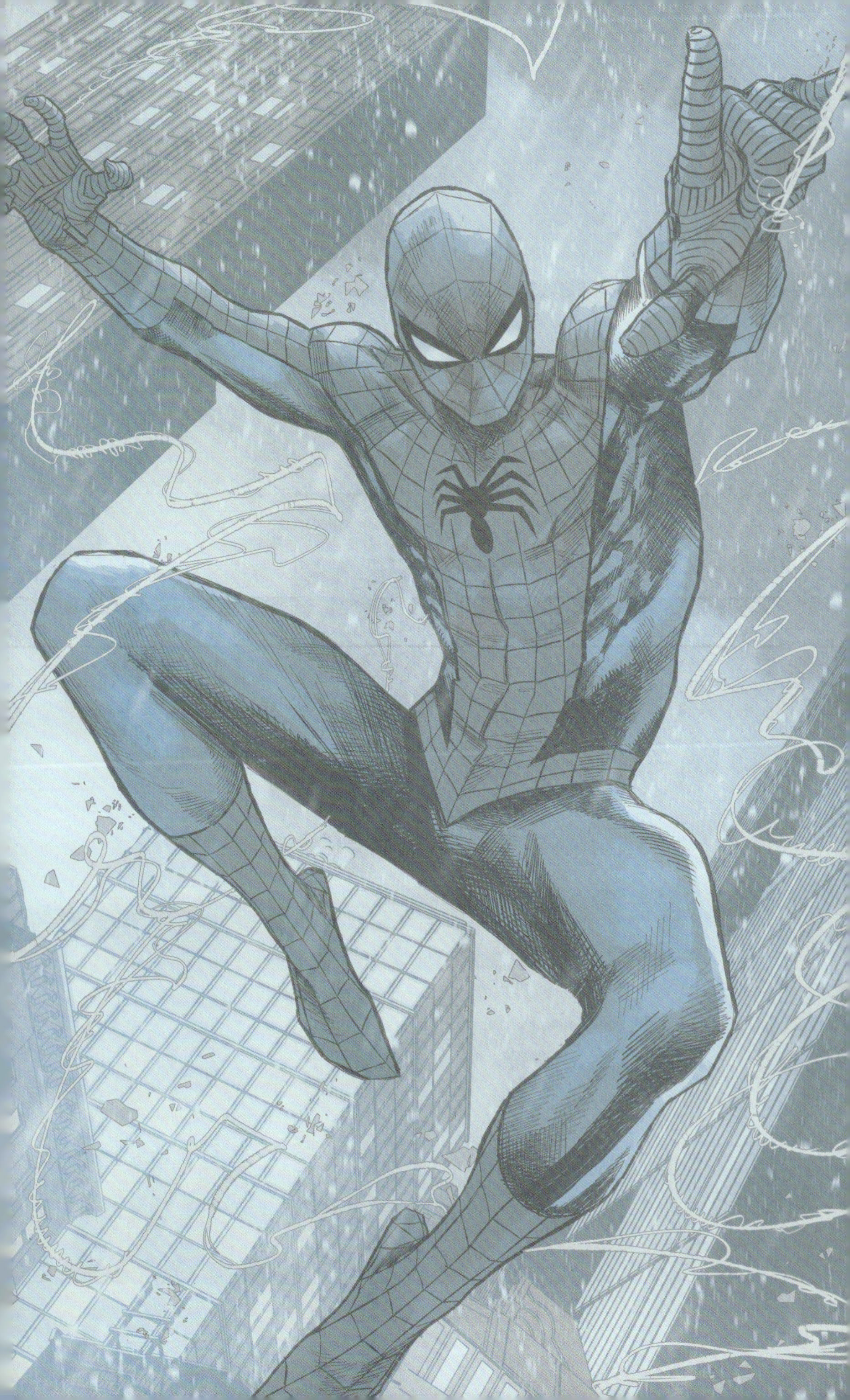

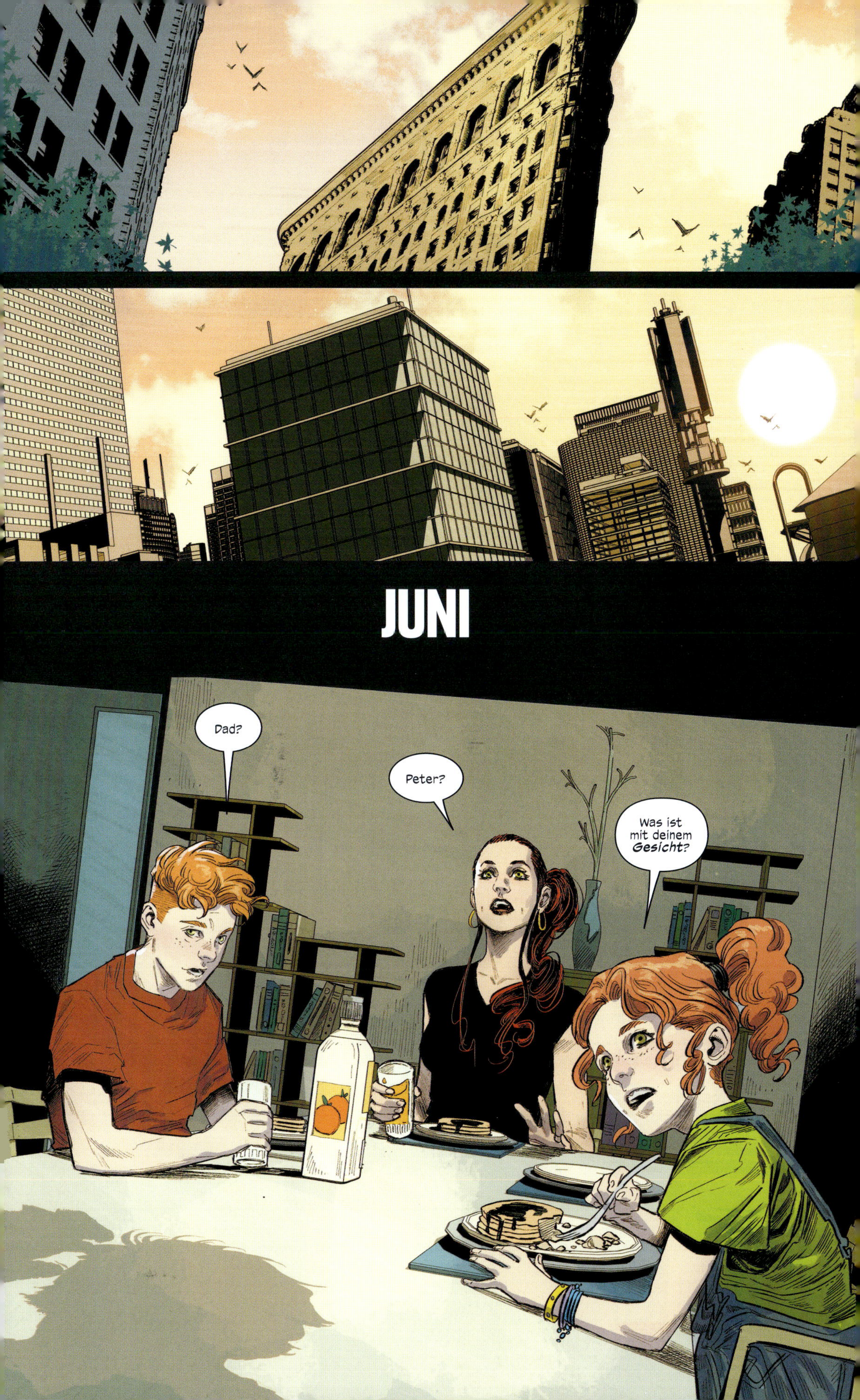
JUNI
Dad?
Peter?
Was ist mit deinem *Gesicht?*

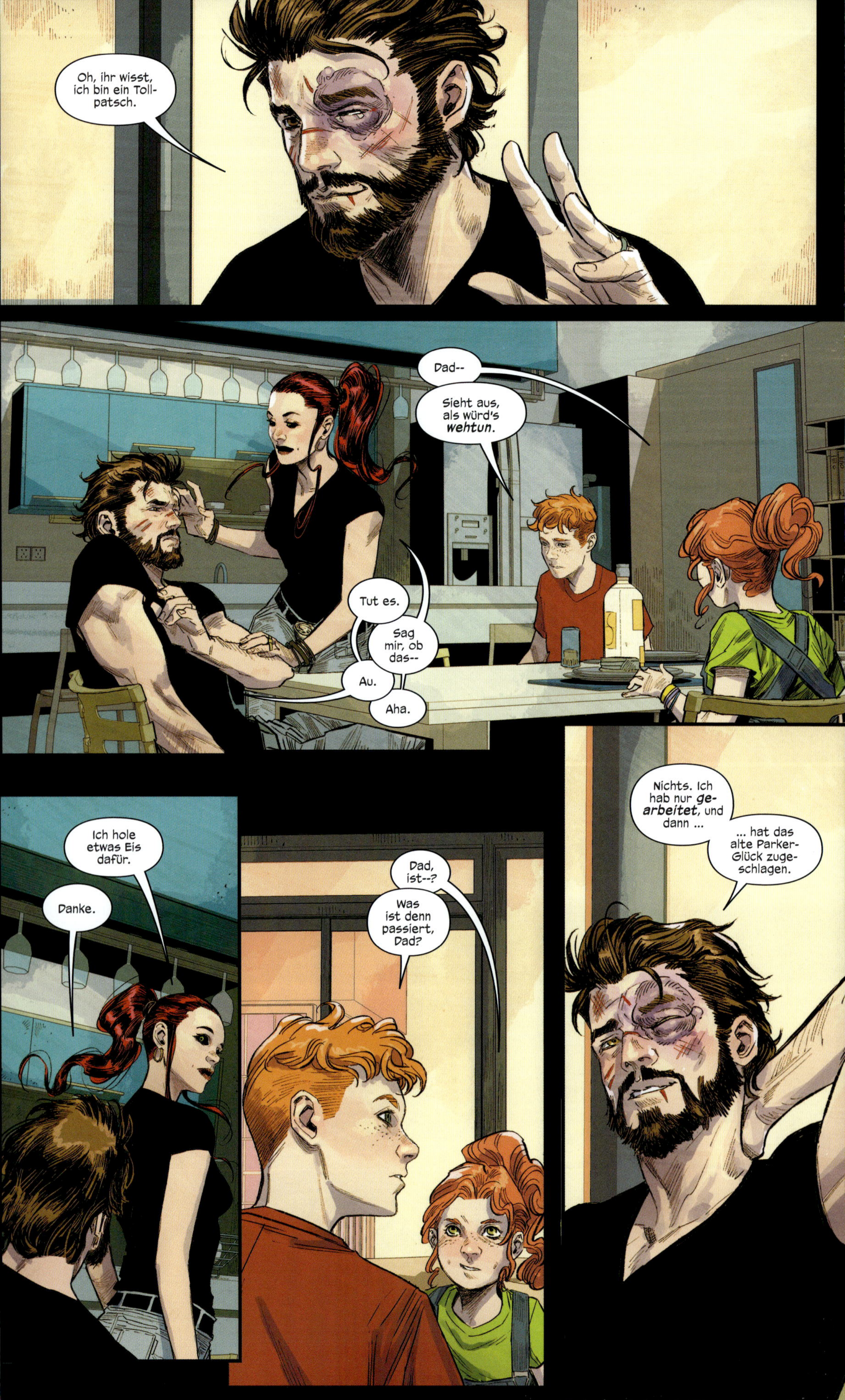
Oh, ihr wisst, ich bin ein Toll-patsch.
Dad--
Sieht aus, als würd's *wehtun*.
Tut es.
Sag mir, ob das--
Au.
Aha.
Ich hole etwas Eis dafür.
Danke.
Dad, ist--?
Was ist denn passiert, Dad?
Nichts. Ich hab nur *ge-arbeitet*, und dann ...
... hat das alte Parker-Glück zuge-schlagen.

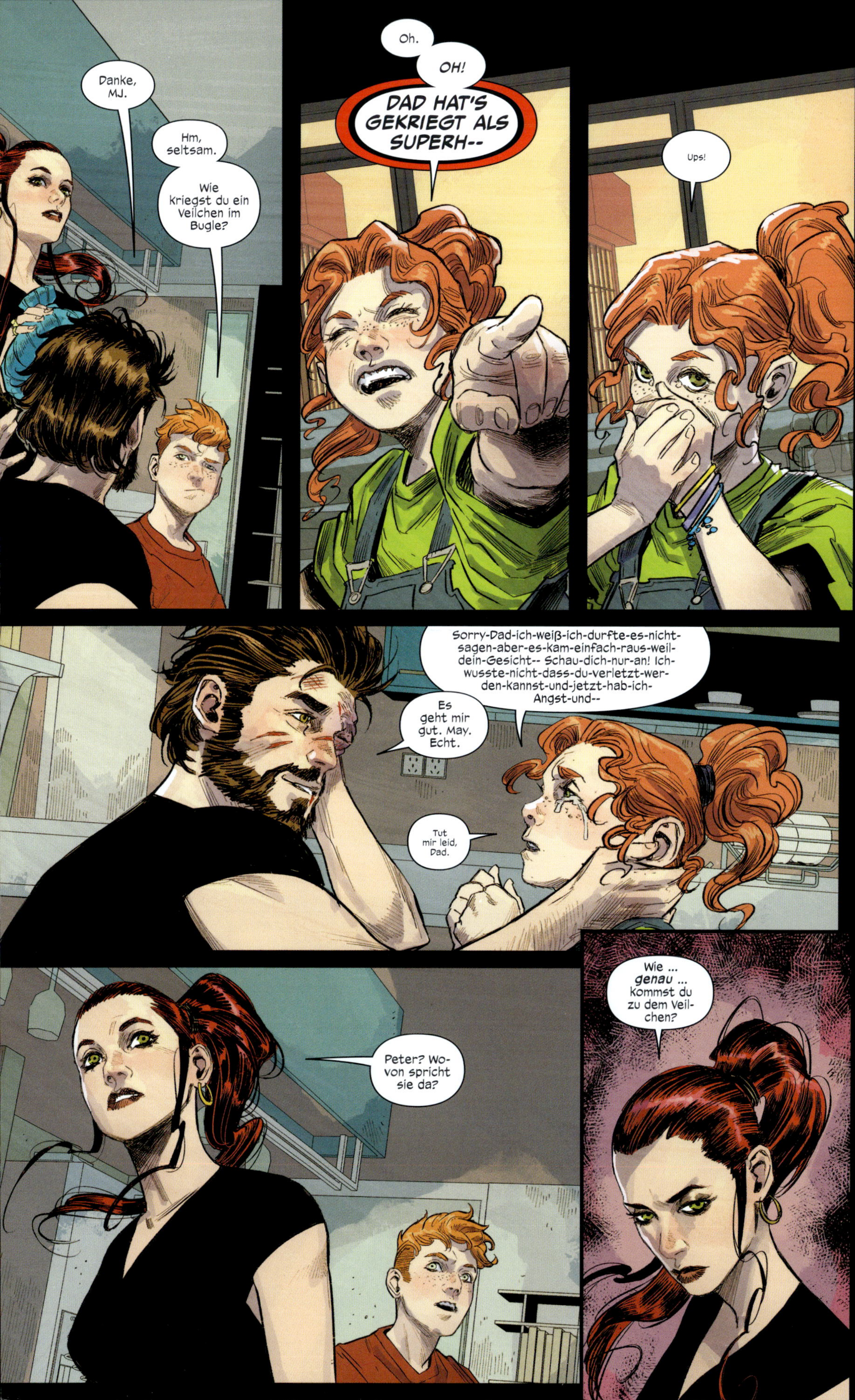
Danke, MJ.
Hm, seltsam.
Wie kriegst du ein Veilchen im Bugle?
Oh.
OH!
DAD HAT'S GEKRIEGT ALS SUPERH--
Ups!
Sorry-Dad-ich-weiß-ich-durfte-es-nicht-sagen-aber-es-kam-einfach-raus-weil-dein-Gesicht-- Schau-dich-nur-an! Ich-wusste-nicht-dass-du-verletzt-wer-den-kannst-und-jetzt-hab-ich-Angst-und--
Es geht mir gut. May. Echt.
Tut mir leid, Dad.
Peter? Wo-von spricht sie da?
Wie ... *genau* ... kommst du zu dem Veil-chen?

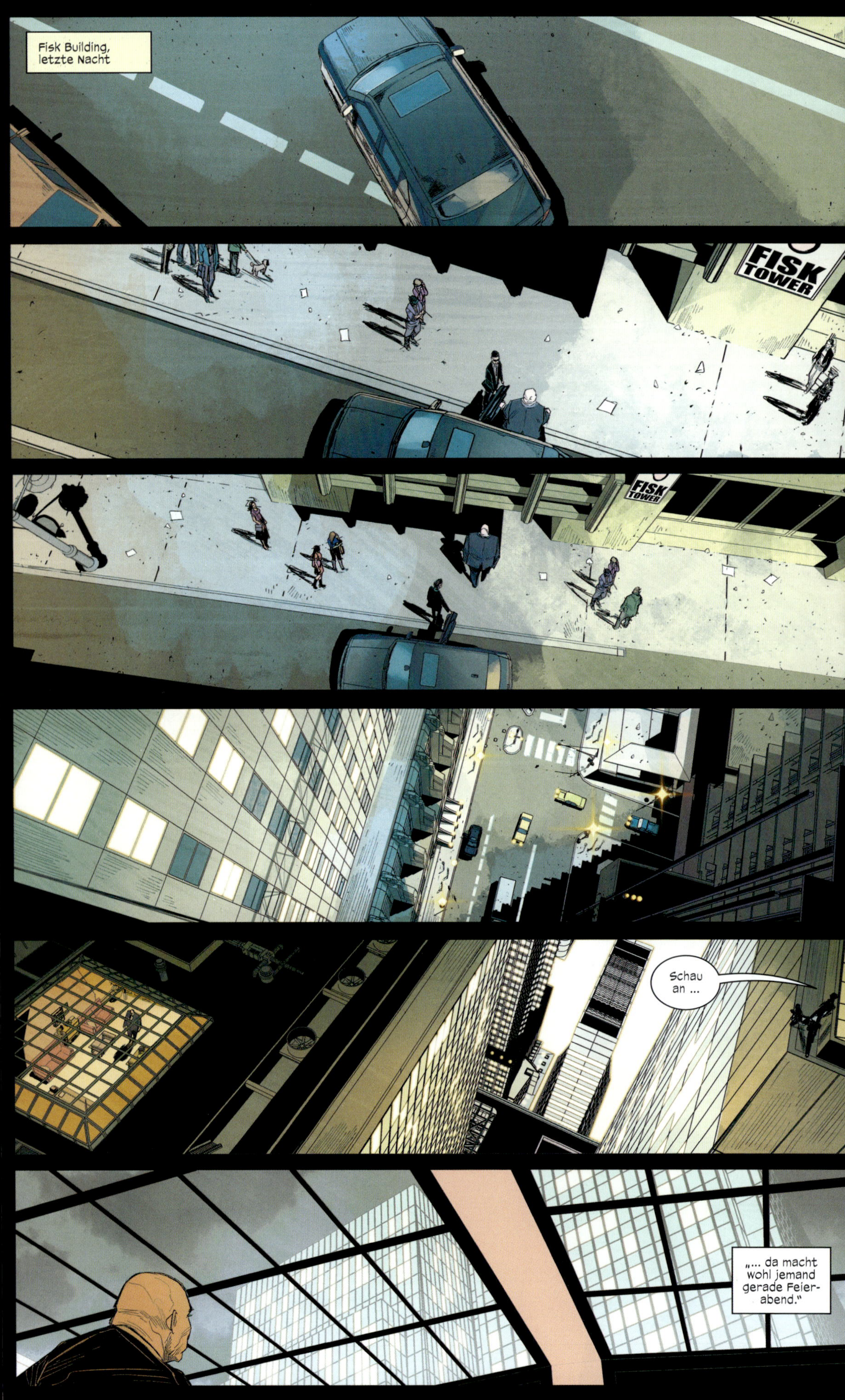
Fisk Building, letzte Nacht
FISK TOWER
FISK TOWER
Schau an ...
„... da macht wohl jemand gerade Feier-abend."

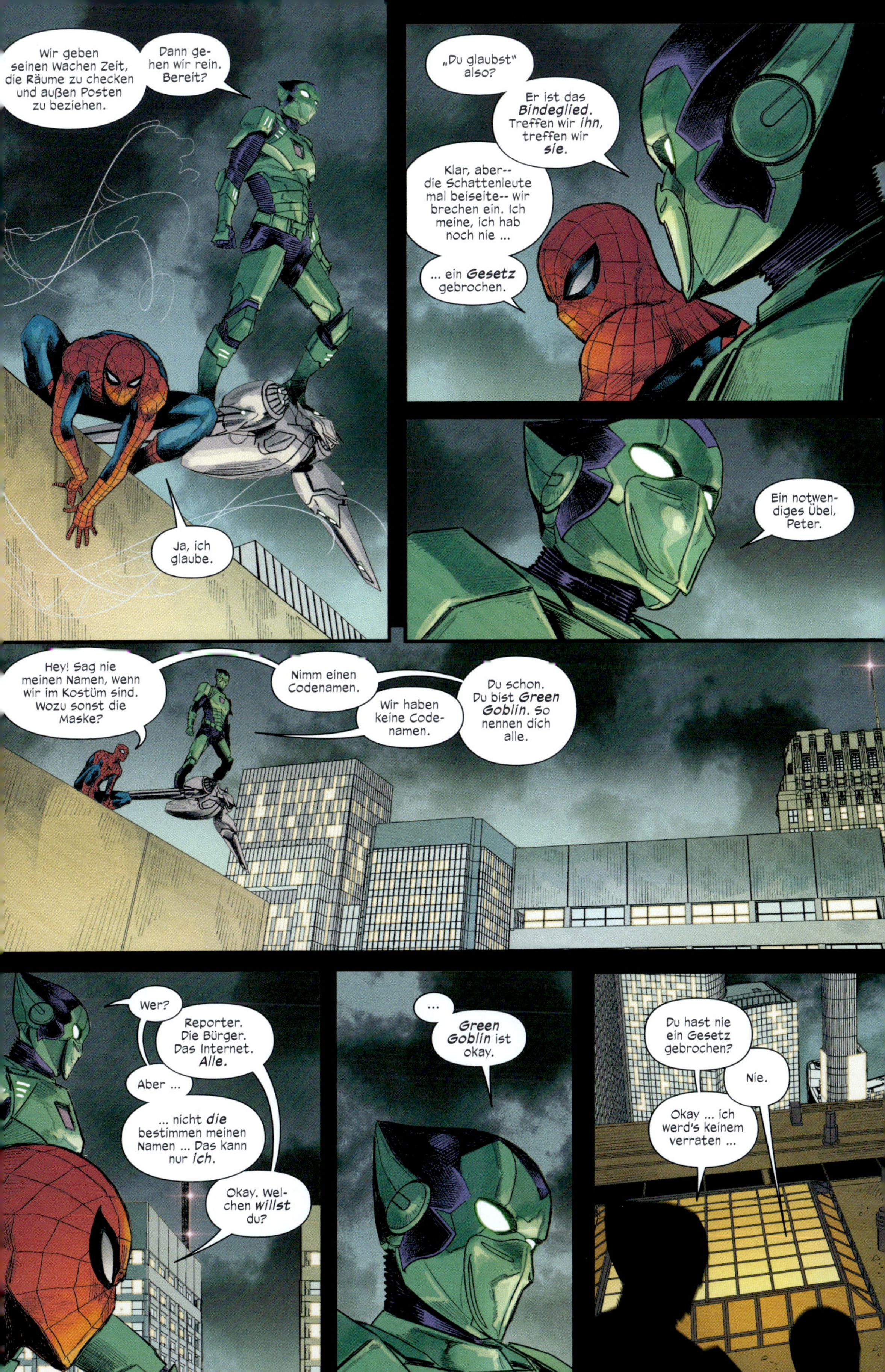
Wir geben seinen Wachen Zeit, die Räume zu checken und außen Posten zu beziehen.
Dann gehen wir rein. Bereit?
Ja, ich glaube.
„Du glaubst“ also?
Er ist das **Bindeglied**. Treffen wir *ihn*, treffen wir *sie*.
Klar, aber-- die Schattenleute mal beiseite-- wir brechen ein. Ich meine, ich hab noch nie ...
... ein **Gesetz** gebrochen.
Ein notwendiges Übel, Peter.
Hey! Sag nie meinen Namen, wenn wir im Kostüm sind. Wozu sonst die Maske?
Nimm einen Codenamen.
Wir haben keine Codenamen.
Du schon. Du bist **Green Goblin**. So nennen dich alle.
Wer?
Reporter. Die Bürger. Das Internet. ***Alle.***
Aber ...
... nicht *die* bestimmen meinen Namen ... Das kann nur *ich*.
Okay. Welchen ***willst*** du?
...
Green Goblin ist okay.
Du hast nie ein Gesetz gebrochen?
Nie.
Okay ... ich werd's keinem verraten ...

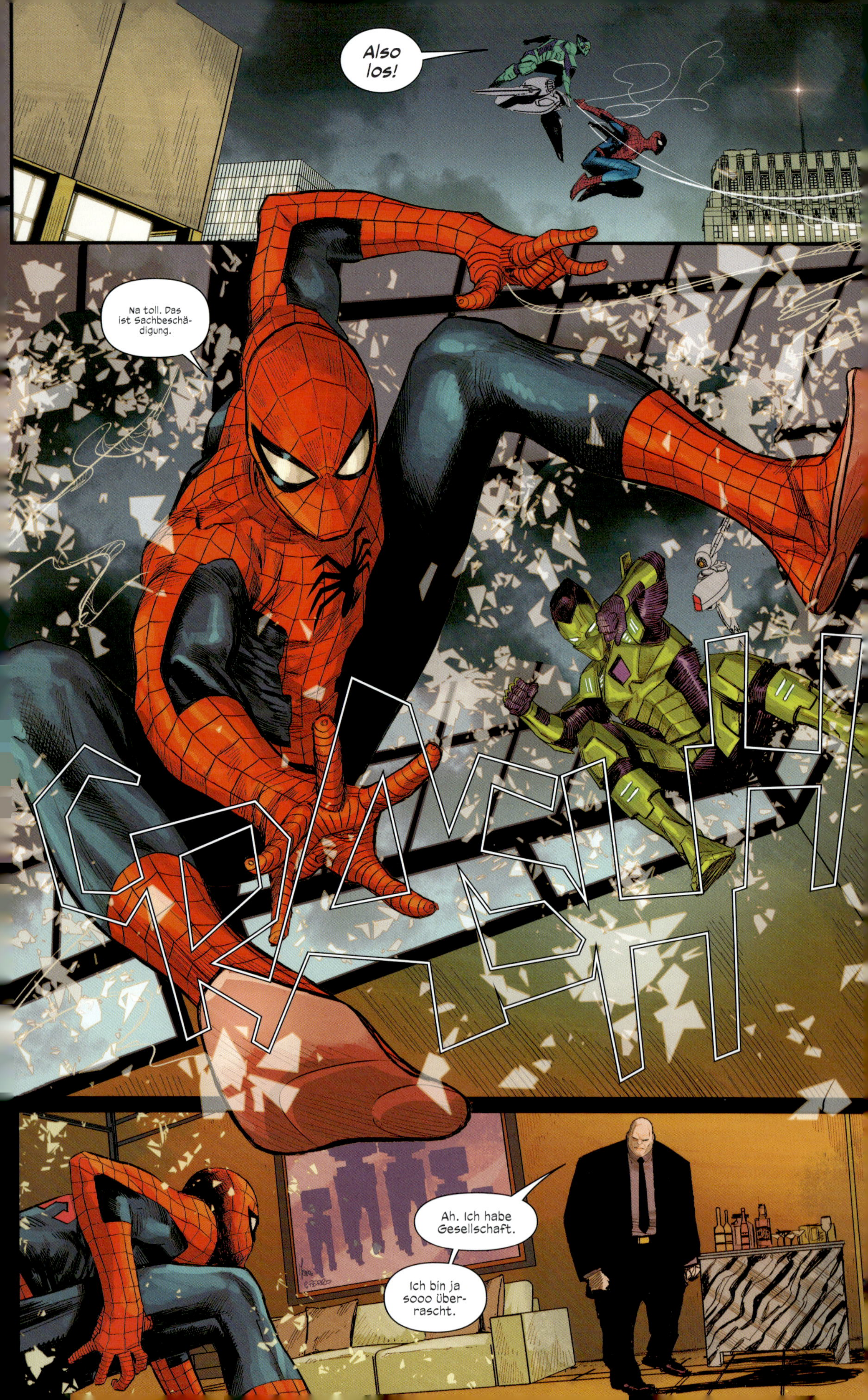
Also los!
Na toll. Das ist Sachbeschä-digung.
Ah. Ich habe Gesellschaft.
Ich bin ja sooo über-rascht.

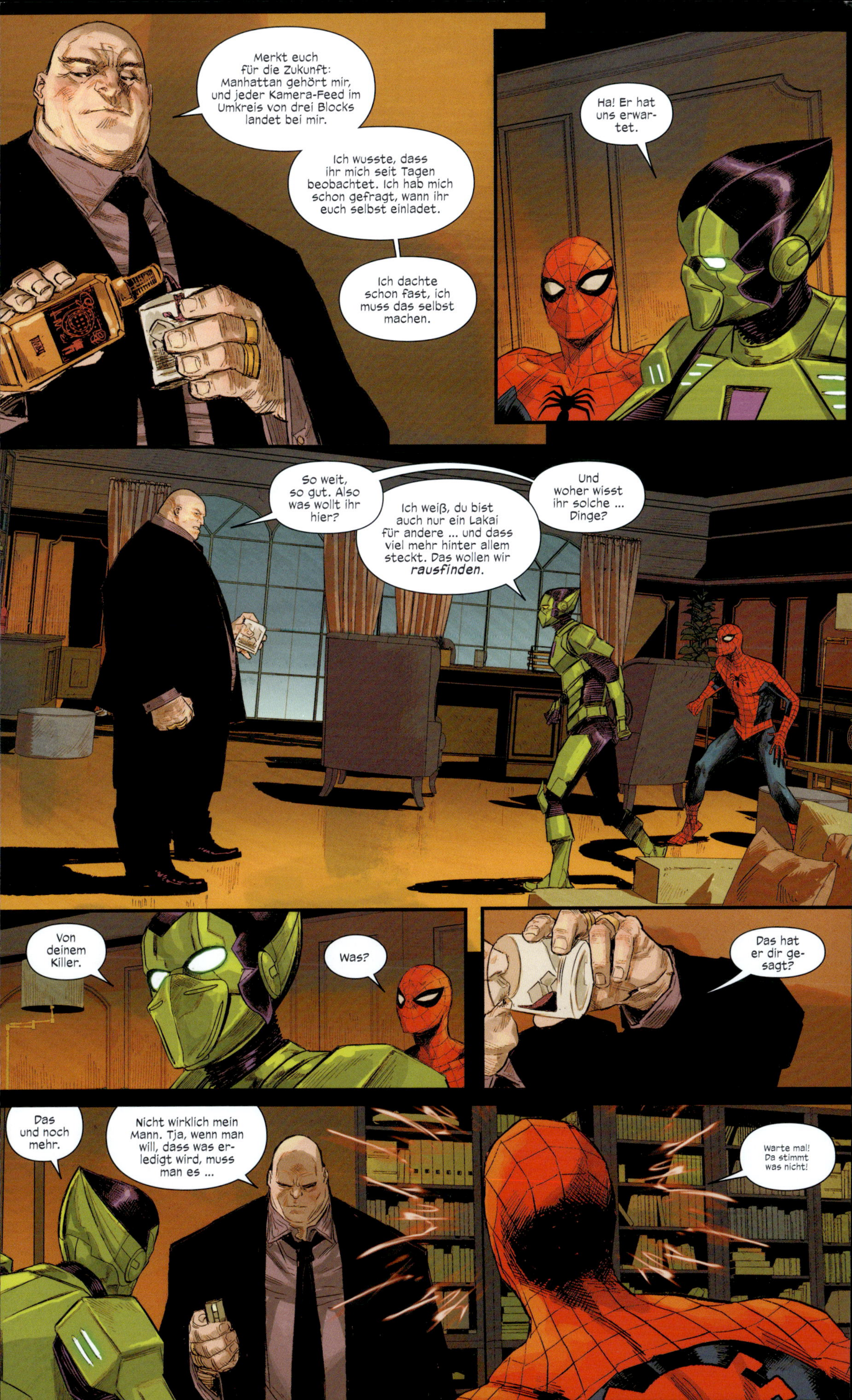
Merkt euch für die Zukunft: Manhattan gehört mir, und jeder Kamera-Feed im Umkreis von drei Blocks landet bei mir.
Ich wusste, dass ihr mich seit Tagen beobachtet. Ich hab mich schon gefragt, wann ihr euch selbst einladet.
Ich dachte schon fast, ich muss das selbst machen.
Ha! Er hat uns erwartet.
So weit, so gut. Also was wollt ihr hier?
Und woher wisst ihr solche ... Dinge?
Ich weiß, du bist auch nur ein Lakai für andere ... und dass viel mehr hinter allem steckt. Das wollen wir *rausfinden*.
Von deinem Killer.
Was?
Das hat er dir gesagt?
Das und noch mehr.
Nicht wirklich mein Mann. Tja, wenn man will, dass was erledigt wird, muss man es ...
Warte mal! Da stimmt was nicht!

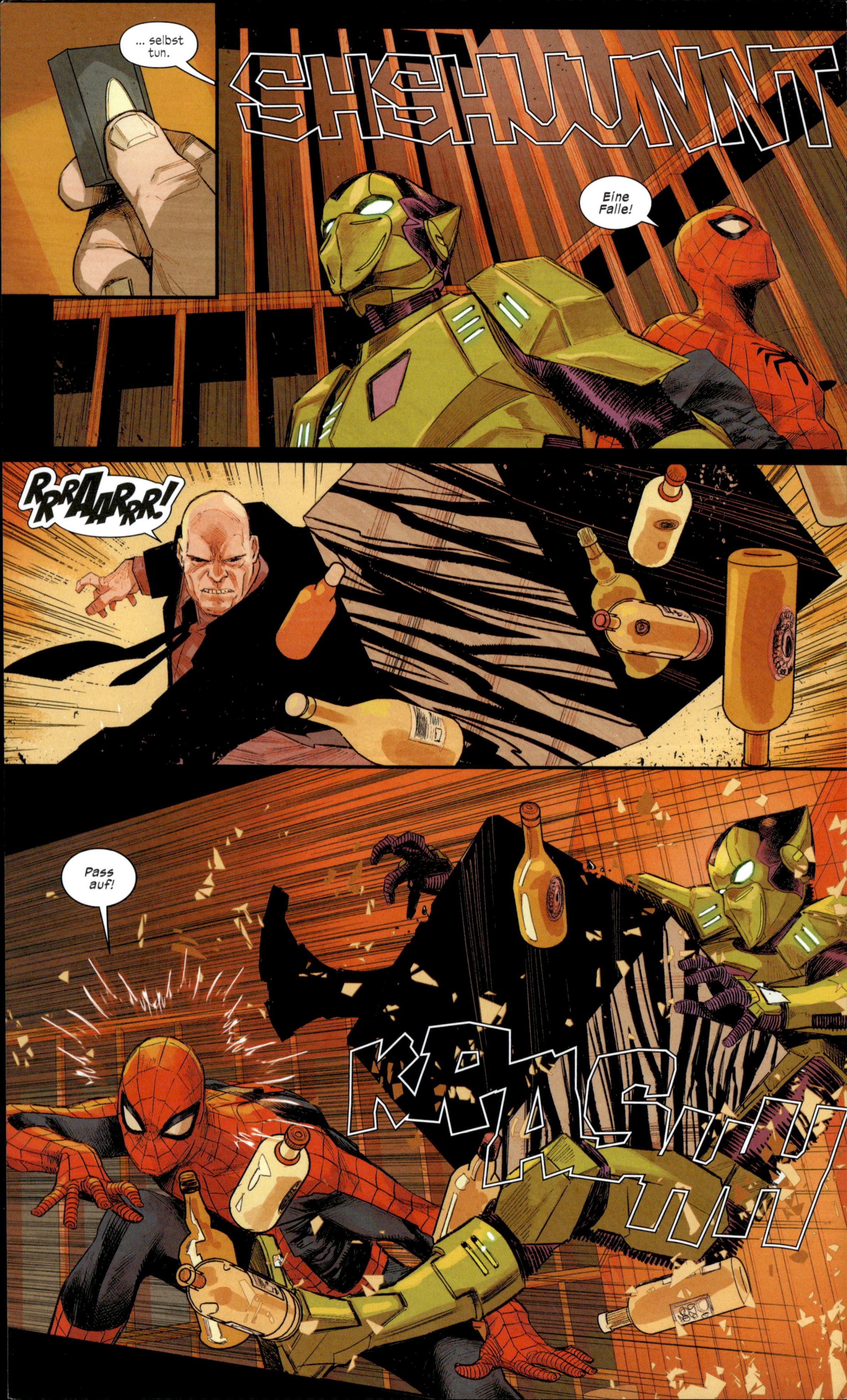
... selbst tun.
SHSHUUNNT
Eine Falle!
RRRAARRR!
Pass auf!
KRACHHH

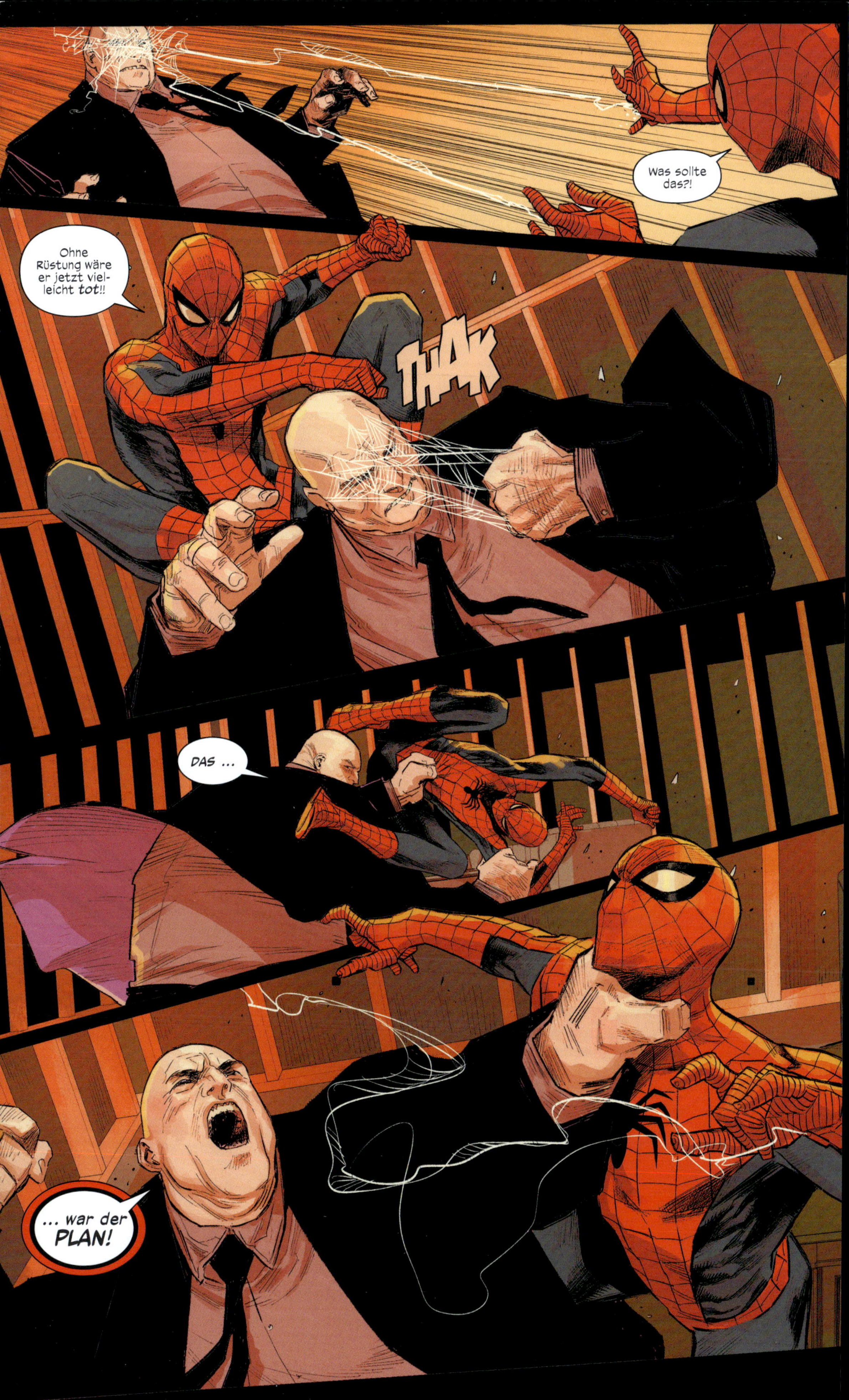
Was sollte das?!
Ohne Rüstung wäre er jetzt vielleicht *tot*!!
THAK
DAS ...
... war der **PLAN!**

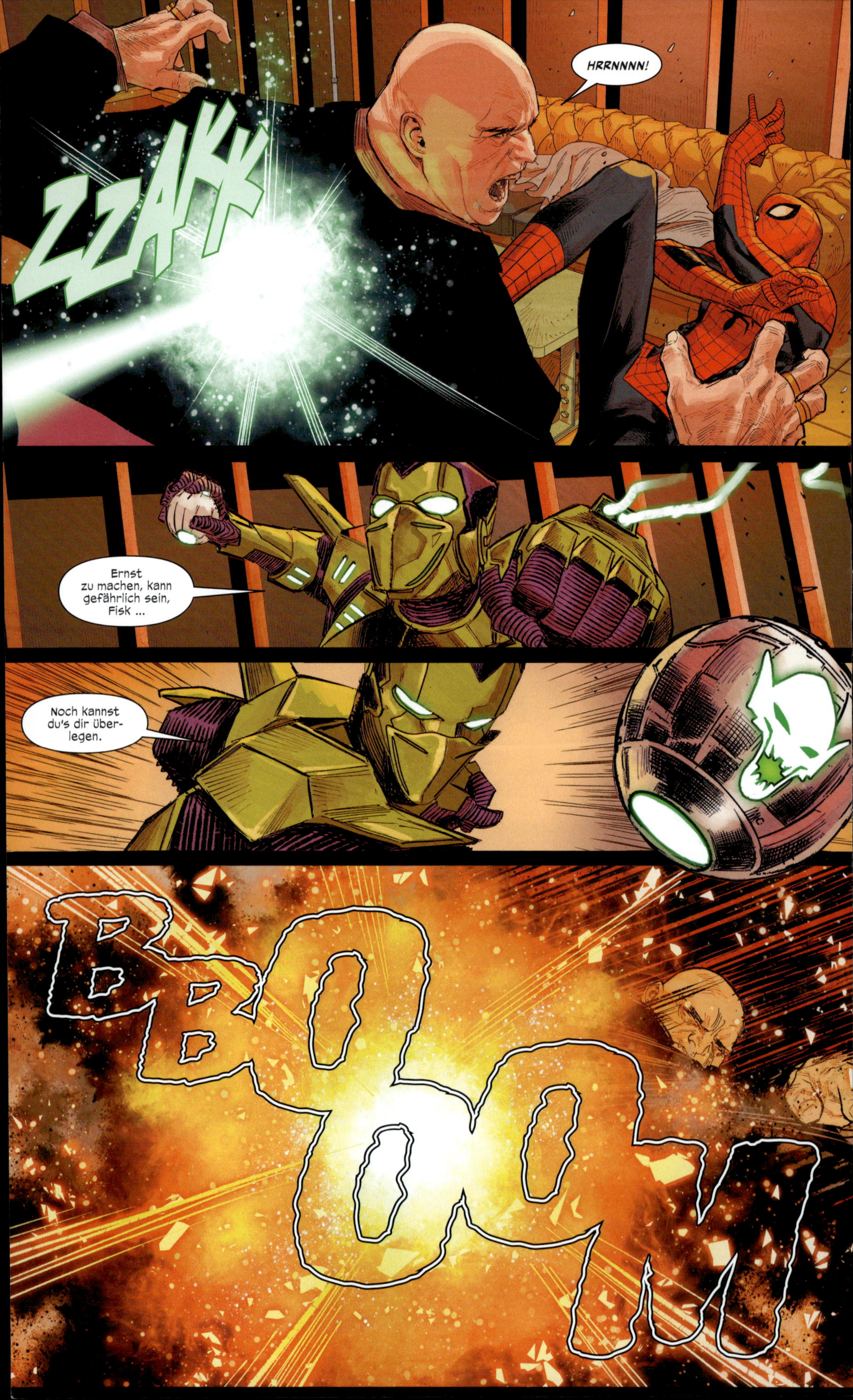
HRRNNNN!
ZZAKK
Ernst zu machen, kann gefährlich sein, Fisk ...
Noch kannst du's dir überlegen.
BOOOM

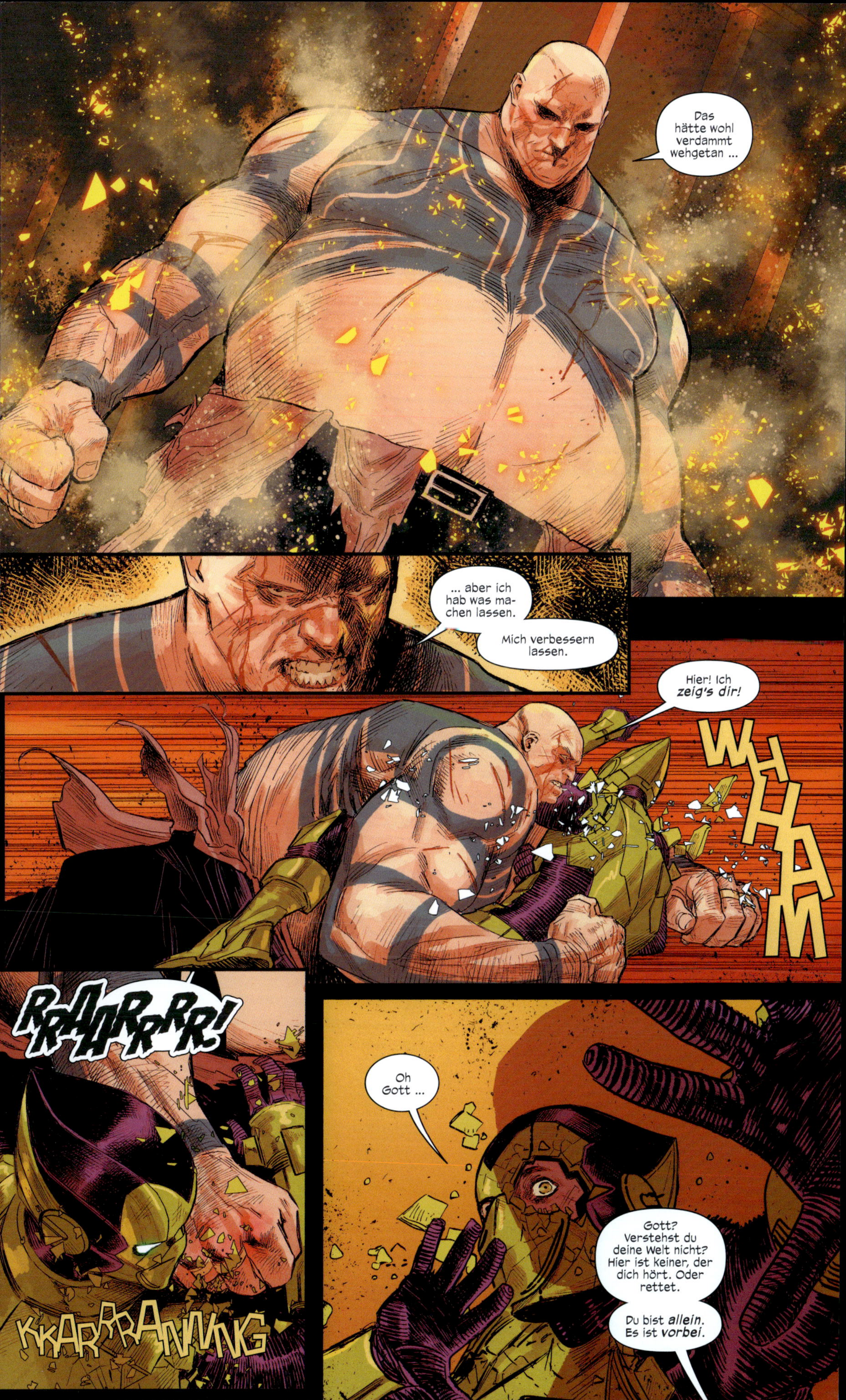
Das hätte wohl verdammt wehgetan ...
... aber ich hab was machen lassen.
Mich verbessern lassen.
Hier! Ich *zeig's dir!*
WHHAM
RRAAARRRR!
KKARRRANNNG
Oh Gott ...
Gott? Verstehst du deine Welt nicht? Hier ist keiner, der dich hört. Oder rettet.
Du bist *allein*. Es ist *vorbei*.

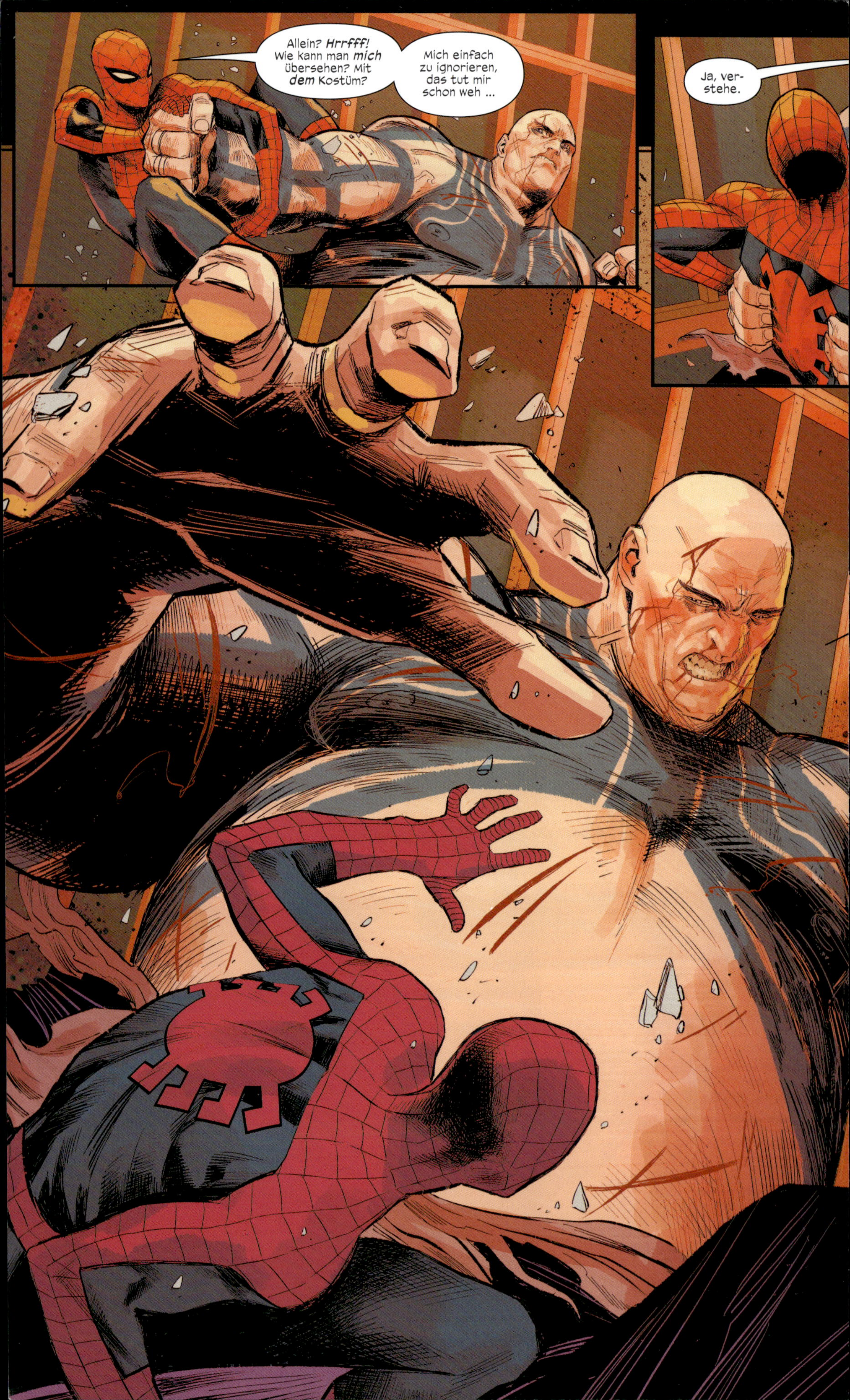
Allein? *Hrrfff!* Wie kann man *mich* übersehen? Mit *dem* Kostüm?
Mich einfach zu ignorieren, das tut mir schon weh ...
Ja, verstehe.

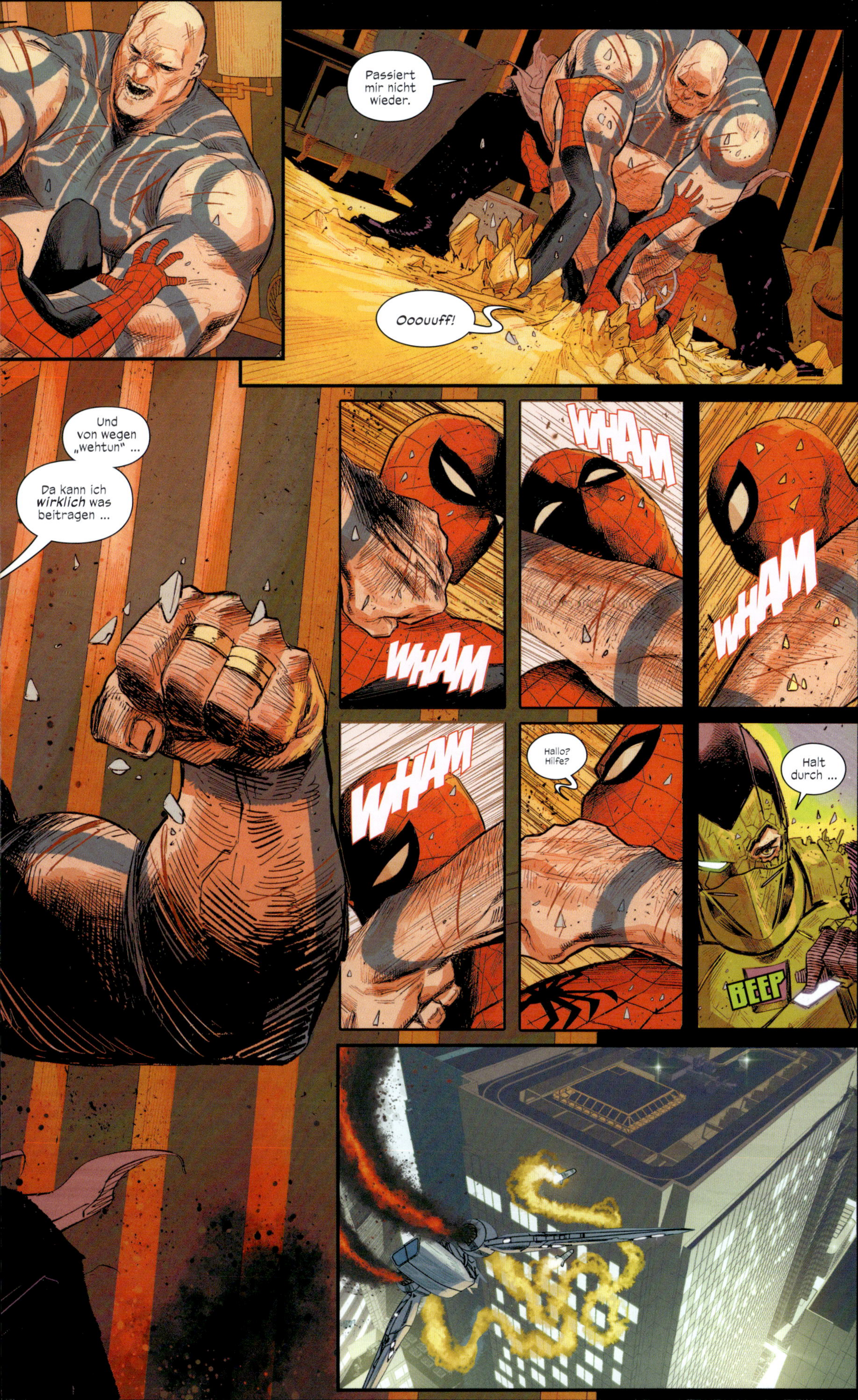
Passiert mir nicht wieder.
Ooouuff!
Und von wegen „wehtun“ …
Da kann ich *wirklich* was beitragen …
WHAM
WHAM
WHAM
WHAM
Hallo? Hilfe?
Halt durch …
BEEP

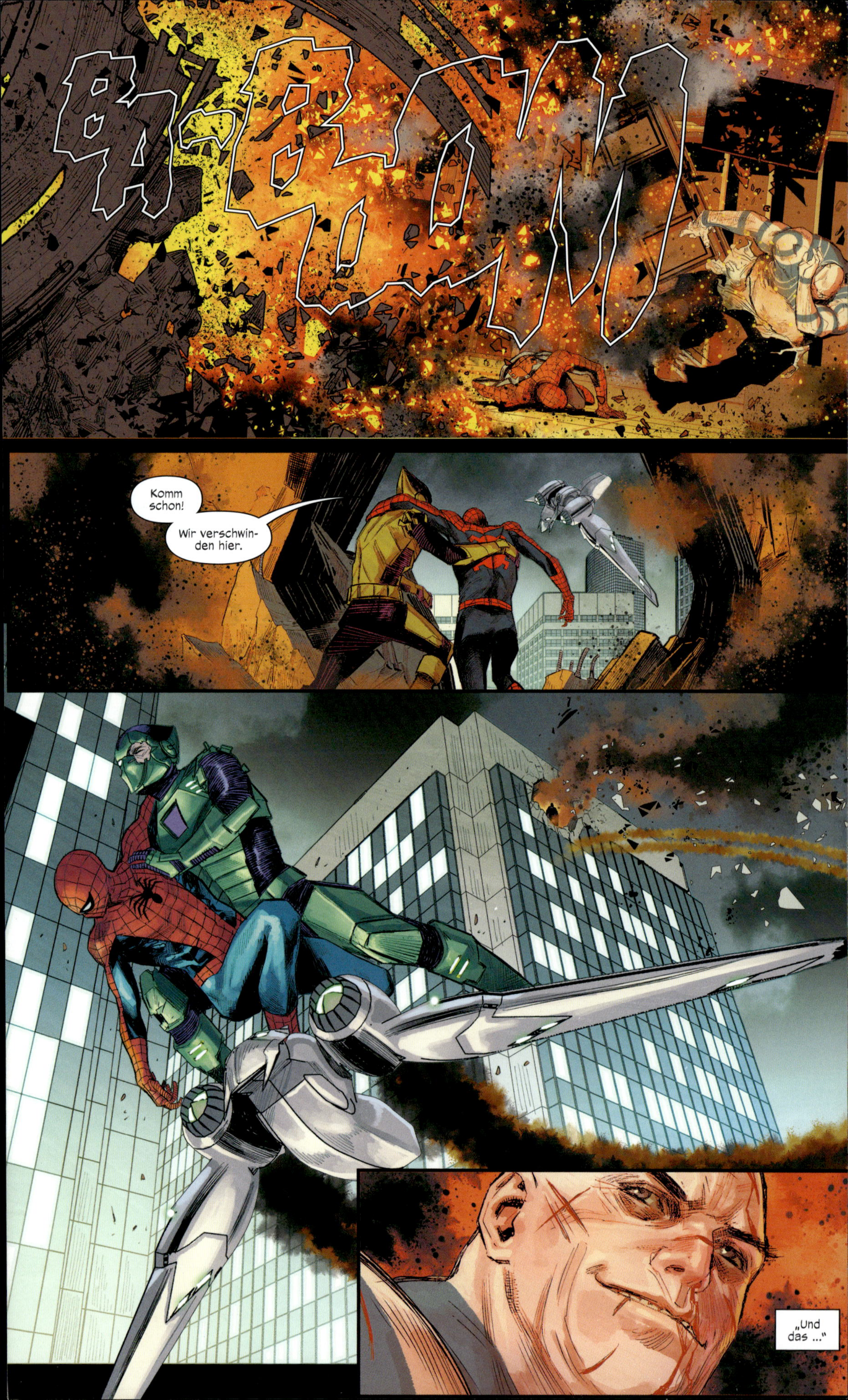
B-BOOM
Komm schon!
Wir verschwin-den hier.
„Und das …"

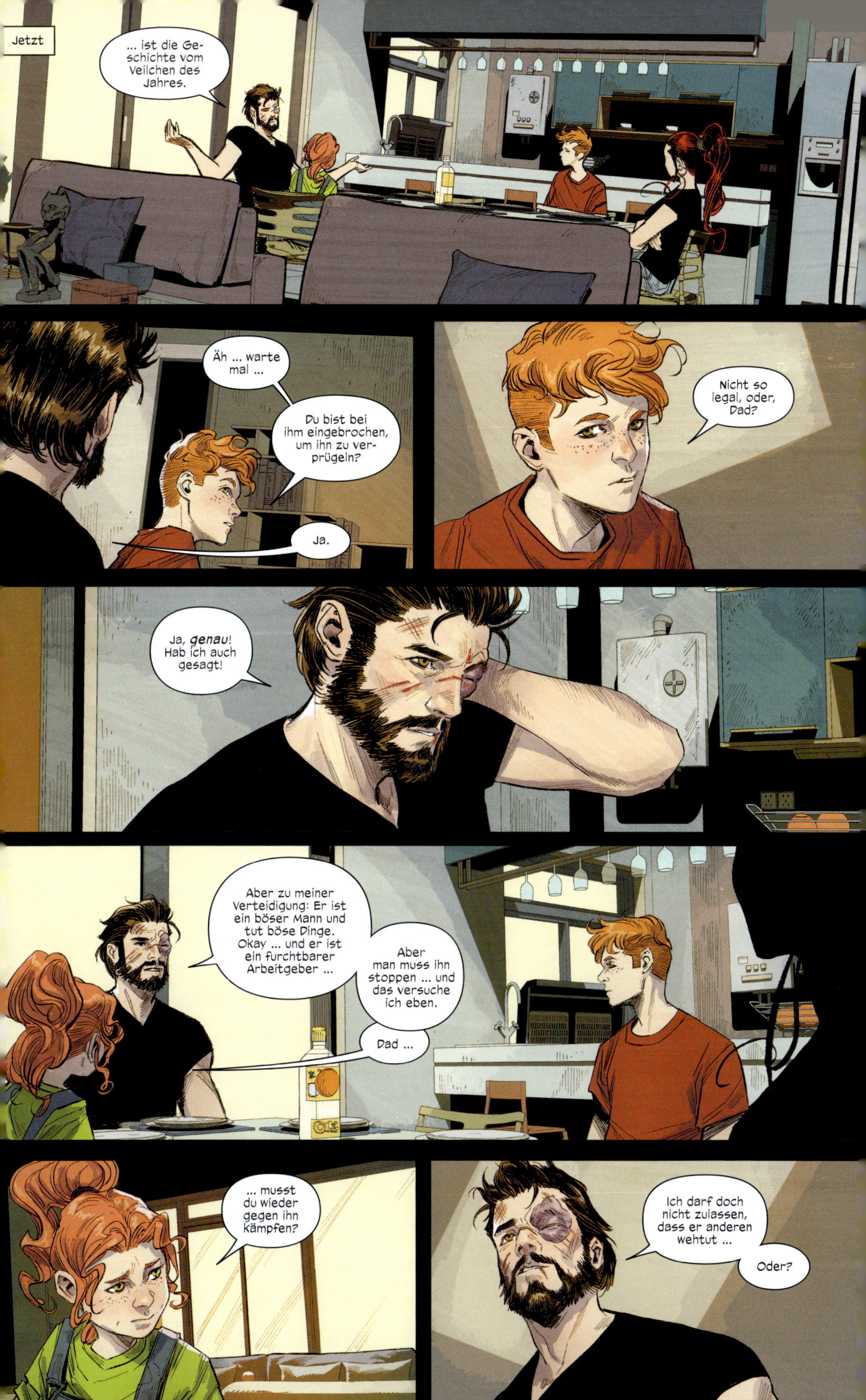
Jetzt
... ist die Geschichte vom Veilchen des Jahres.
Äh ... warte mal ...
Du bist bei ihm eingebrochen, um ihn zu verprügeln?
Ja.
Nicht so legal, oder, Dad?
Ja, *genau*! Hab ich auch gesagt!
Aber zu meiner Verteidigung: Er ist ein böser Mann und tut böse Dinge. Okay ... und er ist ein furchtbarer Arbeitgeber ...
Aber man muss ihn stoppen ... und das versuche ich eben.
Dad ...
... musst du wieder gegen ihn kämpfen?
Ich darf doch nicht zulassen, dass er anderen wehtut ...
Oder?

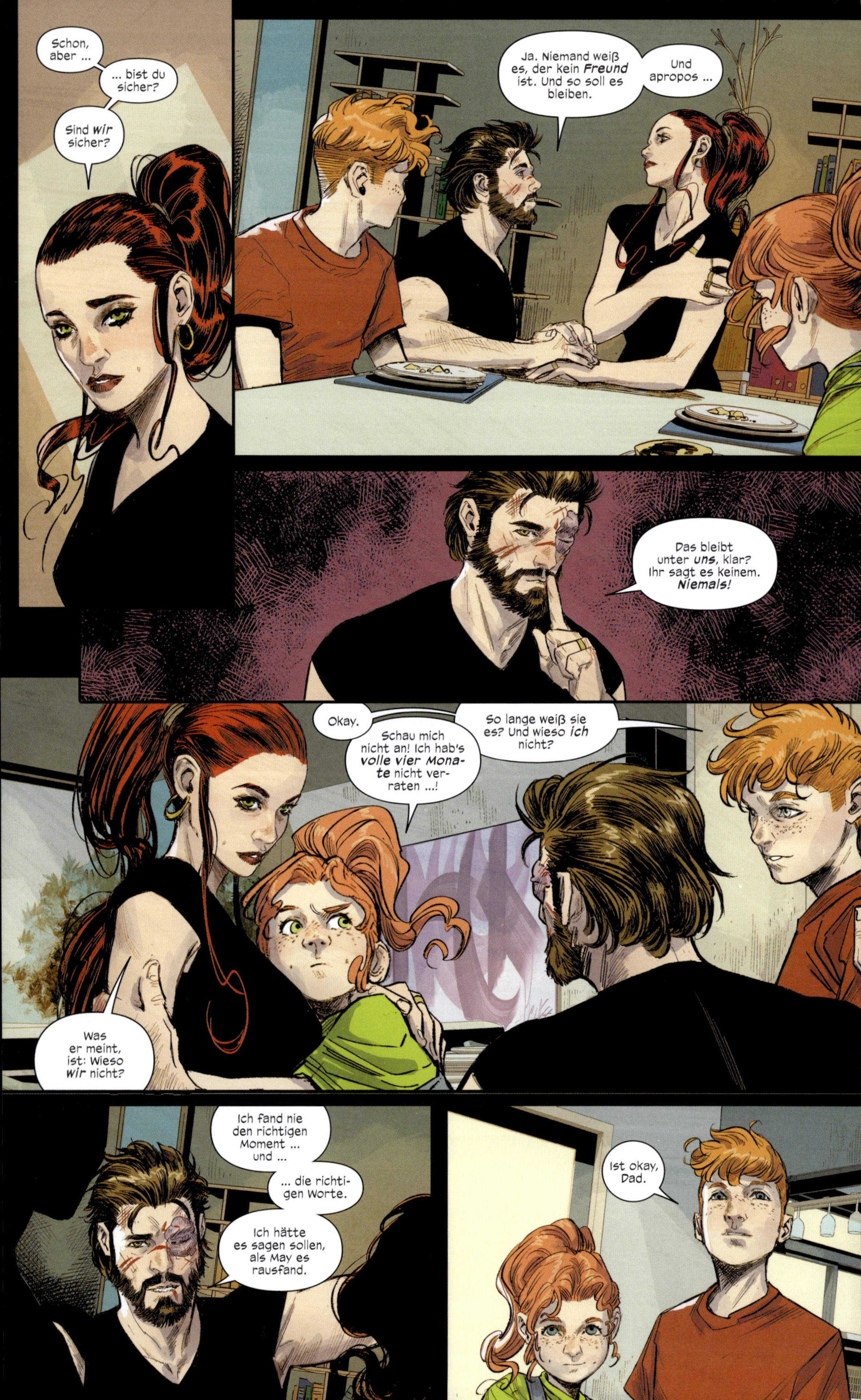
Schon, aber ...
... bist du sicher?
Sind *wir* sicher?
Ja. Niemand weiß es, der kein *Freund* ist. Und so soll es bleiben.
Und apropos ...
Das bleibt unter *uns*, klar? Ihr sagt es keinem. ***Niemals!***
Okay.
So lange weiß sie es? Und wieso *ich* nicht?
Schau mich nicht an! Ich hab's ***volle vier Monate*** nicht verraten ...!
Was er meint, ist: Wieso *wir* nicht?
Ich fand nie den richtigen Moment ... und ...
... die richtigen Worte.
Ich hätte es sagen sollen, als May es rausfand.
Ist okay, Dad.

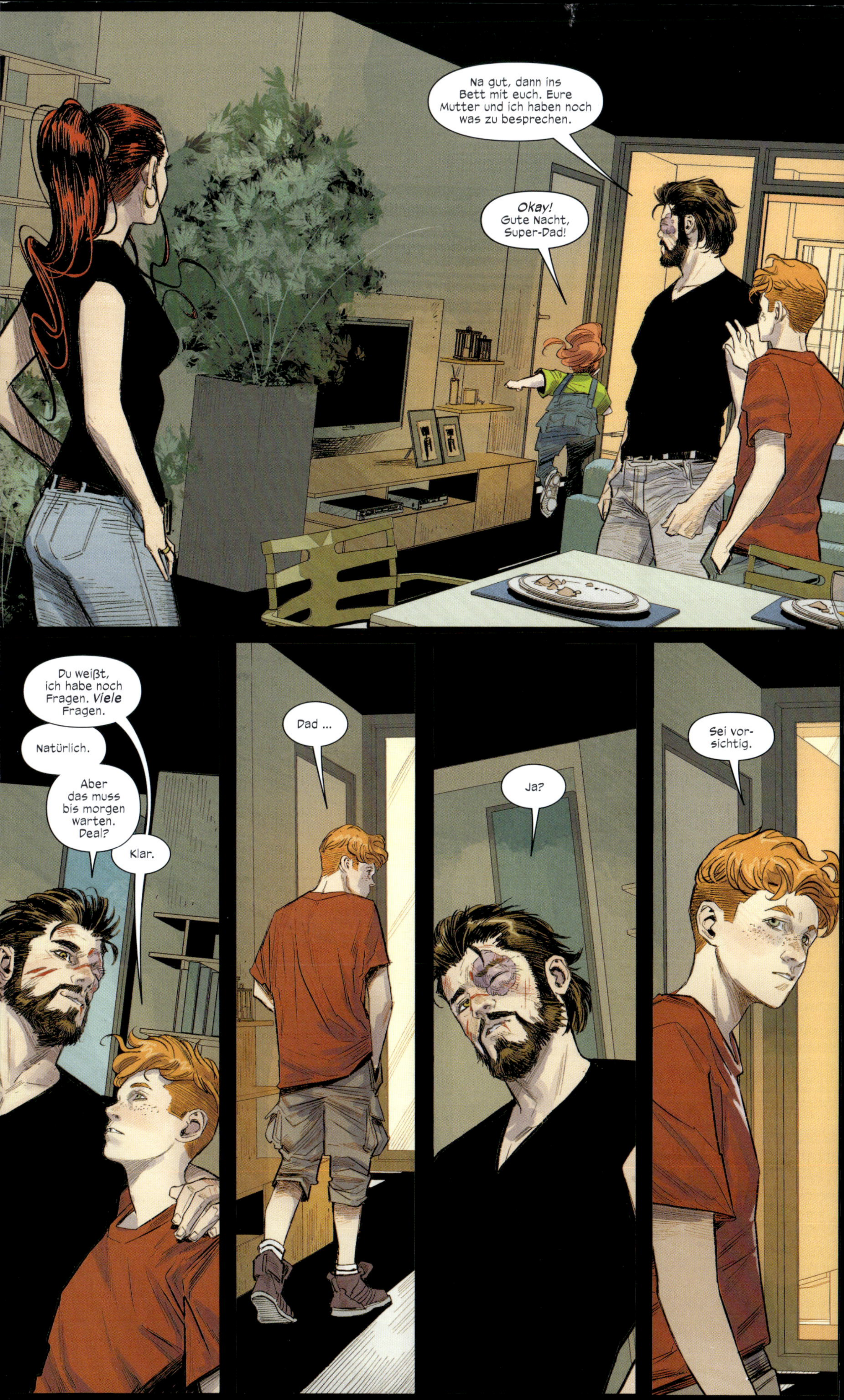
Na gut, dann ins Bett mit euch. Eure Mutter und ich haben noch was zu besprechen.
Okay! Gute Nacht, Super-Dad!
Du weißt, ich habe noch Fragen. Viele Fragen.
Natürlich.
Aber das muss bis morgen warten. Deal?
Klar.
Dad ...
Ja?
Sei vor-sichtig.

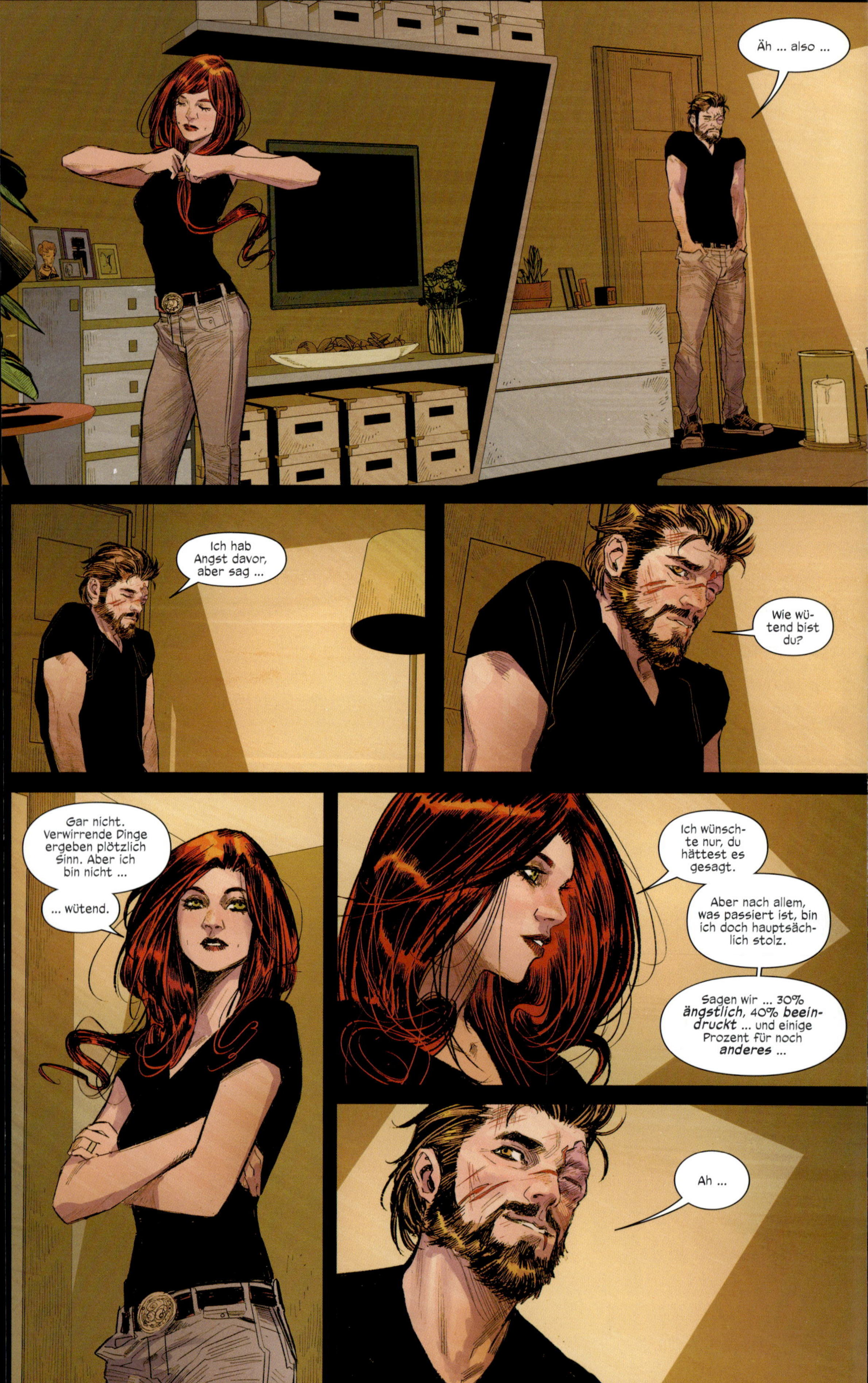
Äh ... also ...
Ich hab Angst davor, aber sag ...
Wie wütend bist du?
Gar nicht. Verwirrende Dinge ergeben plötzlich Sinn. Aber ich bin nicht ...
... wütend.
Ich wünschte nur, du hättest es gesagt.
Aber nach allem, was passiert ist, bin ich doch hauptsächlich stolz.
Sagen wir ... 30% *ängstlich*, 40% *beeindruckt* ... und einige Prozent für noch *anderes* ...
Ah ...

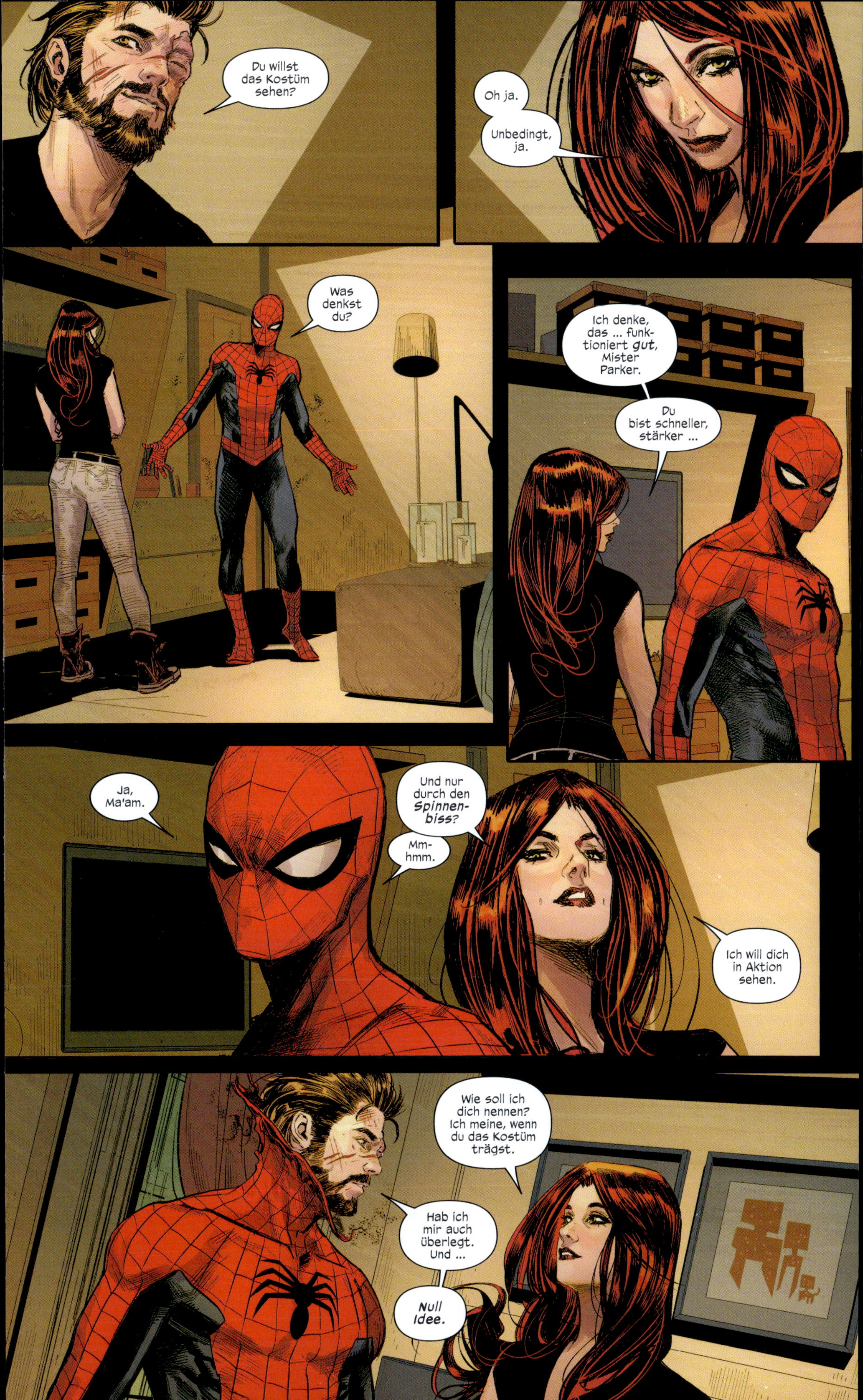
Du willst das Kostüm sehen?
Oh ja.
Unbedingt, ja.
Was denkst du?
Ich denke, das ... funktioniert *gut*, Mister Parker.
Du bist schneller, stärker ...
Ja, Ma'am.
Und nur durch den *Spinnenbiss?*
Mm-hmm.
Ich will dich in Aktion sehen.
Wie soll ich dich nennen? Ich meine, wenn du das Kostüm trägst.
Hab ich mir auch überlegt. Und ...
Null Idee.

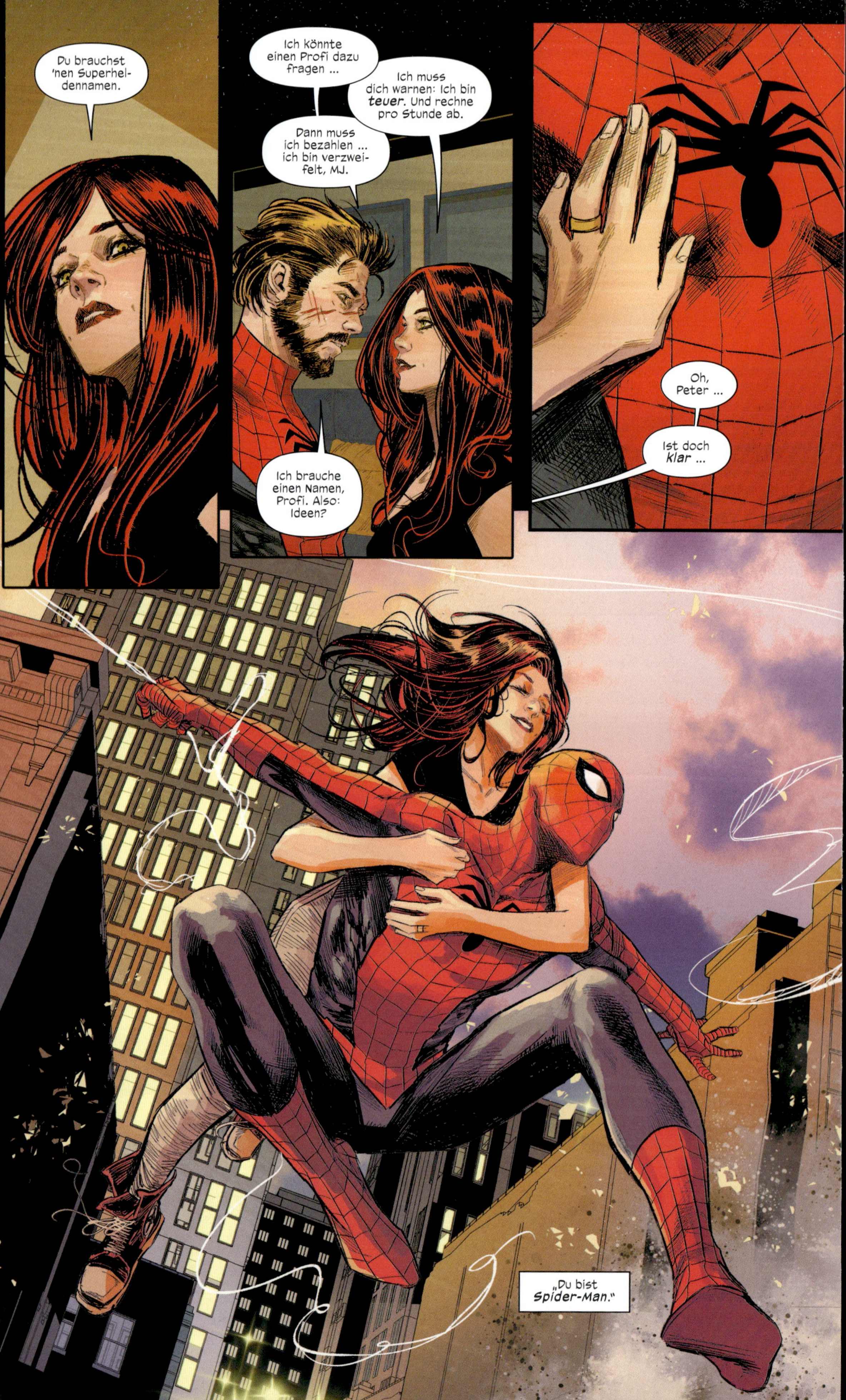
Du brauchst 'nen Superheldennamen.
Ich könnte einen Profi dazu fragen ...
Ich muss dich warnen: Ich bin *teuer*. Und rechne pro Stunde ab.
Dann muss ich bezahlen ... ich bin verzweifelt, MJ.
Ich brauche einen Namen, Profi. Also: Ideen?
Oh, Peter ...
Ist doch *klar* ...
„Du bist *Spider-Man*."

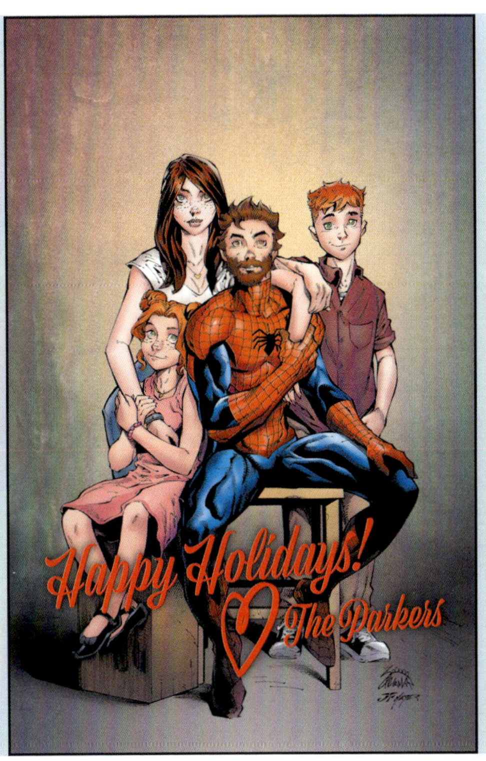

Ultimate Spider-Man (2024) 1
Variant-Cover von **RYAN STEGMAN**

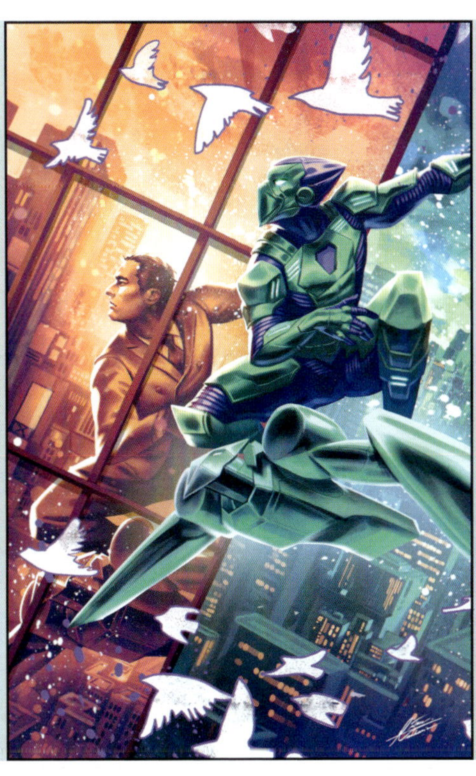

Ultimate Spider-Man (2024) 2
Variant-Cover von **MATEUS MANHANINI**

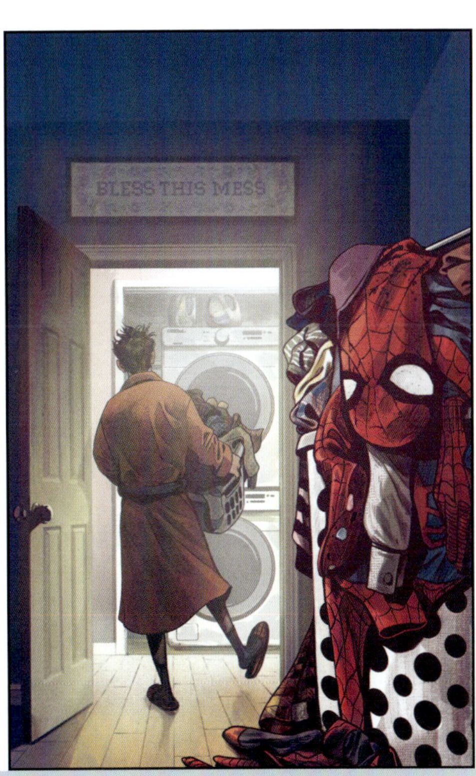

Ultimate Spider-Man (2024) 3
Variant-Cover von **MIKE DEL MUNDO**

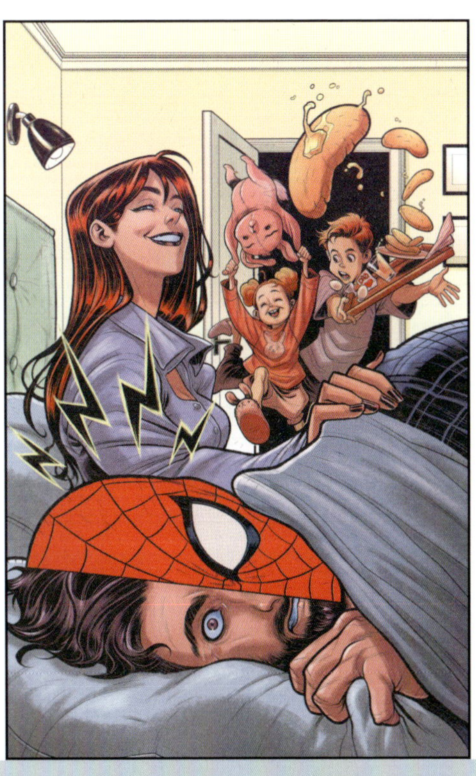

Ultimate Spider-Man (2024) 4
Variant-Cover von **ELIZABETH TORQUE**

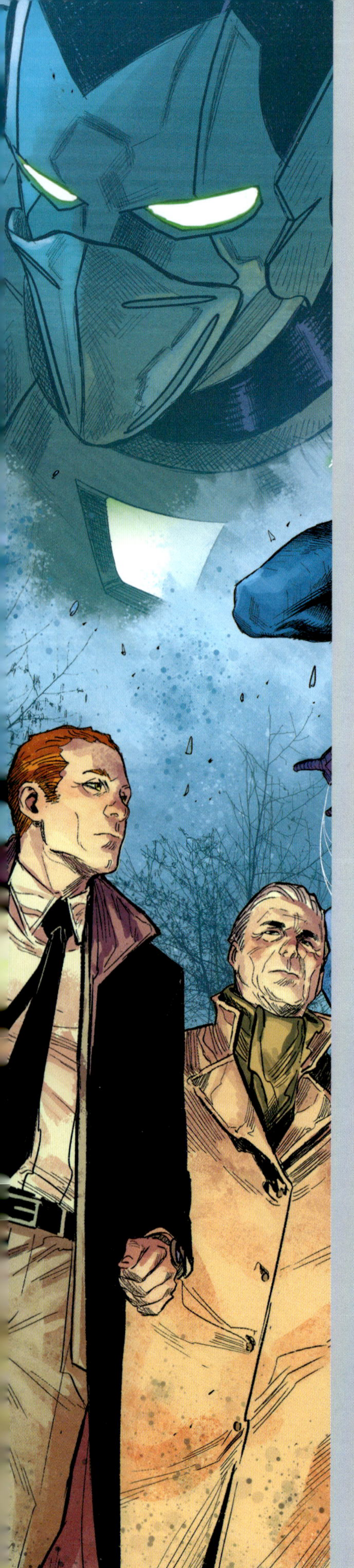

ULTIMATIVES NETZWERK

STORYS & MOMENTE

Superstar **Jonathan Hickman** weiß, wie man eine fiktive Welt konzipiert, Ikonen erfrischt und Fans in Ekstase versetzt. In der zweiten Hälfte der 2000er schrieb *und* zeichnete der gelernte Grafiker seine ersten Comics wie *The Nightly News* und *Pax Romana*. 2009 kam er zu Marvel, wo er mit **Brian Michael Bendis** die Serie *Secret Warriors* lancierte. Als Stammautor von *Fantastic Four* wurde Hickman dann zum Star, es folgten mehrere *Ultimate*-Titel und eine lange Saga in *Avengers*, *New Avengers*, *Infinity* und *Secret Wars*. 2019 initiierte Hickman mit *X-Men: House of X & Powers of X* die superfrische **Krakoa**-Ära für Marvels Mutanten, die gerade zu ihrem Ende kommt. Zudem schrieb der Amerikaner unabhängige Comics wie *East of West* oder *Decorum*. Viel Erfahrung also, die er mitbringt – und man spürt sie auf jeder Seite dieses Comics! Jedes Kapitel in diesem Band hat wunderbare Momente (**Shocker**! **May**!), satte Überraschungen (**Ben**! **Gwen**!) und fühlt sich aufregend an. Hickman belebt den ultimativen Gedanken neu und macht aus der klassischen **Spidey**-Mythologie etwas Neues, etwas erneut Unwiderstehliches.

BILDER & REFLEXIONEN

Es schadet natürlich nicht, dass er für den Auftakt zwei italienische Top-Zeichner wie **Marco Checchetto** und **David Messina** dabeihat. Checchetto begeisterte Superhelden-Fans schon mit *Spider-Man*, *Spider-Man Team-Up*, *Avengers World*, *Punisher*, *Daredevil*, *Old Man Hawkeye* sowie *Star Wars: Obi-Wan & Anakin*, während Messina *Star Trek*, *Angel*, *Catwoman*, *Ultimate Comics Wolverine* und *Star Wars: Han Solo & Chewbacca* zu seinem Schaffen zählt. Checchetto ist ein moderner Meister, der Hochglanz-Artwork mit Emotionen und Expressionen auflädt. Und Messinas erstes Kapitel, das im Restaurant spielt, mit den Gesichtsreflexionen in den Weingläsern – besser kann man so eine erwachsene Szene ohne Kostüme nicht inszenieren. *Ultimate Spider-Man* von Hickman, Checchetto, Messina und Co. ist einfach etwas ganz Außergewöhnliches, etwas ganz Besonderes. Eines der Comic-Highlights 2024 und ein Vergnügen für Netzschwinger-Fans. Freuen wir uns auf alles, was da noch kommt!

Christian Endres